现代商贸研究丛书

丛书主编：郑勇军
副 主 编：肖亮 陈宇峰 赵浩兴

 教育部省部共建人文社科重点研究基地
浙江工商大学现代商贸研究中心
浙江省"2011协同创新中心"
浙江工商大学现代商贸流通体系建设协同创新中心资助

农产品流通市场微观结构研究

廖斌著

经济科学出版社
ECONOMIC SCIENCE PRESS

图书在版编目（CIP）数据

农产品流通市场微观结构研究/廖斌著 . —北京：
经济科学出版社，2015.9
（现代商贸研究丛书）
ISBN 978 - 7 - 5141 - 6069 - 7

Ⅰ . ①农… Ⅱ . ①廖… Ⅲ . ①农产品流通 - 研究 -
中国 Ⅳ . ①F724.72

中国版本图书馆 CIP 数据核字（2015）第 219901 号

责任编辑：柳 敏 于 源
责任校对：刘 昕
责任印制：李 鹏

农产品流通市场微观结构研究

廖 斌 著

经济科学出版社出版、发行 新华书店经销
社址：北京市海淀区阜成路甲 28 号 邮编：100142
总编部电话：010 - 88191217 发行部电话：010 - 88191522
网址：www. esp. com. cn
电子邮件：esp@ esp. com. cn
天猫网店：经济科学出版社旗舰店
网址：http://jjkxcbs. tmall. com
北京汉德鼎印刷有限公司印刷
三河市华玉装订厂装订
710 × 1000 16 开 18 印张 300000 字
2015 年 12 月第 1 版 2015 年 12 月第 1 次印刷
ISBN 978 - 7 - 5141 - 6069 - 7 定价：45.00 元
（图书出现印装问题，本社负责调换。电话：010 - 88191502）
（版权所有 侵权必究 举报电话：010 - 88191586
电子邮箱：dbts@ esp. com. cn）

摘　　要

农产品流通是经济社会发展的核心问题，既是"三农问题"的关键环节，关系农民增收、农业发展，也涉及城市居民基本利益。现实中农产品流通成本高企、流通效率低一直是困扰中国农产品市场的老问题。特别是近年来，农产品市场"蒜你狠"、"豆你玩"、"姜你军"等频现，呈现出产地和销地价格"非对称性"格局。在这之下，农产品流通现有困局也都指向流通中间商和中间环节，"削减中间环节"、"去中介化"作为解决现实流通问题的方案被频繁提及。但与流通中间环节获取超额利润矛盾的是，我国农产品流通中间商的生存状况却也不容乐观，其面临一系列生存困境。

真实情况是什么？农产品流通困局是否是由中间环节造成？中间商是否存在市场势力并获取超额利润？中间环节减少是否能够降低流通成本，提高流通效能，改善农产品生产者和市场消费者福利？农产品流通过程中最优的中间商和中间环节应如何配置？这些现象、问题和矛盾的解答都依赖对中间商和中间环节的深入认识，依赖对农产品流通市场微观结构的细致研究，这也成为理解当下农产品市场的关键所在。为此，如何进一步认识农产品流通市场微观结构，对市场微观层面的主体、治理机制、交易机制进行认识，就成为破解当前农产品流通困局，改善农产品市场运行绩效的新视角和路径，具有重要的理论和现实意义。

本书基于市场微观结构的新视角，从市场微观层面来认识农产品流通市场，研究农产品流通市场微观结构的生成和演变过程，认识中间商的内生和演化机制及其在产品流通过程中所处的位置、角色、功能，并借助于对我国农产品流通市场的现实的实地考察和历史观察，分析农产品流通市场中间环节及其相关事实特征，认识中间商、中间环节与流通成本的真实关系，分析中间环节演进规律，并在一个以中间商为核心的市场微观结构中来考察中间环节的配置模型，为理解中间商、中间环节和农产品流通市场提供一个新的分析框架和政策选择。

本书围绕中间商和中间环节的配置问题来展开对农产品流通市场微观结构的认识，本书主要内容包括四个方面：一是从历史维度分析中间商在市场的角色演变，进一步认识中间商在流通市场中的作用和功能；二是在市场微观结构的理论框架下分析中间商的生成及其存在空间，论证中间商在市场交易中的地位、功能和内生机制，增进对农产品流通市场微观结构的认识；三是借助对农产品流通市场的现实观察，进一步认识农产品流通市场微观结构生成和演进过程，解释现实中有关中间商和中间环节的争论，分析中间商和中间环节如何在不断变化环境下自我调整，涉及农产品市场交易机制、流通成本再认识、农产品流通环节价差的认识以及农产品流通市场利益分配问题等内容，以此深化对我国农产品流通市场的认识；四是研究流通中间环节最优配置，探讨一个有效率的农产品流通过程需要什么样的市场微观结构，什么样的流通中间环节，分析流通中间环节的配置受到哪些因素影响和制约，研究流通中间环节形成、配置的机理，以进一步认识农产品流通市场微观结构的演变趋势。

本书主要结论包括：

一是市场微观结构生成过程是中间商不断产生、演进的过程，这是一个持续的动态过程，在不断竞争合作过程中实现中间商资源的合理配置和中间环节的合理结构。

二是中间商是市场微观结构的核心主体，是市场交易的微观结构基础。市场交易是围绕中间商展开，市场经济在一定程度上是由中间商配置资源的经济。中间商承担了市场交易、价格制定和交易创造等功能，扮演着"交易专家"的角色，其有助于减少市场交易成本、减少市场匹配成本、增加市场交易可能性、降低市场波动、缓解市场逆向选择和资产专用性等问题，在市场中有自我内生的机制，且通过建立更高效率的中间商结构和中间环节，形成新的市场微观结构也能带来市场交易成本的降低。

三是中间环节和中间商并非当前流通困局的本源，现实中我们往往低估了流通产业的市场功能和产出价值，流通中间环节也并非"越少越好"，良好有效的市场微观运行要求有一定数量中间环节和中间商。

四是流通中间环节呈现多样性特征，其是由产品自然属性、自然特点和市场配置资源等多种客观需要决定，受到产品分工程度和专业化水平、交易成本、流通服务功能、产品自然特征和生产特征、产品流通市场性质和运行状态、外部环境和经济发展阶段、流通技术、流通的距离、组织化程度、社会关系状况等因素的影响。

五是中间商和中间环节的演进反映的是流通服务功能的替代和转移，市场中间商或者中间环节的结构会随着市场流通服务功能不同成本曲线而自我演进。

六是中间环节有多样性、相对性、动态性等特点，中间环节配置需要讲求相对性、动态化环节条件下的适度、合理，而不是越多越好或越少越好。

七是市场微观结构演进是一个不断演化的过程，面对外部环境的变化和挑战，中间商能自我调整，自我适应，在中间商链条上会演进出新的中间商和新的中间环节结构。

八是信息和中间商结构会影响到市场主体利润获得和分配状况，农产品流通市场中，更充分的市场信息，更充分竞争的中间商结构，更多具有公平理念的好的中间商类型，能够改善农民以及其他市场主体的利润水平，流通利润分配状况也会趋于改善。

九是现时我国流通环节和中间商问题反映出城市偏向政策以及农民、农村和农业弱势地位，破解现有农产品流通困局也有待于国家在流通领域内城市偏向政策的转向。

新的经济发展阶段下，面对农产品流通的"新常态"，破解农产品流通的困局，首先，应重视农产品流通中间商，培育更多竞争性的新型中间商，提升中间商的市场地位和竞争力，改善农产品流通市场微观结构。其次，农产品流通中间环节配置需要讲求相对性、动态性下的适度、合理，而不是简单片面的越多越好或越少越好，政府不应对中间环节进行人为干预。再次，政府应改变城市偏向政策，强化自身在农产品流通领域的责任，加大对农产品流通中间商和农产品流通体系支持力度，推进农产品流通体系公益性建设。最后，应推进农产品流通市场的信息化建设，推动零售端改革，完善流通环节利益分配机制，以促进农产品流通市场的健康持续发展。

本书可能的创新体现在以下几个方面：

一是研究视角方面，从市场微观视角认识中间商和中间环节，拓展了对农产品流通市场的分析框架，将流通研究从宏观转向微观基础，增进了对流通理论微观机制的解释和认识。

二是理论层面，从市场微观结构来认识流通中间商，增进了对农产品流通市场中间商和中间环节内生机制的认识，分析了当前农产品流通的一些事实特征及其面临的"新常态"，理清了对中间商、中间环节与流通成本之间关系的认识，丰富了对农产品流通的理论知识。

三是中间环节配置方面，本书增加了对于流通中间环节影响因素、中间环节资源配置模型的理论知识，为中国现实农产品流通寻找到一个最优的中间环节和中间商结构，为找到一个有效率的市场微观结构等提供了新的路径和参考建议。

四是研究内容方面，增进了对农产品流通市场微观结构的认识，市场微观结构的生成过程是中间商不断产生、演进过程，在不断竞争合作过程中实现合理化，以实现中间商资源的合理配置和中间环节的合理结构，找到一个稳定合理有序的市场微观结构。市场交易中间商数量增多，中间环节的复杂化，促使市场从直接交易走向间接交易，甚至是更复杂交易关系结构。流通中间环节内部本身也包含有中间商结构演进和中间商自身链条解构和重构的过程。

目录

第一章 绪 论

本部分内容主要介绍本书选题背景和意义、研究内容、研究思路、研究方法和本书的创新点和不足等。

第一节 选题背景

一、流通成本高企

市场化改革的今天，农产品流通问题已成为经济社会发展的核心问题，既是"三农问题"的关键环节，关系到农民增收、农业发展，也涉及城市居民的基本利益，特别是蔬菜、水果、水产品、肉类等鲜活农产品流通，更是直接关系到城市居民基本生活。农产品流通问题日益演变为经济社会的重要问题。

现实经济中，我们也能够看到，农产品流通成本高企、流通效率低一直是困扰中国农产品市场发展的顽疾，流通成本、流通环节问题是政府、学者、老百姓等多方主体共同关注的焦点问题。为此，国家多次出台相关文件以优化流通环节，降低流通成本。如2010年《政府工作报告》中提出要推动农产品生产与市场对接，保障"菜袋子"、"菜篮子"安全；2011年6月温家宝总理主持国务院常务会议，指出要大力发展农超对接、农校对接、农企对接，提升农产品流通效率；2012年8月国务院颁发《国务院关于深化流通体制改革加快流通产业发展的意见》；2013年6月国务院印发《深化流通体制改革重点工作部门分工方案》都着重提出了改善农产品流通环节，降低流通成本的相应要求和措施。

因此，有关流通成本和流通环节的问题是新问题也是老问题，是理论问题更是现实性问题，一直是困扰中国农产品流通悬而未决的关键问题。

二、中间环节是农产品流通市场的关键因素

近年来，农产品市场"蒜你狠"、"豆你玩"、"姜你军"等频现，呈现出产地和销地价格的"非对称性"格局，农产品收购端的低价和终端市场的高价并存，农民"卖难"和城市居民"买难"同时出现，"菜贵伤民"、"菜贱伤农"时常见诸报端。如2011年4月浙江、山东等地卷心菜发生滞销，6月海南三亚等地香蕉发生滞销，10月包头、乌兰察布等内蒙古地区的土豆也发生滞销，产品的收购价格下降严重。另外，2011年山东各地蔬菜在产地的价格仅0.1元每斤，而终端消费市场则接近1元每斤[①]，蔬菜的价格从收购到批发等环节往往要增加25%左右，而从批发到零售环节价格则一般要增加50%，流通成本占蔬菜价格比例达70%[②]。另据2013年11月1日中央电视台《经济半小时》（《聚焦流通困境：容不下的菜市场》）的市场调查显示，蔬菜从批发市场到零售市场"最后一公里"环节中蔬菜价格上涨明显。

在这之下，农产品流通的现有问题也都指向了流通中间商和中间环节，中间商和中间环节屡被诟病。许多人都将中间商和中间环节归为农产品流通成本高企的主要因素，认为是中间环节造成了当前流通困局。一方面，人们认为中间环节数量过多，经过中间商的层层加价，增加了农产品的流通成本，进而推高了农产品的终端市场价格。另一方面，人们认为中间商拥有市场势力，吞噬了产品流通过程的利润，获得了超额利润，带来"两头哭，中间笑"的格局。由此，"削减中间环节"、"去中介化"作为解决现实流通问题的方案被频繁提及。

与流通中间环节获取超额利润矛盾的是，当前农产品流通中间商的生

---

① 赵竹青：《蔬菜流通环节层层加价，零售价超供应价10倍》，载于《人民日报》，2011年5月8日。

② 顾克菲：《菜价：流通费用占近七成》，载于《消费日报》，2010年12月7日。

存状况却也不容乐观，其面临一系列生存困境。一些调查显示，在城市经营及生活成本不断上涨的背景下，许多批发商、运输商以及城市中的小商贩们的日常经营也很困难，这些中间商也大都是边缘化的弱势群体（宋则，2012）。

因此，真实情况是什么？农产品价格产地和销地环节的非对称性格局是否是由中间环节造成？中间商是否存在市场势力并获取超额利润？中间环节减少是否就能降低流通成本，提高流通效能，改善农产品生产者和市场消费者福利？中间环节缩减后给市场带来的收益是否能抵消中间环节缩减带来的成本增加？产品流通过程中的最优中间商和中间环节应如何配置？一个有效率的市场需要怎样的中间商和中间环节结构？这些问题都成为认识农产品流通过程的关键问题。

事实上，中间商历史悠久，一直以来都是市场的核心主体，中间环节对产品流通的实现也极为关键，其理应是由客观现实条件和市场结构特征所决定而非简单地被消除。自20世纪80年代之后，许多理论也都开始关注到真实的市场微观运行机制，中间商也日益被理论研究所发现，多个学科和理论深入这个领域。如何寻找到最优的中间商和中间环节结构，并尽可能地使其充分发挥其应有的功效，成为改善整个市场运行的一个重要路径，也是认识市场微观结构的重要视角。

为此，详尽研究农产品流通市场中间环节问题及其相关事实特征，分析中间商、中间环节与流通成本的真实关系，认识中间商在产品流通过程中所处位置、角色、功能及其内生机制，弄清产品流通问题是否在于中间环节的多少问题，研究有效率流通过程需要怎样的中间环节和中间商，并找到中间环节配置的模型则成为认识农产市场，破解流通困局的重要课题。

三、主流经济学忽视了对市场微观结构的研究

理论方面，现有流通理论大都忽略了农产品流通市场微观结构问题，难以很好地解释中间商、中间环节以及流通成本等问题。如果我们认为是中间商造成了农产品流通市场的问题和困局，那么又会难以解释为什么中间商一直存在于市场中。如果我们认为是中间商获得了超额利润，那么也会面临如何解释现实中间商生存困境的问题。这些现象、问题和矛盾都使

得我们无法用单一的中间环节过多来解释。

流通成本问题涉及中间环节问题，而这又关涉到对中间商，涉及对市场微观结构的认识。这些都提醒我们对流通成本和中间环节的认识需要回到对整个市场结构的认识，也即是对农产品流通市场微观结构的认识，从中我们来研究为什么市场主体会不断演进，为什么中间商会出现，为什么有些市场的流通环节少，甚至呈现产销对接的直接模式，而有些市场的流通环节却极为复杂，需要经历多个中间环节？认识隐藏在这之后的机制和规律，理解和研究市场结构多种具体形态和功能问题则能够为我们分析农产品流通困局提供新的视角。

事实上，市场是由一系列交易过程组成，由于市场不完全性和信息不对称问题，市场运行需要一定的中间主体（比如中间商）参与来形成不同的结构，不同的市场微观结构会产生有不同中间商和中间环节结构，其所呈现的效率也有差异。一定程度上，一个高效率的市场在于是否选择了合适的中间商和中间环节结构，在于能不能发展出有效的低成本交易机制，在于能否形成一个高效的市场微观结构。因此，理解农产品流通市场结构的形成、演进，理解一个完整的农产品流通市场，需要更多地对其市场微观层面的结构，对其微观层面的市场主体、治理机制、交易机制进行认识。

基于此，本书尝试从市场微观层面对农产品市场，对中间环节和中间商动态演进给予解释。本书也意在揭示，中间商作为一种市场微观机制的内生和演化机制，其是怎样促进市场交易，降低市场交易成本，提高市场交易效率。从这个视角，也有助于我们从另外一个角度来认识中间商、中间环节以及农产品流通市场。另外，本书也尝试在一个以中间商为核心的市场微观结构中，深化对中间环节演进机制和配置的认识，为理解农产品流通市场提供一个新的分析框架和政策选择参考。

第二节　研究意义

农产品市场的流通成本和中间环节问题，是一个社会现实问题也是一个理论问题，既是一个新问题也是一个老问题。本书尝试从市场微观结构的视角来认识农产品流通市场，试图深化对于中间商的认识，以进一步认识中间商的内生机制，考察中间环节的配置模型。

一、理论意义

理论意义方面，本书主要体现在以下几点。

第一，拓展对农产品流通市场的分析框架，增进对农产品流通市场微观结构的认识。过往的流通理论更多关注的是宏观市场问题，对于市场微观基础研究不足，论文通过对中间商、中间环节功能和机制的认识，将流通研究从宏观转向微观基础，从市场微观层面来认识市场交易过程，增进对流通微观机制的解释和认识。

第二，借助市场微观结构视角，增进对农产品市场中间商和中间环节内生机制的认识，理清对于中间商、中间环节与流通成本之间关系的认识，丰富对农产品流通的理论知识。

第三，深化对农产品流通中间环节的认识，尝试建立一个流通中间环节资源配置的理论模型，增进对于流通中间环节的影响因素、中间环节资源配置模型的理论知识。

二、实践意义

实践意义方面，本书主要体现在以下几点。

第一，通过对农产品流通中间环节和中间商在流通过程中地位、作用、成本形成等方面的梳理和典型事实特征认识，澄清对流通成本、中间商、中间环节的现实误解，改变过往社会"重生产、轻流通"的观念以及对中间环节的诸多误解，引导社会正确看待中间商，提升流通在整个社会生产中的分量，使社会更多地关注和重视流通中间商的发展，以促进流通业发展。

第二，对流通中间商和中间环节的再认识，也能为中国现实农产品流通寻找到一个最优的中间环节和中间商结构，为找到一个有效率的市场微观结构等提供新的路径和参考，从而为降低农产品流通成本，提升流通效率，破解流通困局提供现实的政策指导。

第三节 研究内容与结构安排

本书围绕农产品流通中间商和中间环节配置问题来展开对农产品市场微观结构的认识，一方面呈现当前农产品流通市场的一个现实过程和发展背景，展现和解释农产品市场中的中间商、中间环节、流通成本的现实情况。另一方面，立足市场微观层面，认识农产品流通市场的微观结构，从市场微观层面来认识农产品市场、中间商和中间环节的配置等问题，进而为农产品流通理论分析提供新的视角。具体说来包括以下几个方面：

一是从历史维度认识中间商在市场中的角色演变，进一步认识中间商在流通市场中的作用和功能。二是从市场微观结构层面分析中间商在市场交易中的地位和内生机制，分析中间商生存空间及其变动，分析市场中为什么会出现中间商，并澄清现实中人们对中间商的误解。三是进一步分析农产品市场微观结构的生成过程和演变机制。借助于对农产品流通中间商和中间环节的典型事实特征的考察，分析流通成本，中间商、中间环节与流通成本之间的关系，流通成本与生产成本之间的结构关系，中间环节在流通成本中的地位，中间商是否获得超额利润以及中间环节的价值创造等问题，以重新认识中间商在市场中的位置、角色、功能、价值及其内生机制。四是进一步分析市场微观结构的演变趋势，分析中间环节演变机制，分析中间环节设置的影响因素，尝试建立中间环节的资源配置选择模型，进而在市场微观结构理论引导之下，探讨一个有效率的流通过程需要什么样的市场微观结构，什么样的中间商结构，什么样的中间环节结构。最后，则是在理论和现实问题分析基础上，对我国农产品流通市场的未来发展提出政策意见和参考。

据此，本书在结构安排上一共分为六章：

第一章是绪论。介绍本书选题背景和意义、研究内容、研究思路、研究方法、创新点。

第二章是中间商、中间环节与市场微观结构，为基本理论和文献回顾，从对交易、分工和市场等基本概念和理论出发，回顾中间商、中间环节和市场微观结构的理论和现有国内外研究现状。

第三章是市场微观结构：中间商的生成及其生存空间分析，为市场微观结构的理论框架和对中间商认识的分析，既包括规范的理论分析，也涉及历史分析。这部分借鉴了金融领域市场微观结构理论，利用扩展后的市场微观结构理论框架分析中间商生成及其存在空间，分析中间商在市场交易中的地位和内生机制，中间商在市场交易过程中的地位、功能及其如何介入到市场交易过程为市场交易提供服务和对市场交易效率的促进作用。

第四章是市场微观结构的再认识，为市场微观结构生成过程的再认识，本部分沿着市场微观结构理论，借助对农产品市场的现实观察，进一步认识市场微观结构的演进过程，解释现实中有关中间商和中间环节的争论，分析中间商和中间环节如何在不断变化环境下自我调整，涉及农产品市场的交易机制、流通成本再认识、农产品流通环节价差的认识以及农产品流通市场中的利益分配问题等内容。

第五章是市场微观结构的演变趋势：流通中间环节的最优配置，为市场微观结构下流通中间环节演变趋势的认识。本部分重点转向流通中间环节认识，探讨一个有效率的产品流通过程需要什么样的市场微观结构，什么样的流通中间环节，分析流通中间环节的配置受到哪些因素的影响和制约，流通中间环节形成、配置、存在的机理等问题。

第六章是结论和政策建议。基于本书的讨论和思考，为我国农产品流通未来发展提供一些政策建议和参考。

第四节　研究方法与路径

本书采用的研究方法包括如下：

第一，定量模型方法。通过经济理论模型和数据来分析中间商在整个市场交易中的地位和作用，分析流通环节之间产品价差，分析中间环节的选择模型等。

第二，实地调查法。通过对农产品流通环节以及对中间商的观察调研，走访北京新发地、天津海吉星等批发市场和批发商，增进对中间商和中间环节的了解。

第三，历史分析法。通过对长时段的商业发展历史追溯来认识中间商，分析其在市场发展过程中的地位和角色演变。

第四，文献分析法。利用图书馆、各类电子资源数据库，通过对历史文献、现实调研资料以及对国内外的相关理论文献的梳理研究，为本书写作提供参考和帮助。

第五节　本书创新点

本书的核心立足点是中间商是市场微观结构的核心主体，市场交易是围绕中间商来展开，市场经济可以看作是由中间商来配置的经济体系。中间商对于产品流通和市场有效运行有着关键的作用，在市场交易中是不可或缺的重要角色，有其生存空间和存在合理性，有其自身内生机制和演进机理。中间环节也是经济学意义上的稀缺资源，中间环节资源配置需要讲求相对性、动态下的适度、合理，市场的演进也在于寻找到一个合适的市场微观结构以实现市场效率最大化。

本书的可能创新点体现在以下几个方面：

一是研究视角方面，本书从市场微观视角来认识流通中间商和中间环节，拓展了对农产品市场的分析框架，增加了对农产品流通市场微观结构生成、演进机制认识，将流通研究从宏观转向微观基础，增进了流通理论微观机制的解释和认识。一方面，改变以往宏观层面分析流通问题的视角，注重市场微观结构和基础。另一方面，强调通过市场微观结构的改变，注重从中间商、中间环节的结构配置和变化，形成不同的市场微观结构，进而降低交易成本。

二是在理论层面，从市场微观结构来认识流通中间商，增进对农产品市场中间商和中间环节内生机制的认识，从理论模型、历史比较和典型事实观察分析了当前农产品流通的一些事实特征及其面临的"新常态"，理清对于中间商、中间环节与流通成本之间关系的认识，澄清对中间商、中间环节误解，丰富了对农产品流通的理论知识。

三是中间环节配置方面，本书增进了对流通中间环节的影响因素、中间环节资源配置模型的理论知识，为中国现实农产品流通寻找到一个最优的中间环节和中间商结构，为找到一个有效率的市场微观结构等提供新的路径和参考建议。

四是研究内容方面，增进了对市场微观结构的认识，市场微观结构的生成过程是中间商不断产生、演进的过程，这是一个持续的动态过程，在不断竞争合作过程中实现合理化，以实现中间商资源的合理配置和中间环节的合理结构，找到一个稳定合理有序的市场微观结构。市场交易中间商数量增多，中间环节的复杂化，会改变市场交易结构，促使市场从直接交易走向间接交易，甚至是更复杂的交易关系结构。流通中间环节内部本身也包含有中间商结构演进和中间商自身链条解构和重构的过程。

第六节 有待进一步讨论的问题

本书就农产品流通市场微观结构的研究开启了一扇窗口，囿于个人研究能力、研究范围和外部条件限制，有关农产品市场微观结构的认识，有关农产品流通市场中间商和中间环节的研究仍是一个需要进一步深入研究的问题，这包括以下几个方面：

一是农产品本身是一个宽泛概念，包含多种类型，一些是保质期相对长的产品，一些是有时限性的产品，一些是满足基本需求的产品，一些是大众日常消费的产品，本书并没有具体地区分产品类型和细分的市场，因此，未来应进一步细分农产品流通市场来分析其市场微观结构，来认识其间的中间商和中间环节问题。二是有关中间环节的配置问题，囿于自身研究限制，本书仅提出了一个概念性模型，分析了其影响因素，尽管中间环节的配置选择是一个极为复杂的模型，但或许可以将这些因素变量化和模型化，建立一个定量化的环节配置的选择模型。三是农产品流通市场微观结构的问题，既有中间商的问题，实质上现有很多的流通成本高企等问题，也与农产品市场的生产端和消费端有关系，因此，如何将这些因素考虑进来，也是未来需要讨论的问题。四是互联网的普及，电子商务的发展，对农产品流通市场带来新的变革，相应地对中间商和中间环节也会带来诸多挑战，因此，如何细致研究互联网时代下农产品流通市场的微观结构的演进也是一个值得深入讨论的问题。五是农产品流通市场微观结构在不同时空条件下呈现出不一样的特征，因此，一方面需要长时段来分析农产品流通市场的微观结构，另一方面则需要分析不同类型的市场微观结构和模式的细微差异。

第二章 中间商、中间环节与市场微观结构

对流通中间商和中间环节的认识，对农产品市场微观结构的研究，核心逻辑起点是对交易和市场的认识。本部分内容从对交易和市场等基本概念和理论的认识出发，回顾中间商、中间环节和市场微观结构的基本理论和国内外的研究现状。

第一节 交易、分工与市场结构

商品流通涉及商品交易服务，交易是嵌入其中的核心概念，在流通市场研究中是极为关键的概念。本部分内容回顾了有关分工、交易和市场发展的相关理论。

一、分工：带来有效率的市场

分工是社会演进的结果，是促进社会资源配置的重要手段，也与专业化和市场交易等联系在一起，其是"两个或两个以上个人或组织将原由一个人或组织生产活动中所包含不同职能操作分开"[1]，而专业化则是"一个人或组织减少其生产活动中不同操作种类"[2]。分工与专业化是社会演进的两面，分工演进带来更深程度的专业化，产生出复杂的生产方式和流通过程，衍生出复杂的市场组织，带来各种交易活动。

---

[1][2] 盛洪：《分工与交易——一个一般理论及其对中国非专业化问题的应用分析》，上海三联书店、上海人民出版社 1994 年版。

早在柏拉图时代，人们就认识到分工和专业化在经济中的作用，分工被看作是人的天性，是社会运行的基本原则。柏拉图指出"每个人都不能自给自足，相对我们自己的需要来说，每个人都缺乏许多东西……人们相互间需要服务"①，进而"人们之间就有了交换，一个人给别人提供一些东西，也从别人那里取得一些东西"②。

不仅如此，分工也是社会效率增进的关键。曼德维尔（2002）就指出"若一个人专门制作弓箭，另一个人专门提供食物，第三个人专门建造草舍，第四个人专做衣服，第五个人专门制作器皿，不仅他们会变得彼此有用……他们从事行业和手艺本身改进，也会比没有专人从事它们所取得的更大"③。有关这一点，最多被引用的是斯密（1972）的论述，他指出"劳动生产力上最大的增进，以及运用劳动时所表现的更大的熟练、技巧和判断力，似乎都是分工结果……单个人一天也许一枚扣针也做不出，而一个十几个人的小工厂，按照十八种工序制造扣针，平均一人可以制造约4800 枚"④。实际上，除了生产效率提高之外，分工还能够带来可靠稳定的社会预期，使每一个人能得到安全的日常生活，在这之中，我们既为他人提供各种服务，也从其他人那里获得满足自己需求的服务。

对于为什么会出现分工，斯密认为是因为交换是人们的天性和自然倾向，因为交换的需要人们选择了分工，人类有"互通有无、物物交换和相互交易的一般倾向……各个人都可从这个资源随意购取自己需要的别人生产的物品"⑤。杨（Young，1928）则更进一步，将分工放在经济体系的核心位置，指出分工带来了经济规模报酬，正是因为分工深化带来了更多迂回生产，使经济产生出更多中间环节，更多中间产品以及更多知识技术积累，进而带来经济规模报酬，在他看来，社会分工程度的提升，会促进技术进步和市场规模的扩展⑥。在这之后，杨小凯（1999）则将分工模型

---

①② 柏拉图：《柏拉图全集》第 4 卷，人民出版社 2003 年版，第 326 页。

③ 伯纳德·曼德维尔：《蜜蜂的寓言：私人的恶德，公众的利益》，肖聿译，中国社会科学出版社 2002 年版，第 462 页。

④ 亚当·斯密：《国民财富的性质和原因的研究（上）》，郭大力、王亚南译，商务印书馆 1972 年版，第 5 页。

⑤ 亚当·斯密：《国民财富的性质和原因的研究（上）》，郭大力、王亚南译，商务印书馆 1972 年版。

⑥ Allyn A. Young. Increasing Returns and Economic Progress [J]. The Economic Journal, Vol. 38, No. 152 (1928), 527 –542.

化了，使分工进入到经济学分析框架中来。在新古典经济学中，分工是被忽视的，经济学是研究稀缺资源如何配置的学科，是在资源稀缺性环境下人们如何做出选择的学科（罗宾斯，1932）[①]，杨小凯沿分工演进逻辑发展出新兴古典经济学分析框架，在他的框架中，分工是经济分析的核心，因为每个人在分工环境下其自己专业技术水平会影响他人，这也就带来了杨（Young）所说的"经济规模报酬"[②]，更进一步，他认为，分工演进是在分工带来收益和由此产生的交易成本权衡中发生的，分工带来专业化水平提升，促进生产率提高的同时，也会使中间环节增多，带来更多交易成本，如果分工收益足以支付成本，那么分工就会继续演进，直到其收益小于成本，这也和贝克尔（Becker）和墨菲（Murphy）（1992）[③] 的研究类似，当分工所带来边际收益和因为分工产生的协调成本是一样的时候，分工就是最优水平，与此同时他们也指出社会进步，往往能够提高分工带来收益，其收益增长能够超过成本增加，超越成本限制和制约，也正因为这样的因素，分工在不断演进而我们也能看到经济增长。

由此，我们能够看到，分工是社会经济发展的核心要素，经济增长不仅是主流经济学所强调的"资源配置"问题，也是一个社会分工演进问题，是一个涉及市场组织研究的问题，而这些问题事实上核心涉及的是市场结构问题而不是单纯资本和劳动要素累积问题。如同杨小凯的研究一样，他沿着分工路径，解释整个组织和制度问题，研究了组织内部市场交易结构、交易层级以及由此带来的有效率市场结构和制度。因此，从社会分工角度看，经济发展核心，组织演进在于能够找到有效率的市场交易层级结构。实际上，这也提示我们，我们关注市场，不仅是关注市场资源配置，不仅是研究组织含义和形态，更重要还是要认识组织背后市场微观结构，认识其背后分工结构和交易层级结构。

二、交易：市场基本活动和分析单位

社会分工另外一面或说其内部核心结构则是交易。交易是市场结构的

---

① 罗宾斯：《经济科学的性质和意义》，朱泱译，商务印书馆 2000 年版。

② 杨小凯、黄有光：《专业化与经济组织——一种新兴古典经济学框架》，经济科学出版社 1999 年版，第 249 页。

③ Gary S. Becker, Kevin M. Murphy. The Division of Labor, Coordination Costs, and Knowledge [J]. The Quarterly Journal of Economics, Vol. 107, No. 4 (1992), 1137－1160.

核心要素。对市场微观结构的认识，有必要回到交易概念之中。而比交易更早或者说更基本的概念则是交换。从历史上看，早期市场交换是指资本主义商业社会历史之前的集市，也即集市上各种商品转移和互换[①]，这些早期交换往往是借助其他社会文化宗教活动如一些具有社交性质的庙会、集会等来进行，人们在这些社会文化活动中进行各种物品交换。而随着商品经济演进和分工深化后，才出现专门的商业交易，特别是随着专业中间商人出现，渐渐发展出独立市场及各种各样市场交易形式。

交换是人类的天性和基本活动，斯密（1972）在将分工归因于"人类间相互交换的倾向"，他指出"一切人都要依赖交换而生活……在一定程度上，一切人都成为商人，而生活本身……也成为商业社会"[②]。不仅如此，萨林斯（Salins，1974）甚至认为在原始社会时期，交换就成为人们的一种生活策略，用之来获取产品以避免战争[③]。奥菲克（2004）更是回顾历史，从人类进化角度，将交换提升到了文明高度，他说交换"不仅是一个现代文明人工制品，它更是人类进化因素"[④]，是加速人类进化和文明演化的原因，更进一步，他认为所有生物中"存在三种交换—互惠—合作关系：共生、亲属间交换、商业交换，商业交换是唯一存在于人类社会，共生和亲属间交换则存在于一切生命现象中"[⑤]。而且，"在人类活动中，商业交换这种现象具有普遍重要地位，人的一生都贯穿商业交换，商业交换贯穿整个已知人类社会历史"[⑥]。在奥菲克看来，交换或者交易能够给人类自身提供一个无形的"安全网"，已经成为人类自身一部分了（奥菲克，2004）[⑦]。所以，我们能够看到，交换不仅是我们的自然天性，也是人类基本技能和基本生存保障之一，而随着交换演进、深化和

---

① 康芒斯：《制度经济学（上册）》，于树生译，商务印书馆1997年版，第11~76页。

② 亚当·斯密：《国民财富的性质和原因的研究（上）》，郭大力、王亚南译，商务印书馆1972年版，第20页。

③ Sahlins, Marshall David, stone age economics, Aldine Transaction (December 31, 1974).

④ 奥菲克：《第二天性：人类进化的经济起源》，张敦敏译，中国社会科学出版社2004年版，第1页。

⑤ 奥菲克：《第二天性：人类进化的经济起源》，张敦敏译，中国社会科学出版社2004年版，第14页。

⑥ 奥菲克：《第二天性：人类进化的经济起源》，张敦敏译，中国社会科学出版社2004年版，第23页。

⑦ 奥菲克：《第二天性：人类进化的经济起源》，张敦敏译，中国社会科学出版社2004年版，第24页。

复杂化，则出现了更加规则化和专业化交换，也即"交易"。

由交换发展而来的交易本质上的内容是人与人之间最基本的交往互动。布劳（2008）就认为交易本质上是一种自愿行为，可分为"经济交易"与"社会交易"，"经济交易"包含有明确交易数量的正式合约，而"社会交易"则并没有明确数量的非正式合约①。交易的发生则源于满足人们自身的需求，特别是随着专业化时代到来，人们愈发需要借助交易来满足自己多样化需求。如同安德森（Alderson，1965）② 提出的交易定律所展示的一样，交易只有在能够使双方获得利益，满足各自需求的时候才能发生，在他的定律中，给定一个经济主体 A1 拥有产品为 x，经济主体 A2 拥有产品为 y，产品 x 和 y 之间能够交易则需要满足三个条件：一是 x 和 y 是不同，二是经济主体 A1 通过放弃 x 和增加 y 能够获得利益的增加，三是经济主体 A2 通过放弃 y 增加 x 也能够获得利益的增加。我们能够看到，只有当交易能够带来收益增加时才能发生。

因此，无论是在社会进化中，还是经济活动中，交易都是人类基本活动之一，能够带来社会利益的增加。具体从人类活动类型来看，人类活动大致可分为生产性和交易性活动，生产性活动是人与自然之间发生的技术性投入关系，人们将自身劳动用于自然活动并获得产出的活动，交易性活动则隐含的是人与人之间的互动关系，也即人们通过与他人交换获得产出资源的活动③。虽然交易活动只是商品和服务在不同主体间的交换以实现需求差异的满足，尽管看起来并不是纯粹"生产性"活动，但其仍能创造价值，甚至是整个产品和服务价值创造过程的必需环节。对此，门格尔（2005）指出"经济交换与物质财货增加相同，能使人类欲望得到更好满足……媒介交换的人自然就和工人与农民相同，不能不说是一个生产者了，因为经济活动目标……在于人类欲望之尽可能完全满足……商人所作贡献，不亚于一向被人独占地称为生产者的工人和农民"④，从中我们能够看到门格尔充分肯定了交易的作用，强调了商人的贡献。

---

① 布劳：《社会生活中的交换与权力》，李国武译，商务印书馆 2008 年版。

② Wroe Alderson and Miles W. Martin, Toward a Formal Theory of Transactions and Transsections [J], Journal of Marketing Research, Vol. 2 （1965）, 117 – 127.

③ 盛洪：《分工与交易——一个一般理论及其对中国非专业化问题的应用分析》，上海三联书店，上海人民出版社 1994 年版，第 88 页。

④ 卡尔·门格尔：《国民经济学原理》，刘絜敖译，上海人民出版社 2005 年版，第 109 页。

更具体些，康芒斯（1962）则认为交易是在一定集体活动中产生的，是不同主体间所有权的转移，他将交易分为三类：一是买卖的交易；二是管理的交易；三是限额的交易，其中，买卖的交易是法律上平等主体间买卖交换关系，管理的交易是一种以创造财富为目的的交易，限额的交易则是拥有权力的若干人把企业权利和义务授权给其他主体[①]。科斯也在对企业性质研究过程中，涉及对市场交易的分析。

事实上，在现代经济社会中，生产专业化和消费多样性，使得交易必不可少，因为"生产……核心组织原则是专门化，消费……核心组织原则是多样化……这冲突……通过交换基本功能才能解决"[②]。

三、分工与交易演进导致交易结构的复杂化

无论分工还是交易演进，都使整个社会向更复杂方向演进。分工深化会导致交易环节增多，引申出不同市场交易结构，而这也是社会进步必然结果。从这个角度看，交易环节复杂化，中间环节增多本质上也是交易职能分工问题，是社会分工的产物。与此相关，这些交易环节的增加不可避免地会带来这些节点之上中间商人的增加，甚至产生一系列交易组织和中介组织。

因为交易本身存在组织问题，因此我们能够看到，在交易发展的同时，市场出现了一系列交易组织，这些日渐成为市场关键主体。具体来说，交易组织是"旨在组织市场交易活动，把一定范围内众多交易者集中组织起来……使他们间以价格为媒介市场交易活动得以进行，并为交易安全提供保障，维护市场有序运行的组织"[③]，在历史发展中存在过许多的市场形式和交易组织，这些市场中都存在着各种各样交易组织。对交易组织生产和演变过程，张群群（1999）进行了详尽研究。

从对分工和交易回顾看，分工和交易是人类基本活动，其能给社会创造价值。在分工演进过程中，交易日渐复杂化，交易环节日渐增多，产生出更多的交易中间环节以及相应的中间商和交易组织，这些也都是社会分

---

① 康芒斯：《制度经济学（上册）》，于树生译，商务印书馆1997年版，第74～85页。

② 奥菲克：《第二天性：人类进化的经济起源》，张敦敏译，中国社会科学出版社2004年版，第238页。

③ 张群群：《论交易组织及其生成和演变》，中国人民大学出版社1999年版，第106页。

工深化的产物。因为交易复杂化，交易环节增加，不可避免地会带来这些节点之上中间商人的增加。中间商与交易环节相联系在一起，中间商位于每一个交易环节节点上，不同中间商组合形成不同中间环节，呈现不同的市场结构。

四、交易"中间化"和市场理论演进

交易复杂化一个显著表现则是交易日益"中间化"的特征。早期交易活动，多是直接的物物交换，买卖双方之间直接进行商品交换。但是，随着社会分工复杂化之后，交易日益呈现出"中间化"特征，交易的完成，往往需要更多的市场信息，经历更多的中间环节，才能达到商品需求主体之手。由此，在交易过程中，衍生出各种市场形式，用来为交易完成提供场所和空间，在市场中出现为交易完成和实现提供服务的中间商和交易组织。

从社会分工宏观层面看，市场的出现本身是社会分工结果。按照社会发展阶段论表述，原始社会末期，第一次社会大分工后，农业和畜牧业之间的分离使得其各自因为产品剩余产生了少量的直接交换活动；第二次社会大分工之后，手工业的出现进一步使得商品有了更多剩余并带来了直接交换发展；第三次社会大分工，则是商业的出现，使社会经济中出现了专门从事商业活动的经济主体，如同恩格斯所指出的，分工"创造一个不从事生产而从事商品交换的阶级——商人"①，这也即是专门从事交易活动的中间商。

事实上，从经济史资料记载和分析来看，市场的生长也是与中间商相伴，或者说，中间商也是伴随着市场兴起而产生。比如在中国，根据经济史学家的研究（如吴承明、黄宗智等）19 世纪初期就已经有了统一的全国性市场。吴承明（1985）指出我国古代已有多层次市场，包括地方小市场、城市市场、区域性市场以及全国性市场②。在欧洲，布罗代尔（1992）也指出 13 世纪西欧便实现了"向市场经济的决定性过渡"③，13

---

① 马克思、恩格斯：《马克思恩格斯选集》第 4 卷，人民出版社 1972 年版，第 162 页。
② 吴承明：《中国资本主义与国内市场》，中国社会科学出版社 1985 年版，第 214 页。
③ 费尔南多·布罗代尔：《15～18 世纪的物质文明、经济和资本主义》（第 3 卷），顾良、施康强译，生活·读书·新知三联书店 1992 年版，第 89 页。

世纪英国已经出现了许多市场，这些市场大都是由领主举办，甚至一些领主规定在其边界内不允许有其他市场①。

对于市场，一直都被认为是交换活动所涉及的各类行为主体发生交易关系的场所。在早期理解中，市场更多是一个实体空间概念，是一个传统集市概念。事实上，在现时的很多边远农村地区，这样的集市依然存在，仍履行其最原始最简单的商品交换功能。而在斯密的话语中，市场则是一个价格体系，整个经济体系是一个市场体系，是通过这个价格体系来运转。而在马克思看来，市场则是"流通"同义语，涉及货币向资本转化、资本循环的流通时间和费用和资本流转过程，市场本质上是所有的商品所有者间各种交易关系的总和。希克斯（1987）则指出，市场和交易是一个比资本主义更早的概念，在市场出现前社会就已有许多非市场经济，典型代表是"岁入经济"，"食物和其他必需品剩余是从耕作者那榨取得来并用来维持政府官员生计"②，因此，在他看来，市场不过是商业化高度发展之后的新的组织形式，是能够将市场需求集中起来的形式而已。

而在奥地利学派那里，市场被认为是一个过程。米塞斯就指出"市场不是一个场所，一件物品或者是一个集体，市场是一个过程，它是由在劳动分工条件下合作的不同个人之间的行为的相互影响来驱动"③。哈耶克也认为，市场本质是一种价格体系和信息交流体系，我们"必须将价格体系看做一种交流信息机制"④。

因此，我们能够看到，在这些主流乃至非主流经济学语境中，市场不仅是交易场所，更是一个以价格为核心的资源配置和信息传递机制，是用来实现资源配置机制，整个市场运行能够在一个全知全能"拍卖者"控制下达成最优均衡。这些既有市场理论都将交易行为或者交换活动看作是一个与个人行为无关的选择，进而他们的研究都围绕价格形成机制来展开。因此，之后一些学者开始反思，将市场研究从这个理想状态转向对现实市场研究，从过往宏观市场理论，走向对组织的中观市场研究，研究市

---

① R. H. Britnell, The Commercialisation of English Society 1000—1500, Manchester University Press, 1996, 22.

② 希克斯：《经济史理论》，厉以平译，商务印书馆1987年版，第9、23~24页。

③ 米塞斯：《人类行为的经济学分析》，黄丽丽译，广东经济出版社2010年版。

④ 哈耶克：《个人主义与经济秩序》，贾湛等译，北京经济学院出版社1989年版，第81~82、98~99页。

场组织含义。

市场本质上是由复杂的交易和交换构成的，每一次交易背后都涉及真实个人的行为。所以，市场不仅是一个工具，而是有着人类行为印记的过程，如霍奇逊所说的一样，应"把市场定义为一套社会制度，其中大量商品交换有规律发生……并受到那些制度的促成和构造"①。诺斯甚至更直接指出"有效率经济组织是经济增长关键，有效率经济组织是西方世界兴起的原因"②，他还以集市为例，说明这种组织关系和制度规则对于市场效率的作用，集市"作为一个重要制度安排起到提供信息作用……降低了搜寻市场信息成本"③。

因此，如同张群群（1999）指出的一样，"市场或是成为一种为增进财富增长而协调经济运行自然力量……展示经济体系和生产关系怎样实现再生产过程"④，而"对完全竞争和信息完备假设限制的突破和对企业组织存在理由追问，开始关注市场非价格层面，从零交易费用回归到正交易费用，理论研究中的市场逐渐具有现实经济生活的市场轮廓和模样"⑤。由此，中观层面上的市场组织形态开始受到理论重视，因为市场本身有多种多样的组织形式，有各种交易组织，各种表现形态以及各种结构，市场组织和制度变迁被纳入到市场研究范畴。

而随着市场化进程的推进，市场组织的发展，市场的中微观结构又成为认识市场的一个新领域。过往市场研究理论，或是早期市场理论，或是之后的宏观市场理论，理想价格机制的市场理论，乃至近期中观市场组织层面研究，对市场背后和组织背后微观个体研究不足，对市场本身微观运行过程的研究欠缺，基本是沿着研究市场交易职能分工和深化，或是市场本身组织形式和形态演进来研究。

在这些理论解释下，宏观层面市场是一个多元主体参与的组织系统，但是，微观层面看，市场也是一个中间商参与其间的市场关系。现有理论不断强调交易方式变化和组织形态变化，强调这些组织形态变化如何能够

① 霍奇逊：《现代制度主义经济学宣言》，向以斌等译，北京大学出版社1993年版，第208页。
② 诺斯和托马斯：《西方世界的兴起》，厉以平、蔡磊译，华夏出版社2009年版，第1页。
③ 诺斯和托马斯：《西方世界的兴起》，厉以平、蔡磊译，华夏出版社2009年版，第82页。
④ 张群群：《论交易组织及其生成和演变》，中国人民大学出版社1999年版，第6页。
⑤ 张群群：《论交易组织及其生成和演变》，中国人民大学出版社1999年版，第68页。

降低交易成本，但我们无法确切地找到一个真正降低交易成本方法，也无法理解不同市场形态和组织形式间的不同存在理由和内部差别。因此，市场既有宏观结构，有中观结构，也有微观结构，我们需要了解这些现实市场多样交易组织背后市场微观结构是什么。因为不同市场形态下，不同交易组织之下，其市场微观结构也应是不同。市场微观结构中核心关系也是交易，核心主体则是中间商，也即那些专业从事交易的主体，这也是本书将围绕展开的内容。

第二节　中间商

一、中间商的缘起

交易和专业市场发展，带来了中间商的生长。中间商伴随着市场兴起而产生，各类交换催生出形形色色的中间商。从历史发展看，中间商有着十分悠久的历史，是从生产性活动分离出来，专门从事交易活动的经济主体。

从历史上看，中间商一直都是商业经济社会的主要主体。在中国先秦时代便出现商人，西周称为"质人"，五代时候又出现"牙行"，之后更加专业化，出现有"牙郎、牙侩"等。早期长途贩运商是早期商业社会核心主体，早期商业发展都是依赖一大批这类中间商的支撑，如古代中国出现的行商及14世纪地中海贸易商。现代社会，我们也能看到各类中间商的身影，比如在浙江义乌，随着小商品市场发展产生出大批市场经营户、采购商，乃至国外采购商和贸易商等现代中间商。布罗代尔（1992）也指出13世纪英格兰就已出现了往返于城市和乡村承担农产品长途贸易商人，他说"城乡之间的第三者——商人——他们最初主要从事小麦贸易，中间环节增加逐渐使商人一方面与生产者，另一方面与消费建立了联系"[1]。

---

[1]　布罗代尔：《15～18世纪的物质文明、经济和资本主义》（第2卷），顾良、施康强译，生活·读书·新知三联书店1992年版，第21页。

中间商伴随交易专业化和"中间化"发展而产生，那些专门投入时间、资本进行交易的人而从生产领域演进出现，并专业从事交易活动的主体。在市场发展初期，专业中间商仅是少数人行为。如肖（Shaw, 1912）指出一样，"市场范围扩大，分工变得必要，商人以市场组织者身份出现……从生产者中购入产品后出售给消费者"[①]。

二、中间商的含义和类型

从名称上看，中间商亦称为商人、经纪人、代理人、中介人、分销商等，是从生产领域分离出来，位于生产者和消费者之间连接生产和消费行为的中间主体。在商品从生产者向消费者的流通过程中，中间商作为一个专业交易商，凭借其专业知识、技能，协调和完成市场交易活动[②]。

传统中间商的概念是如安德森（1965）所指出的一样，是居于生产者和消费者间，集中购买商品后将商品出售给其他主体的市场主体[③]。随着近年发展，中间商已远不止是传统这样的概念了，新的中间商可能并不购买商品而只是为生产者、零售商或者其他市场主体提供服务（马拉斯科（Marasco），2008）[④]。

从英文语境看，有多个词来表达，包括 Middlemen，Merchant，Inter-mediary，Distributor，Broker 等，其中 Merchant 是指从事批发生意的大商人概念，早期更主要是指从事长途远距离贸易；Middlemen 含义要广一些，既包括从事商品买与卖活动的商人，也包括一些仅是为这些商品买卖活动提供服务的主体；Intermediary 是一个更一般意义上的中间人，在市场中提供纯粹中间服务，是一个更广泛意义上的中间性角色，而不仅是商业社会的中间服务；Distributor 则是市场营销管理语境下的词语，更多是一个分销商的意义，是市场营销中向任何的商店或是商人推销产品；Bro-

---

① Shaw, A. W. , Some Problems in Market Distribution ［J］. Quarterly Journal of Economics, 1912, Vol. 26, No. 4, 703 – 765.

② 廖斌:《中间商在商品流通过程中地位与作用的再认识》，载于《商业时代》2014 年第 6 期。

③ Alderson, W. Dynamic marketing behaviour. A functionalist theory of marketing. Homewood: Richard D. Irwin. 1965. 211.

④ Marasco, A. Third-party logistics: A literature review ［J］. International Journal of Production Economics, 2008, 113, 127 – 147.

ker 则是一个经纪人概念。本书的中间商更偏向的是 middlemen merchant 的含义，既是一个传统中间商，但是又主要指在商业领域，从事商业贸易服务的中间商，而不单纯是 Intermediary 中间人概念。

从类型上看，中间商包括了多个主体类型，既有传统社会所称的"行商"和"坐商"，也有现代社会中细分之后的专业批发商、零售商、经纪人、代理人等。从管理学市场营销渠道角度看，中间商则包括市场营销中各级别代理商、经销商和经纪人等。国外学者亚瓦斯（Yavas, 1992）根据是否拥有商品所有权，将中间商分为 Market Maker 和 Match Maker 两类，前者指从产品的卖方买入商品再向产品的其他买方卖出商品的经济主体如批发商、零售商等；后者是仅为商品的交易双方完成交易提供服务并从交易中获取一定佣金如各种代理人和经纪人。与此类似，庞春（2008）也将中间商分为佣金中间商和加价中间商两类。

从不同的学科语境看，中间商的概念和含义也不一样。在经济学的金融领域，常用到中间商概念，实际上是"做市商"的含义，类似于证券机构等券商和经纪人业务。市场营销管理方面，更多是分销商、经销商、代理商的概念。商业经济学所指的则是批发商、零售商等概念。我们熟悉的近代"买办"，实际上就是一种商人，承担了一种代理功能，只不过是为那时候的外国商人服务而已。一些典型的中间商包括：代理商是并不购买产品的所有权，所有权依然归产品的卖方，代理商只是一个独立中介不参与产品所有权的交易，其赚取的不是差价而是代理佣金。经销商是从产品的卖方那里购买产品，拥有产品所有权然后将产品转售给消费者或其他主体，在这个一买一卖过程中获取差价，因此，其关心的是产品的价格差而其提供服务也更多，涵盖整个商品购买到销售全过程。批发商类似于经销商，是大批量地从产品卖方处购买产品然后大批量地将产品分销给零售商或者其他主体，其主要的利润也是来源于买卖之间的价格差，且通常交易量都比较大。零售商是从事产品零售销售的中间商，一般从批发商或者生产者处购买一定量产品然后将产品销售给终端市场消费者，其关注的也是买卖差价，但面对的是终端消费者。经纪人是为市场交易提供服务，以撮合产品交易买卖活动但不参与产品交易活动，其更多的是一个服务型中间商，以收取一定佣金为目的。

我们能够看到现实市场，存在多种多样的中间商，或是加价中间商或是佣金中间商，这些中间商分布在商品流通环节的不同节点，承担商品流通功能，共同为商品流通服务。无论是何种类型的中间商，其基本活动是交易（买卖产品活动）或者是为这个交易活动提供服务，其向产品卖者出价购买产品，之后向买者要价出售产品。作为经济利益主体，中间商关心的是如何能够在这个买卖过程中获得利润，关心的是如何能够获得更多买卖差价，关心的是如何能够为这个市场提供更多的服务，关心的是如何能够创造或者促成更多的市场交易，以在市场中创造更多的价值获得更多的利润。

三、中间商的历史角色和功能

中间商历史悠久，自有市场经济交换以来，便出现了商人，乃至后来的专业中间商。中间商一直以来都能够被市场所认可并不断演进[①]。虽然我们能够看到，交易能够促进社会的分工，但事实上，长期以来社会对于商业贸易以及中间商都持有偏见。在传统观念下，中间商的名声并不好，这无论是中国还是国外都一样。在传统理念中，商人总是"无商不奸"，"商人形象总是不光彩，贱买贵卖被看作不忠"，商业被认为是带有剥削性的行业，"在交易中损害他人财货谋取利益，这是不合自然应受到指责"[②]，"对生意人的仇视，就像有记录的历史一样古老"[③]（哈耶克，2000）。对中西方轻商观念，丁涛、夏春玉（2013）做了详尽综述。

但是，现实经济贸易和市场中我们随处可见中间商身影，无论是国内贸易还是国际贸易中，无论是在古代还是如今现代社会中，都离不开中间商，其扮演着极为重要的角色，在贸易和经济中占据了重要内容，在市场交易体系发挥着不可忽视的作用。

许多经济史和企业发展史都对中间商的作用进行了论述。韦斯特菲尔德（Wesrterfield，1915）讲到了工业革命以前英国商人，认为他们是货物从生产者到消费者的传递者，承担了商品交易的中介功能。海尔布隆纳（Heilbroner，1962）认为职业交易商人在中世纪末进入社会，对整个社会

---

① 廖斌：《中间商在商品流通过程中地位与作用的再认识》，载于《商业时代》2014 年第 6 期。
② 亚里士多德：《政治学》，吴寿彭译，商务印书馆 1983 年版，第 366 页。
③ 哈耶克：《法律、立法与自由》第 1 卷，邓正来等译，中国大百科全书出版社 2000 年版，第 102 页。

发展是一个很重要的推动力量。希克斯（1969/1987）也指出经济社会中，这些专业商人，专职于交易，是社会演进的重要引擎。阿瑟顿（Atherton，1971）则指出中间商在美国西部大开发过程中，渗透了美国经济各个部门，商业部门推动了美国经济发展。诺斯和托马斯（1973）则指出商人活动在串联农业、工业和市场消费者之间的作用极为关键。布罗代尔（1992）论述了商人在市场交换网络中的作用，他指出"交换就这样在世界上纵横交错，星罗棋布，在每个交叉点，在每个接力站，必须设想有一个商人，不论是行商或坐商"①。巴特勒（Butler，1923）也强调中间商为生产者和消费者所创造出的效用，包括基本效用、形式效用、地点效用、时间效用②。

费正清也曾经讲到"中国国内市场的兴起可以从各种专业化的商人群体的成长来衡量，诸如批发商、零售商、走南闯北的行商，上层都还有层层的捐客和代理人，他们为不同地区间的贸易服务"③，而且正是这些各种层级的中间商人，带动了一个市场形成。庞春（2008）综述了西方相关商业及经济史中中间商的历史作用。宋则（2012）也认为中间商能带来产品流通时间和费用节省，是稳生产和稳市场的微观基础。庄维民（2012）则重点回顾了近代中国的中间商，特别是行栈，论述了其演进过程以及在近代交易体系中所起的关键作用和具体功能。甚至在国际贸易领域，中间商也发挥着极为关键的作用。芬斯特拉（Feenstra）和汉森（Hanson）（2004）指出中间商承担了商品质量等级分类职能，有效地降低市场交易成本④。艾利斯（Ellis，2010）认为作为连接生产者和消费者中间体，贸易中间商能够将市场信息传递至生产企业，促进生产企业的效率的增长⑤，中间商能够利用自身信息优势，开拓新市场，带来更大市场

---

① 布罗代尔：《15~18世纪的物质文明、经济和资本主义》（第2卷），顾良、施康强译，生活·读书·新知三联书店1992年版，第140页。

② Butler, R S: Marketing and Merchandising, New York: Alexander Hamilton Institute, 1923: 20 - 21. 转引自 Brown, Stephen, W. Raymond Fisk. Marketing Theory: Distinguished Contributions. NewYork John Wiley & Sons, Inc, 1984.

③ 费正清：《伟大的中国革命》，世界知识出版社2000年版，第72页。

④ Feenstra R., G. Hanson. Intermediaries in Entrepot Trade: Hong Kong Re - Exports of Chinese Goods [J]. Journal of Economics & Management Strategy, 2004 (13): 3 - 35.

⑤ Ellis P. D. Trade intermediaries and the transfer of marketing knowledge in transition economies [J]. International Business Review, 2010, 19 (1): 16 - 33.

创造效用（Casson，1997）[①]。在国际贸易中，经由中间商参与的贸易比例一直较高。根据一些学者的研究和数据显示，美国 2000 年出口贸易额中 20.4% 是由中间商参与完成，中间商占美国出口企业数量比例达 41%[②]；日本 20 世纪 80 年代 80% 的出口贸易额是由中间商完成，其中最大 10 家的中间商贸易额所占 GNP 比例达到 30%[③]；德国 2003 年 44% 的出口贸易额是由中间商参与完成，大约有 47% 的出口企业是贸易中间商[④]；中国 2005 年经由贸易中间商完成的出口贸易额也达 20%[⑤]。事实上，在国际贸易中，中间商为那些买者卖者提供一揽子服务，起到信息搜寻、产品质量筛选、降低贸易摩擦和成本等功能（Rauch）和沃特森（Watson），2004[⑥]；芬斯特拉（Feenstra）和汉森（Hanson），2004[⑦]；安特拉（Antras）和科斯蒂诺（Costinot），2010[⑧]；安（Ahn）等，2011）[⑨]。从这些文献可知，中间商是市场经济的重要主体，对于市场运行极为关键。

四、中间商是否存在市场势力的讨论

从现实发展看，在商品流通环节中，不同市场主体对市场利润争夺、对产品价格掌控、对控制力竞争都日渐激烈，跳开中间商，甚至消除中间商存在，日渐成为其他许多市场主体的愿望，传统中间商受到其他环节成

① Casson, Mark. Information and organization: a new perspective on the theory of the firm [M]. Oxford: Clarendon Press, 1997.

② Bernard, Andrew B., et al. Intra-firm Trade and Product Contractibility [R]. NBER Working Paper, 2010.

③ Rossman M. Export Trading Company Legislation: U. S. Response to Japanese Foreign Market Penetration [J]. Journal of Small Business Management, 1984 (10).

④ Fryges H. The Change of Sales Mode in International Markets: Empirical Results for German and British High – Tech Firms [J]. Progress in International Business Research, 2007.

⑤ Ahn, Khandelwal and Wei. Trade Intermediation and the Organization of Exporters [J]. Review of International Economics, 2011, 19 (4).

⑥ Rauch, J. and Watson, J. Network Intermediaries in International Trade [J]. Journal of Economics & Management Strategy, 2004, 13 (1).

⑦ Feenstra R., G. Hanson. Intermediaries in Entrepot Trade: Hong Kong Re – Exports of Chinese Goods [J]. Journal of Economics & Management Strategy, 2004 (13): 3 – 35.

⑧ Antras, P. and Costinot, A. Intermediated Trade [J]. The Quarterly Journal of Economics, 2010, 126 (3).

⑨ Ahn, Khandelwal and Wei. Trade Intermediation and the Organization of Exporters [J]. Review of International Economics, 2011, 19 (4).

员排斥①。

在现实商品流通的研究，对于中间商也有不同看法。一方面，部分学者认为中间商和中间环节的存在，增加了商品流通环节，提高了商品流通成本，甚至形成了行业中的渠道垄断格局，中间商具有极强的市场势力，使其他主体利益受损。另一方面，也有人认为中间商并不具有市场势力，其存在能提高市场效率。

（一）中间商存在市场势力，增加了流通成本

流通成本高企，部分学者认为是中间商带来了额外成本，既压低了生产者获得的产品价格，也提高了终端消费者的购买价格。特别是在农产品市场中，无论是普通大众还是一些专业研究者，都将流通成本高企归责于中间商。因为从现实现象看，在农产品市场中看起来中间商似乎占据主动地位，其具有较强市场势力，能够在农民生产价格和消费者零售价格之间获得一个较高差价，这也即是人们通常所说"两头叫，中间笑"的流通格局。

如米特拉（Mitra）和萨卡尔（Sarkar）（2003）通过对印度西孟加拉国州（West Bengal）番茄市场研究发现，整个市场是被一小部分中间商所控制，中间商获得了寡头垄断利润。明腾（Minten）和凯尔（Kyle）（1999）以及梅雷尔（Merel），塞克斯顿（Sexton）和铃木（Suzuki）（2009）则认为由于存在较高交通运输成本，中间商在市场中获得了市场势力。米特拉（Mitra）、穆柯吉（Mookherjee）和特雷洛（Torero）等（2013）则研究了印度班加罗尔土豆市场，指出农民与地方中间商间存在着非对称价格信息机制，中间商平均利润在农产品收购价格50% ~60%以上，在生产产品价格和零售价格间有一个巨大差价。此外，巴雷特（Barrett）（1997）、泰勒（Taylor）和阿德尔曼（Adelman）（2003）等也研究认为中间商被认为对农民有着更大市场势力，使得生产者价格很低。

姚今观、纪良纲（1995）认为"两头叫、中间笑"在于中间环节过多，中间商获得了丰厚利润。王学真（2005）调查指出中间商得到了相对较高利润。孙侠、张闯（2008）调查了蔬菜流通成本的构成和利益分配，发现从成本利润率看，批发商大于零售商大于农民。徐丽艳等

---

① 廖斌：《中间商在商品流通过程中地位与作用的再认识》，载于《商业时代》2014年第6期。

（2010）指出农产品流通链条长，农户所得利益较少。马翠萍等（2011）利用国务院调查数据计算发现番茄从生产端到终端消费市场，流通成本占最终价格的65.8%，中间商所获利润是生产者1.9倍。杨志宏、翟印礼（2011）分析了沈阳蔬菜的流通过程，发现流通成本所占比例达30% ~ 40%。刘思宇、张明（2013）通过对大白菜各流通环节主体的调查，指出现有蔬菜流通环节提高了成本，中间商议价能力影响城市居民生活，未来应减少流通环节。

（二）中间商不存在势力，反而提高了市场效率

也有学者认为，当前流通成本高企问题，并不在于中间商和中间环节，中间商不存在市场势力，并没有造成市场不稳定和无效，当前流通困局是受其他制度因素、外部环境因素、中间商结构和市场结构特征影响，相反中间商有助于减少市场交易成本、减少市场中各种摩擦因素所带来的搜寻成本、有助于促进市场交易和减轻市场交易风险。因此，中间商对于市场的运行是极为关键的，不能简单地减少流通环节和去除中间商。

如速水优（Hayami）、菊池（Kikuchi）和马尔恰诺（Marciano）（1999）对菲律宾大米市场调查发现，中间商之间存在充分的市场竞争，农民可以很容易转向另外一个交易商并不会受到中间商剥削。桑迪卡（Sandika）（2011）则研究了斯里兰卡蔬菜流通渠道，认为指责中间商剥削了消费者和生产者是不公平的，因为在蔬菜市场流通之中，中间商发挥了重要作用。国内学者庄维民（2012）也指出任何交易方式都有交易成本，中间商的产生恰是为了降低交易费用和成本而出现的市场分工，中间商为市场交易带来的效用表现在为交易、信息、资信担保、贮存、转运、货款清算所提供的服务和支持等方面。汤时雨（2006）调查了吉林省玉米流通过程，指出流通成本居高不下的关键原因在于体制不合理而不能归结为流通环节。耿莉萍（2011）以蔬菜为例，认为流通环节存在暴利是不可能的，她指出如果零售和批发环节有暴利的话，那么有新的市场主体会进入进而消除超额利润。宋则（2012）也认为中间商能带来交易时间和费用的节省，中间商并非"增加社会交易成本"而是为降低交易成本、提高经济效率而产生和发展起来的，商品价差受到生产成本、流通成本、市场竞争和供求等因素的影响。贾悦（2013）也认为降低流通成本应提高流通效率而不是缩减环节。

（三）小结

从现有文献看，许多学者通过实地调研、理论研究，分析现实的商品流通过程中间商的位置，但得出了不同观点。有人认为中间商具有市场势力，造成了流通成本高企，也有人认为市场流通成本高企并非源自中间商而是其他方面因素，相反中间商的存在有助于市场的有效运行。无论是哪种观点，总是能够给出这样那样论据，但总体上可知，中间商并不是如人们传统观念中的坏名声形象，随着市场交易和分工复杂化，越来越多的学者也意识到中间商和中间环节在市场中客观的存在性及其特殊作用，其并非是可以简单地被消除。中间环节和中间商未必一定会失去生存空间。一方面，中间环节减少会降低原有成本，但同样也会带来新的成本增加，关键是比较这二者大小。另一方面，一旦中间环节被缩减后，其所获得收益的增加是否能够抵消中间环节缩减所带来的成本增加，也是不可而知的问题。所以，即使是在信息化时代，哪些中间商可以消除？哪些环节需要减少？哪些环节需要重新设计？一个有效率的市场需要什么样的中间环节？仍有待进一步的认识。

第三节　中间环节

中间商位于每一个交易环节节点上，不同中间商组合形成不同中间环节，不同的中间环节之下有不同的中间商结构。一个中间环节对应有一个或一组中间商。对中间商研究，也是对中间环节的研究。对中间环节考察，也在于对中间商运作机制和合理性的认识。

当前人们认为流通成本过高的问题，除了中间商本身市场势力外，便是认为流通环节过多。基于寻求更低流通成本和更高流通效率，许多人从不同角度认为应该缩短中间环节。然而流通中间环节需要多少，有待于对流通环节的细致认识，有待于弄清目前中间环节问题有哪些？现时流通困局的根源是否是中间环节过多造成的？中间环节的减少甚至是消除是否会带来成本降低和效率提升？围绕这些问题，现有学者展开了对中间环节的研究。

一、中间环节与流通渠道

商品流通中间环节，与之对应的概念是商品流通渠道，也即商品从生产到消费运动的过程，是构成商品流通过程和商品流通渠道的基本要素，商品流通过程正是由这一系列的流通环节上下连接而组成。

一部分学者从宏观流通渠道来研究中间环节配置，一部分学者从市场营销角度来认识中间环节。而早期关于市场流通过程的研究，也更多是从市场营销角度来切入，特别是在西方学术界中，对于流通问题研究，更多起源于市场营销渠道研究。有关商品流通渠道，马克思认为同一商品交换过程可通过一系列买卖活动连结而成，"同一商品转手两次，如果是商人卖给商人，那就要转手多次"[①]，商品流通渠道是消除商品时空矛盾的重要方式。1932 年苏联最早使用"孔道"指代流通渠道，20 世纪 50 年代中国将苏联教科书中商业孔道翻译为渠道，我国在 1962 年《关于商业工作问题的决定》的文件中出现了商品流通渠道一词。

学术研究上，关于流通环节或者流通渠道有多种说法，包括有通道说、路线说[②,③]、环节说（吴宪和、陈顺，2000）[④]、过程说[⑤]、形式说[⑥]、组织说[⑦,⑧,⑨]，等等。总体上看，中间环节是商品从生产到消费的流通过程，是参与这个过程的各个主体共同组成的环节，表现为流通渠道或者营销渠道。

二、中间环节研究的主要范式

对中间环节的关注主要集中于对中间环节构成的研究，也即市场营销

---

① 马克思：《资本论》（第 3 卷），人民出版社 1975 年版，第 380 页。
② 夏春玉：《现代商品流通：理论与政策》，东北财经大学出版社 1998 年版。
③ 林文益、贾履让：《关于商品流通渠道概念的商榷》，载于《江汉论坛》1982 年第 2 期。
④ 吴宪和、陈顺故：《流通经济学教程》，上海财经大学出版社 2000 年版，第 280 页。
⑤ 高涤陈：《流通经济论》，中国商业出版社 1991 年版。
⑥ 中国社会科学院财贸物资经济研究所：《论商品流通》，中国社会科学出版社 1980 年版。
⑦ 纪宝成：《商品流通论：体制与运行》，中国人民大学出版社 1993 年版。
⑧ 纪宝成：《商品流通渠道分析》，载于《中国社会科学》1991 年第 6 期，第 105～124 页。
⑨ 菲利普·科特勒：《营销管理——分析、计划、执行和控制》，梅汝和译，上海人民出版社 1999 年版。

渠道中的流通渠道结构问题。巴克林（Bucklin et al.，1996）认为渠道结构是组成渠道结构的形式，包括其数量与结构，涉及中间环节宽度、长度和密度①。现实中，人们关心的也是中间环节类型问题，也即什么样的中间环节能最好地实现商品流通。依据环节上中间商结构、长度、宽度和数量多少，可以将中间环节分为不同类型：一是按中间环节长度分，也即纵向环节数量，分为零层渠道结构、一层级渠道结构、二层级渠道结构、三层级渠道结构；也可以分为直接渠道结构和间接渠道结构，如果环节中没有中间商，生产者与消费者直接交易，则为直接渠道，如果环节中有中间商位于生产者和消费者之间，则为间接渠道或是长渠道结构；二是按中间环节宽度，也即每一个环节上的中间商数量多少和结构类型，分为独家渠道、密集渠道等；三是按中间环节广度，也即中间环节种类，可以分为单一渠道和多种渠道。

　　除此之外，不同学者从其他不同学科借鉴理论来研究中间环节，主要包括两类，一类是微观经济研究范式，一类是行为主义研究范式。

　　微观经济研究范式来自巴克林（Bucklin）（1970）②和巴莱（Baligh）和理查兹（Richartz，1967）③等人的研究，他们认为功能和制度是市场理论的基本要素，强调解释市场流通功能是如何被配置在各种类型制度之中，环节结构选择的衡量标准是经济效率和功能匹配，而且这种匹配选择被看作是经济主体对某种功能的"功能外包"马伦（Mallen，1973）④，这种模型之下中间环节或者渠道结构的选择成为在组织内部和外部之间选择，或者是内部承担这一功能或者是将这一功能外部给其他组织，进而形成不同的中间环节结构。但这一微观经济研究范式，如同新古典经济学一样，强调的是功能和组织层面的选择，对于微观市场主体行为缺少细致研究，对于市场不同主体间关系刻画不多。

---

①　Bucklin, Louis P., Venkatram Ramaswamy, and Sumit Majumdar, Analyzing Channel Structures of Business Markets via the Structure – Output Paradigm [J]. International Journal of Research in Marketing, 1996, 13 (1), 73 – 87.

②　Bucklin, Louis P. Vertical Marketing Systems. Glenview, IL: Scott, Foresman and Company, 1970.

③　Baligh, Helmy H. and Leon E. Richartz, Vertical Market Structures. Boston: Allyn and Bacon, Inc. 1967.

④　Mallen, Bruce, Functional Spin – Off: A Key to Anticipating Changes in Distribution Structure [J]. Journal of Marketing, 1973, 13 (July), 18 – 25.

　　另一类行为主义研究范式则聚焦于设计一种能够控制单个经济主体行为的机制（斯特恩（Stern），1969）①，这种模式之下，中间环节研究和设计的核心在于建立和运用权力，以协调不同环节成员之间的关系（斯特恩和莱维（Stern and Reve），1980）②，这一研究范式下沉到关注微观主体的行为，但也仅是关注环节成员行为，也没有解释怎样的中间环节结构或者策略是最优的。

　　现有两类研究范式都存在一定的不足，如何既关注中间环节的功能，又能够认识到中间环节微观层面的行为和结构，从微观层面认识到中间环节的结构和选择仍是一个值得探讨的问题。值得注意是，无论是何种范式之下，一定的流通渠道或者流通环节，只有在经济主体能够获得潜在的利润的时候才会形成，因为只有"当这种增值能……带来一定利润，经济单位才会由潜在成员成为现实成员，这种差价成为流通渠道形成与重组的内在机制"③。

三、纵向一体化下的中间环节

（一）中间环节的争论

　　随着市场演进，中间环节越来越被其他主体所跳过，这一方面是因为直接渠道在一定程度上有助于降低流通成本，特别是信息化时代下，信息沟通越来越便捷，直接销售成为可能；另一方面则源于对流通环节利润配置考虑，其他市场主体都想跳过中间环节来获取更多利润。

　　实际上，减少流通环节，也并不是近年来才提出的。在商品营销渠道领域，早在20世纪90年代之后，渠道扁平化便成为了讨论话题，越来越多的生产者通过纵向一体化，介入销售，压缩中间环节，渠道呈现扁平化和一体化的特征。如刘易斯（Lewis，1955）曾预言渠道扁平化是主流发展趋势。缩短流通渠道在日本曾经十分盛行，日本林周二（1962/2000）

---

① Stern, Louis W., Distribution Channels: Behavioral Dimensions. Boston: Houghton Mifflin Co, 1969.

② Stern, Louis W and Torger Reve, Distribution Channels as Political Economies [J]. Journal of Marketing, 44 (Summer), 1980: 52 – 64.

③ 王晓东：《中国流通产业组织化问题研究》，中国人民大学出版社2013年版，第124页。

认为，流通环节增多，不可避免要增加流通成本，当其达到一定复杂程度就需排除不必要环节。

从现有学者对中间环节的批评来看，其主要论点主要集中在中间环节过多会带来以下问题：一是中间商获得一定市场势力，其能够对于流通环节其他成员比如生产商、供应商或者消费者提出不合理要求，使其他主体利益受损，造成成员之间冲突；二是由于中间环节过多，使得商品实体流转需要经过的次数增加，导致最终成本增加，也推动了产品终端价格上升；三是中间环节增加使整个流通链条中的信息传递衰减，制约了各个主体对于市场信息的反应速度。

事实上，上面列出这些问题，也是当前学者和社会公众讨论流通中间环节常提到的观点，但这些问题并非是由于中间环节本身存在的问题，而是由于在这些环节运行过程中的问题，所以，问题的板子不能打在中间环节上，而应该是具体运营管理方面，不是不需要只是应该更好地管理好这个关系，不能像"泼洗澡水样把洗澡水与孩子一起泼掉来"。

对商品流通来说，中间环节和中间渠道依然不可取代。以日本为例，尽管 20 世纪中期受渠道扁平化的趋势冲击，但兼具内销与外销于一体的大型综合商社却依然蓬勃发展（纪宝成，1991；拉克（Larke）和戴维斯（Davies），2007），对日本来说，其商品流通环节依然是一个相对较长的环节，其商品流通基本是沿着"生产—批发—零售—消费"的路径，在这个渠道中包含了生产、批发、零售环节等多个中间过程。事实上，在日本，按进入流通商品总价值量计算，生产者直接销售给市场需求者的约占 16%，生产者销售给零售商的约占 10.3%，剩余 73.7% 都是销售给批发商，然后经由批发商转售到最终的消费者，这之间 23.5% 的商品经过 1 个批发环节销售零售企业，11.2% 的商品经过 2 个批发环节进入零售，9.7% 的商品则经过更多中间商才进入零售市场①。罗森布洛姆（Rosenbloom）（2007）也指出，尽管美国流通渠道曾经历了"去中间化"冲击，近年来又重新出现了"再中间化"现象，中间渠道依然不可替代。

（二）多样化的渠道

事实上，我国现实的农产品流通渠道也呈现出多样化的特征。不同学

---

① 中国社会科学院流通经济赴日考察团：《日本批发商业考察》，载于《财贸经济》1984年第 2 期。

者研究调查不同地区和不同产品流通中间环节和渠道。总体上看，我国流通渠道呈现出多样化特征，不同地区、不同产品的流通环节呈现出不一样的结构，但中间环节、中间商仍然是不可缺少的元素，直接渠道所占比例不仅是中国在东亚地区也不高。

传统的商品流通环节主要是：生产商——一级批发商—二级批发商—三级批发商—零售商—终端消费者等组成的金字塔式结构。随着渠道扁平化冲击和渠道创新演化，现时我国主要的商品流通渠道包括一是生产—消费，二是生产—零售—消费，三是生产—批发—零售—消费，四是生产—产地批发—中转地批发—销地批发—零售—消费。其中，第一种为直接渠道，没有任何中间商的参与。第二种为间接渠道，在这个环节中包含有中间商参与。彭代武等（2006）调查发现湖北目前的流通中间环节类型包括：农户或基地—运销大户；农户或基地—专业协会；农户或基地或协会—加工企业；农户—商户；农户或基地—农民专业合作组织/协会—加工企业—出口①。熊湘辉等（2006）指出，目前主要的农产品流通环节包括四种：一是在生产地市场自己销售；二是零售商从农户处收购然后销售给消费者；三是借助批发市场而销往其他市场；四是借助于龙头企业来将产品销往其他市场②。卢凌霄和谢美婧（2009）调查了蒌蒿的流通环节，发现蒌蒿的流通主体主要为：农户、批发主体、零售主体和终端消费群体，主要环节类型有三种：一是生产—消费；二是生产—运销—零售—终端消费；三是生产—批发—零售—终端消费③。徐丽艳、周林洁（2010）发现当前流通模式主要为：收购小贩—批发商—零售，龙头企业—批发商—零售，合作社—批发商—零售，农户—超市模式等④。李耀东（2011）认为山西农产品的流通中间环节类型包括：农户—批发商；农户—经纪人—批发商；农户—企业；农户—合作社—企业；农户—供应商—超市，涉及农民、合作社、加工企

① 彭代武等：《湖北农产品流通渠道的调研报告》，载于《中国市场学会2006年年会论文暨第四届全国会员代表大会论文集》，2006年，第1695~1702页。
② 熊湘辉、白彦平：《我国农产品流通渠道存在的问题及对策》，载于《河南商业高等专科学校学报》2006年第3期，第23~25页。
③ 卢凌霄、谢美婧：《南京蔬菜市场蒌蒿流通渠道分析》，载于《中国蔬菜》2009年第19期，第10~12页。
④ 徐丽艳、周林洁：《我国现有农产品流通渠道模式分析》，载于《商业研究》2010年第8期，第189~191页。

业、批发商、零售商等主体①。郭娜（2013）发现石家庄生鲜蔬菜流通环节，主要包括 9 种：菜农生产—产地批发—销地批发—供货主体—大型超市—消费者；菜农生产—产地批发—销地批发—大型超市—消费；菜农生产—产地批发—供货主体—大型超市—消费；菜农生产—产地批发—大型超市—消费；菜农生产—销地批发—供货主体—大型超市—消费；菜农生产—销地批发—大型超市—消费；菜农生产—专业合作社—销地批发—供货主体—大型超市—消费；菜农生产—专业合作社—销地批发—大型超市—消费；菜农生产—专业合作社—大型超市—消费②。

（三）直接渠道的尝试

从历史发展来看，没有任何中间环节的直接销售渠道并不是一个新鲜事物，而是有着更久历史。在出现物物交换之后，也就出现了这种直接交易结构。现实中，在农产品流通中，这种直接销售则包括了生产者自销、消费者直采、网上直接销售等方式。

自产自销是生产规模较小、距离城市较近的农产品生产者直接将产品运输至零售市场，因为相比于将农产品以较低价格卖给中间商，其将产品自行运输至市场上直接销售可以获得更高的价格（这里其实就是有一个成本衡量，当运输成本较低的时候，而两个市场的价格差所获得的收益又能够弥补运输成本的时候，生产者就会选择自行直接销售），这一模式主要集中在农村和小城镇农贸市场，在大中城市，自产自销经营方式主要有早市和夜市两种平台。

此外，消费者直采是新兴起模式，消费者可以到提供直采服务的生产产地中亲自采摘，通常是由农户或者农业专业合作社建立观光采摘基地和采摘园，吸引消费者前来自行采摘。另外，网上直接销售则是借助于互联网，农产品生产者直接与消费者完成交易，然后借由快递配送，将产品直接配送至消费者手中，这主要包括两类模式，一类是 C2C，借助于一些互联网的交易平台如淘宝、京东等网上商城，农产品的生产者在网络上销售产品，另一类是 B2C，农产品生产企业自建网上销售平台，完成与最终消

---

① 李耀东：《经济转型发展下山西省农产品流通渠道发展探讨》，载于《第五届中国中部商业经济论坛论文集》，2011 年，第 1～7 页。

② 郭娜：《以超市为零售终端的生鲜蔬菜流通渠道效率》，载于《中国流通经济》2013 年第 1 期，第 17～21 页。

费主体的交易。

不仅如此，为了减少中间环节，政府和一些企业也尝试推出农超对接、农社对接、农批对接、农校对接、农基对接等模式，以期改善现有流通成本过高，流通效率较低的状况。其中，农超对接是由农户向超市直供农产品，为农产品进入超市提供入口平台（殷延海，2012）[①]。2007年以来中国一些大型超市通过农超对接的形式直接从水果或者蔬菜生产者那里采购生鲜农产品，在全国建立广泛的采购供应网络，农业部和商务部也联合发文强化超市和农民之间的对接，国内大型的连锁超市如沃尔玛、家乐福、乐购、麦德龙等也都相继建立农产品直接采购基地。

关于农超对接，部分学者认为农超对接缩减了中间环节，利于破解现有流通问题。如杨剑英、唐步龙（2012）认为农超对接省略了中间交易环节，可以降低物流成本，还能降低农产品价格[②]。也有学者认为虽然农超对接缩减环节但并没有带来预期收益。宋则（2013）认为农超对接虽然能效较高、环节较少，但其需具备大规模集中供给与超市大规模集中采购条件，当前农民组织化程度还较低，农超对接尚难得到推广[③]。耿献辉、周应恒（2012）则通过对河北、湖北的调查发现农超对接中的超市利用市场势力压低采购价格，加大了流通成本，农户并未获得利益增加[④]。

此外，也有学者提出了社区支持农业（CSA）流通渠道新模式，认为CSA具有短渠道、是一个少环节的短渠道[⑤]，但这一形式现实中并未获得推广。不仅如此，一些地方尝试去除中间环节，实现蔬菜直销，也面临困境。如四川成都聚友农业科技公司尝试推广蔬菜直销店，由于盈利能力问题，2012年成都肖家河和成都九里堤天瑞园蔬菜直销店关门，而

---

① 殷延海：《基于"农超对接"模式的农产品流通渠道创新策略》，载于《改革与战略》2012年第2期，第95～97页。

② 杨剑英、唐步龙：《我国生鲜农产品的农超对接现状与问题》，载于《江苏农业科学》2012年第40期，第357～358页。

③ 宋则：《稳定农产品价格须"反周期"调控》，载于《中国联合商报》2013年3月4日第F01版。

④ 耿献辉、周应恒：《现代销售渠道增加农民收益了吗？——来自我国梨主产区的调查》，载于《农业经济问题》2012年第8期，第90～98页。

⑤ 杨波：《"社区支持农业（CSA）"的流通渠道分析：基于和主流渠道对比的视角》，载于《消费经济》2012年第28期，第21～24页。

其他一些蔬菜直销店，绵阳佳昊农业开发有限公司、绵阳万亩田生态农业开发公司等大部分也处于亏损状态①，缩减环节之后新模式面临着生存困境。

四、关于缩减中间环节的研究

对于流通中间环节，一方面，许多学者将之视为流通成本高企的根源，并援引了很多实地调查数据，指出中间环节过多，通过层层加价，使产品价格上涨，造成"两头哭，中间笑"的格局。另一方面，也有学者认为，中间环节本身并非当前中国流通成本高企的问题的本源，中间环节也并非是"越少越好"，相反，中间环节的存在对于商品流通实现极为重要。

（一）流通成本上升并非源于中间环节

宋则（2013）认为"成本挤压"越来越由生产环节向流通环节移动，当前产品的生产—流通成本结构已经出现了新变化，不同产品呈现出流通成本的绝对上升和相对上升，流通成本日渐高于生产成本，这是产地和销地价格非对称性格局的重要原因，其次，蔬菜等农产品流通成本上升是由其他的城市生活和经营成本因素推动，甚至是一些体制性成本因素②。刘希举（1988）也提到，流通环节增多并不是由人为增加的，他认为"多环节实质并不在流通企业行为机制如何，而在于通货膨胀导致增加环节，流通环节的增加只是对通货膨胀的被动适应"③。与此同时，他认为农产品流通的问题更多是源于农产品的自身特殊性。此外，杨银海、陈星（2011）也认为流通环节不是引发"卖菜难"和"买菜贵"主因④。

---

① 段玉清：《少了中间环节，蔬菜直销为何仍难生存?》，载于《四川日报》2012 年 11 月 20 日第 009 版。

② 宋则：《论商品流通成本的绝对上升和相对上升》，载于《北京财贸职业学院学报》2013 年第 29 期，第 9～11 页。

③ 刘希举：《商品流通环节的现状与分析》，载于《商业经济研究》1988 年第 11 期，第 8～11 页。

④ 杨银海、陈星：《流通环节不是引发"卖菜难"和"买菜贵"主因》，光明网，2011 年 9 月 21 日。

(二) 缩减中间环节的历史

改革开放之初,我国流通体制改革内容之一是改变过去"一、二、三、零"多环节大流转的单一流通环节格局。但是在这轮改革过程中,消除了传统流通环节,"少流通环节"的改革之下使得商品的流通渠道日益扁平化,国内生产领域以"生产加工为主、兼顾上游开发和下游营销"的企业日渐增多,工业自销比率曾经高达70%[①]。宋则(2009)也以工业批品批发为例,认为中国早期"少环节"的改革,使得中国现代批发业的发展受到三次制约,造成当前我国"市场大、商人小"的畸形格局[②]。

但是,这一压缩环节改革,也带了许多新的矛盾,现实中我们发现,生产商的利润日渐下降,生产商也在失去以往的一体化的渠道所带来的优势(谢莉娟,2013)。

(三) 中间环节是客观存在,并非越少越好

现有文献中,也有许多学者认为,中间环节是客观存在的,并非越少越少。李志能、温容祯、周国良(1996)认为流通中间环节并非越少越好,他以日本为例,日本批发业的状况却和"流通少环节论"大相径庭,日本的流通业环节多,具有多阶段迂回的复杂的流通路径,多环节批发业的存在造成了市场主体的多样化,竞争促使市场主体的功能进一步完善,"盲目地减少环节会造成新的成本和失败"[③]。宋则(2013)认为流通环节多与少应由商品自然属性和市场配置资源的客观需要决定[④]。何衡柯(2011)也直言"短流通"并不能解决农产品价格问题[⑤]。赖阳(2011)也认为流通中间环节多是社会分工专业化表现,分工越细,流通效率越高[⑥]。耿莉萍(2011)也认为"保持必要流通环节是城市低成本供应必然

[①] 任兴洲、王薇:《商品分销网络》,中国商业出版社1998年版。
[②] 宋则:《工业品批发流通体系研究》,载于《"2009年北京批发论坛"论文集》2009年,第1~8页。
[③] 李志能、温容祯、周国良:《流通业环节越少越好吗? ——试论批发业的功能》,载于《上海经济》1996年第5期,第32~34页。
[④] 宋则:《新一轮流通体制改革的新背景、新特点、新思路和新举措》,载于《价格理论与实践》2013年,第7页。
[⑤] 何衡柯:《流通零环节是个伪命题》,载于《农产品市场周刊》2011年第28期。
[⑥] 赖阳:《流通环节是万恶之源吗?》,载于《北京商报》2011年4月27日第A02版。

选择"①。

中间环节的多少不仅仅需要看其数量多少，还需要看其是否能够发挥作用，是否能够提高效率和创造价值。从现有文献看，中间环节是否增加了流通成本，形成"两头哭，中间笑"的现象依然是一个争论很大的问题。现有研究大部分都认为希望中间环节越少越好，少数研究已经意识到中间环节不能越少越好，并提出了一些影响中间环节的理论和因素。但对于什么是最优的中间环节配置，对于市场需要什么类型的中间商和中间环节，对于如何确定一个中间环节的数量和结构的模型则研究不够。进一步来看，现有文献对于中间环节减少之后带来的影响缺乏研究，也没有展开对中间环节数量和结构变动对流通成本会产生什么样的影响的研究？中间环节的增加和减少会给市场带来哪些影响，如果减少中间环节，会带来多大成本的降低，会增加哪些新的成本，会带来哪些额外成本，谁会获得这部分收益？这些都亟待进一步的讨论和回答。

第四节　市场微观结构

在微观经济学中，一般我们所称的市场结构，关注的是市场参与者人数和市场集中度，指向的是市场竞争程度这个指标，并按照市场参与者人数和竞争程度将市场结构分为垄断市场、寡头垄断市场、垄断竞争市场以及完全竞争市场等类型。对市场结构这个层面认识，我们大致是在分析这个市场中观结构，实际上对于一个市场来说，微观层面的市场结构同样是观察市场和市场价格形成的视角。

市场微观结构是描述市场中与交易相关的微观机制。最早是金融市场中近些年发展起来的概念，主要研究市场结构设计和交易制度对交易的影响，关注的是市场内部结构和框架，市场参与者各种类型，以及市场价格的形成机制。

长期以来，人们一直无法很好地对市场价格的形成做出一个很好解释，这始终是一个黑箱。为了认识市场价格微观机制，在金融领域，因为

---

① 耿莉萍：《城市菜价中的高流通成本分析及解决途径》，载于《北京工商大学学报》（社会科学版）2011 年第 4 期，第 28~32 页。

交易数据的可得性和可观察性，发展起来了市场微观结构理论，以实现对市场价格形成机制的研究。从研究起源看，市场微观结构理论研究来源于德姆塞茨（Demsetz，1968）对于金融市场产品价格形成机制的探讨。在这之前，传统价格理论认为金融产品价格外生于市场微观结构，德姆塞茨则引入市场交易成本，发现价格形成与市场微观结构存在摩擦，也即市场微观结构影响到价格形成，价格并非外生于市场微观结构[①]。之后，市场微观结构理论对金融市场研究逐渐深入，扩展到市场价格形成机理、市场组织结构、市场交易机制及市场参与者行为等微观层面、不同交易机制直接影响市场价格出清过程和效率。马德哈万（Madhavan）（2000）认为市场微观理论分为市场结构与规则设计，信息与披露，价格形成与发现三个部分[②]。

之后，斯普尔伯（Spulber）（1996）把这个概念用到普通商品市场，意指所有类型商品和服务的市场微观结构，包括交易机制、组织结构、价格形成机制以及各参与者结构[③]。在普通商品市场微观结构，斯普尔伯认为核心是一种微观市场交易结构，而在其中，中间商是核心主体，整个市场是由中间商的交易行为而塑造市场，因此，不同中间商结构形成了不同市场微观结构，如何寻找到有效率的市场微观结构则是问题关键。与此相关，杨小凯、黄有光（1999）也认为市场有两种功能，一是在给定分工水平下配置资源，这是传统经济学所谈论主题，另外一种是寻求有效率组织结构。而后一种寻找有效率组织结构，实际上暗含对市场微观结构的寻找。对市场微观结构，眭纪刚（2008）对于市场交易机制与市场微观结构做了详尽文献综述[④]。

总体上看，市场微观结构不同于一般市场结构，市场结构是对不同主体之间数量和竞争程度的认识，而市场微观结构涉及对市场微观的底层结构人数，对市场交易机制认识，对市场内部结构人数，对市场交易、市场

---

① Harold Demsetz. The Cost of Transacting [J]. Quarterly Journal of Economics, 1968, 2 (1): 33 – 53.

② Madhavan, A., Market Microstructure: A survey [J]. Journal of Financial Markets, 2000, 3: 205 – 258.

③ Spulber, D. Market microstructure and intermediation [J]. The journal of economic perspectives. 1996, 10 (3): 135 – 152.

④ 眭纪刚：《市场的微观结构和交易机制：关于中间商理论的研究评述》，载于《财经科学》2008 年第 10 期，第 72 ~ 80 页。

价格如何形成的认识。在金融领域，市场微观结构主要关注市场交易者、市场交易机制、交易方式、市场流动性、交易成本、市场深度、市场宽度等内容，研究市场价格形成过程，交易机制设计以及这种市场微观结构在市场中的影响，不同市场微观结构对市场效率的影响。但是，事实上，交易不仅仅存在于金融市场中，在普通商品市场中，同样有着各式各样市场。因此，如何将市场微观结构理论用来观察实体的普通商品市场，则是一个新视角，其能够更好地了解整个市场运行。

本质上，市场微观结构产生是来源于交易方式中间化。随着市场交易日益中间化，我们称市场交易制度为市场微观结构，其是市场中有关市场交易机制的总和概念，涉及市场交易主体、交易形式、交易结构、交易环节、交易过程，以及这些机制对于交易行为和交易价格的影响。如何认识市场交易环节、交易结构、交易形式也是认识整个市场微观结构。市场微观结构是一个比市场形态、市场组织更为微观的概念。

市场微观结构的核心在与认识市场的交易环节，认识市场是如何被创造，市场底层结构是如何运行。而其中核心就在于对中间商和中间环节认识。实际上，市场效率依赖于相互竞争中间商以及这些中间商所串联形成的中间环节。

对于普通商品市场结构来说，不同中间商结构，不同中间环节构成的市场，则会有着不同市场微观结构。不同商品类型，有着不同中间商构成，不同中间环节结构和不同交易方式。如拉斯特（Rust）和霍尔（Hall）（2003）观察到美国小麦等市场交易是通过中间商进行交易，而如自行车、家用电器等二手产品交易是通过直接交易方式来完成。黄月娥（Yuet – Yee Wong）和兰达尔 – 莱特（Randall Wright）（2011）研究了中间商怎么介入交易，以及需要多少的中间商介入，交易关系又是如何决定的？他认为，市场中总是存在着众多"多元的中间商"，他们将商品从生产者转向消费者[1]。艾利斯（Ellis）（2009）也认为中间商处于一个很长"中间商链条"中，一个中间商从另外一个中间商手中购买产品，交易是否会发生，取决于这个人与下游的另外一个中间商之间的交易[2]，一方

---

[1]　Yuet – Yee Wong and Randall Wright, Buyers, Sellers and Middlemen: Variations on Search – Theoretic Themes, NBER Working Paper No. 17511, April 4, 2011.

[2]　Ellis, M.. Wholesale Products And The Middleman – Chain, online article at http://ezinearti-cles. com/? Wholesale – Products-and-the – Middleman – Chain&id = 150329.

面，他分析了为什么中间商有重要功能，进而要强调交易总是需要通过中间环节来进行；另一方面，他强调均衡的交换模式更需要分析中间商链条和结构性问题。

从现有文献看，关于中间商和中间环节的研究，更多侧重不同环节类型和不同渠道比较，不同交易方式研究，不同交易组织形态研究，核心都是对市场中某一个个体或一方面的行为研究，对于市场微观结构研究相对较少，对于市场交易微观结构是什么，各个交易价格和利润是如何形成和分配，什么样的市场微观结构是有效率，市场微观结构内部各个主体是如何行为等，都没有很好回答。

实际上，真实市场过程，其实也是一个中间商构筑的中间市场。这个中间市场位于生产者和消费者之间，在这里有大量交易形成，从而产生市场价格。因此，如何寻找到最优中间商的结构和中间环节，并尽可能使其充分发挥其应用功效，是认识市场微观结构的新视角。而不同中间商结构，不同市场微观结构，对市场效率产生不同影响。中间商结构决定了市场效率，决定了中间环节配置，决定了市场权力在不同环节上的分配。而且不同市场有不同机制和组织形式，根据交易内容、交易主体、信息结构和交易时间等有不同使用范围和效率。因此，中间环节设计如同市场设计一样，通过建立新的环节或者是重构原先中间环节，形成新的中间商或改变中间商位置，可以形成一个新的市场微观结构，提升效率和效益。

第五节　本章小结

从这些概念、理论和历史回顾我们能够得到以下几点启示：

第一，我们需要关注市场微观结构和交易结构。从社会分工角度看，经济发展核心，组织演进在于有效率的市场交易层级结构。我们关注市场，不仅是关注市场资源配置、研究组织含义和形态，更重要的还在于要认识到组织背后的市场微观结构，认识其背后分工结构和交易层级结构。

第二，分工与交易演进导致交易结构复杂化。无论是分工还是交易演进，都使社会向更复杂演进，带来了社会交易环节增加，分工的深化会导致交易环节增多，引申出不同市场交易结构，这也是社会进步的必然结果。从这个角度看，交易环节复杂化，中间环节增多本质上也是一个交易职能分工问题，是一个社会分工的产物。与此相关，这些交易环节增加，也不可避免地会带来这些节点之上中间商增加，产生一系列交易组织和中介组织。

第三，交易"中间化"推进市场结构演进。随着交易和分工的复杂化之后，交易日益呈现出"中间化"特征，交易完成，往往需要更多信息，经历更多环节，才能达到商品需求者手中。由此，在交易过程中，衍生出各种市场形式用来为交易的完成提供场所和空间，而在市场中出现了专门的中间商和交易组织，为交易完成和实现服务。

第四，市场理论从宏观理论向微观结构发展。市场研究从理想状态转向对现实市场研究，从过往宏观市场理论走向对组织中观市场研究，研究市场组织含义。过往市场研究理论，或是早期市场理论，或是之后宏观市场理论，乃至近期中组织层面的研究，都缺乏对市场背后和组织背后微观个体研究，缺乏对市场本身微观运行的关照。基本上是沿着研究市场交易职能分工和深化，或是市场本身组织形式和形态演进来研究。宏观上的市场是一个多元主体参与的组织系统，但是，从微观层面看，市场也是一个中间商参与其间的博弈关系。而且，现有理论都在强调交易方式变化和组织形态变化，强调这些组织形态的变化如何能够降低交易成本，但是我们始终无法确知地找到一个真正降低交易成本的方法，也无法理解这些不同的市场形态，组织形式之间的不同存在理由和内部运营差别。因此，市场既有宏观结构，也有微观结构，我们需要了解这些现实市场多样交易组织背后的市场结构是什么，因为不同市场形态之下，不同交易组织之下，其市场微观结构也应是不同。而这个市场微观结构中的核心关系是交易，核心主体则是中间商。

第五，中间商伴随着市场兴起而产生，从生产性活动分离出来，位于生产者和消费者之间连接生产和消费的专门从事交易活动的经济主体，有着悠久的历史，是市场经济的重要主体，现实越来越多学者意识到中间商在市场中客观存在性及其特殊作用，即使面临"去中间化"的挑战，但中间商未必一定会失去生存空间。

第六，中间环节是商品从生产到消费流通过程，是参与这个过程的各个主体共同组成的环节。现实中，中间环节是否增加了流通成本依然是一个争论很大的问题。现有研究大部分都认为希望中间环节越少越好，少数研究已经意识到中间环节不是越少越好，并提出了一些影响中间环节的理论和因素。但对于什么是最优的中间环节配置，对于市场需要什么类型的中间商和中间环节，对于如何确定一个中间环节的数量和结构的模型则研究不够，对于中间环节的研究仍亟待进一步的讨论和回答。

第七，市场微观结构是未来分析视角。市场微观结构不同一般市场结构，涉及对市场微观结构人数，对市场交易机制认识，对市场内部结构人数，对市场交易、市场价格如何形成的认识，本质上市场微观结构产生来源交易方式中间化，随市场交易日益中间化而演进。市场微观结构是比市场形态、市场组织更为微观的概念，其核心在于认识市场交易环节，认识市场是如何被创造的，市场结构是如何运行。而其中核心就在于对中间商和中间环节的认识。不同中间商结构，不同市场微观结构，对于市场效率产生不同影响。如何寻找到最优中间商的结构和中间环节，并尽可能地使其充分发挥其应用功效，是认识市场微观结构的新视角。

第三章　市场微观结构：中间商的生成及其生存空间分析

中间商是市场交易的核心主体。对中间商的认识同样应将之放置在市场微观结构下来展开，由此进一步认识中间商和中间环节运行机制，而不仅是从宏观市场和中观层面市场组织理论来审视。市场微观结构核心在于对市场微观交易机制的认识，市场交易环节节点核心又在于各类中间商，对市场微观结构的核心在于对中间商的分析。

本部分内容既包括规范理论分析，也涉及历史分析。本书借鉴了金融领域市场微观结构理论，利用扩展后的市场微观结构理论框架分析中间商的生成及其存在空间，中间商在市场交易中的内生机制，中间商在市场交易过程中的功能及其如何介入到市场交易。借助于理论模型分析，从一般理论意义上分析中间商生成过程，解释为什么市场中会出现中间商。在这之后，借助经济史文献，从历史维度回溯中间商在市场中的角色和功能的演变。

中间商是市场微观结构的核心主体，其有助于提高市场效率，无论是从历史维度还是现实观察，中间商在市场交易中都是不可或缺的角色，有其存在的必然性和合理性。一方面在宏观经济理论中，中间商日益被发现，另一方面中间商具有极强的自我内生机制，通过介入市场交易，能够解决市场交易的诸多问题，在市场交易过程中承担了重要功能，对市场高效运行极为关键。更重要的是，中间商也是整个市场交易机制的核心，是市场微观结构的基础，市场交易由中间商创造，市场经济在一定程度上可以看作是中间商配置资源的经济，市场也可以通过改变交易方式和交易组织建立更高效率的中间商结构和中间环节，形成不同的市场微观结构，带来市场交易成本的降低。

第一节　中间商：市场微观结构理论解释

中间商是伴随市场形成而发展起来的，对中间商的认识同样应将之放置在市场微观结构之下来展开。

一、宏观市场理论下的中间商：日益被发现

中间商是商品流通过程的核心主体。对商品流通过程考察能够认识到中间商在整个交易过程和市场经济中的作用。不同理论对市场流通过程的不同认识，中间商在其中的位置也各不一样。

对流通的认识，一方面，夏春玉（2006）认为流通有狭义和广义两个层面，狭义流通是指产品由生产向消费的流转，广义流通是产品及其他要素在不同的所有者和需求者之间的流转过程[①]。宋则（2009）认为流通是因产品的流转以及衍生出来或为这个流转提供服务的商流、物流、信息流和资金流等的总称[②]。另一方面，从商品营销角度，克拉克（1922）认为流通包含了两部分的内容，一是产品本身的流转，二是与产品相关的人的流转过程[③]。总体上看，流通是实现商品在时间和空间中的资源配置过程，既包括空间上的区位移动，也包括时间上的搭配配置，即一个市场交易和商品流通过程。关于流通理论认识，现有许多学者追溯了流通理论发展历程和演进状况，对各个理论对流通研究做了很好的综述和回顾（如徐从才，2006[④]；马龙龙，2009[⑤]；夏春玉、丁涛，2013[⑥]；王雪峰、宋

①　夏春玉：《流通、流通理论与流通经济学——关于流通经济理论（学）的研究方法与体系框架的构想》，载于《财贸经济》2006年第5期，第32～38页。

②　宋则等：《中国商贸流通服务业影响力研究》，载于《经济研究参考报》2009年第31期。

③　引自利普·科特勒：《市场营销原理》，赵平等译，清华大学出版社2003年版。

④　徐从才：《流通理论研究的比较综合与创新》，载于《财贸经济》2006年第4期，第27～36页。

⑤　马龙龙：《中国流通理论研究与学科建设》，载于《商业经济与管理》2009年第4期，第5～10页。

⑥　夏春玉、丁涛：《非主流经济学的兴起与流通经济学的复兴》，载于《北京工商大学学报》（社会科学版）2013年第28期，第12～19页。

则，2013①）。从宏观理论的演进看，对流通过程认识，既是对市场交易过程认识的不断贴近现实的过程，也是一个中间商不断被发现过程。随着理论向前推进，中间商日益被纳入到研究范畴中。

（一）马克思主义：抽象的一般流通

在马克思主义理论看来，流通是交换经济的产物，在整个经济运行中起着关键作用，是商品价值实现的关键环节。马克思认为"简单交换只有一个交换行为便告结束，商品流通则是无期限的继续"②，市场经济发展，"商品之间的时空矛盾"，使流通成为必需，"资本主义生产是为贸易而生产……因而需要这样的商人，他不是为满足个人需要，而是把许多人购买行为集中到他自己购买行为上"③。马克思也强调"每一种商品都只能在流通过程实现它的价值……只有在商品进入消费领域以后，才能实现"，实现"商品惊险的跳跃"④。

因此，马克思把流通作为经济交换过程来认识，流通本身是"从总体上看的交换"⑤。这一点，恩格斯也从交换角度指出"生产和交换是两种不同职能，这两种职能在每一瞬间互相制约且互相影响，以致它们可以叫做经济曲线横坐标和纵坐标"⑥。我国经济学家孙冶方（1981）也从流通的一般视角指出"流通是社会产品从生产进入消费领域所经过全部过程由不断进行着亿万次交换所构成"⑦。

总体上看，马克思主义是从整个经济运转和流通角度认识流通的重要性以及在市场交易中的地位，在马克思主义看来，流通更多是涉及商品价值形态运动，他们并没有关注现实市场中商品的移动，是在抽象概念上的一般性论述生产与流通关系，是对商品市场条件下流通的一般研究，没有具体论述市场中商品流通是如何组织，交易是如何完成，中间商是如何起作用的。

---

① 王雪峰、宋则：《我国流通领域重点和热点问题的研究进展》，载于《商业时代》2013年第21期，第22～25页。

② 马克思、恩格斯：《马克思恩格斯全集》第16卷，人民出版社1972年版，第281页。

③ 马克思、恩格斯：《马克思恩格斯全集》第25卷，人民出版社1972年版，第365页。

④ 马克思：《资本论》（第1卷），人民出版社1975年版，第124页。

⑤ 马克思、恩格斯：《马克思恩格斯选集》第2卷，人民出版社1972年版，第101页。

⑥ 马克思、恩格斯：《马克思恩格斯全集》第3卷，人民出版社1972年版，第168页。

⑦ 孙冶方：《流通概论》，载于《财贸经济》1981年第1期，第6～14页。

（二）早期重商主义

在西方古典经济学理论中，流通被等同于整个商业，大商业和大流通被放置在一个重要地位，这其中代表则是重商主义。在重商主义看来，流通远高于生产，贸易特别是国际贸易是国民财富增长的唯一路径，国家经济发展的中心也集聚在商业流通，只有流通和贸易才是国民财富来源而且仅仅对外的商业流通才能引起财富增加，本国内的商业流通只引起财富转移而不是财富创造。如托马斯·孟（2009）就将流通和贸易视为"财富的源泉"，指出"倘使我们自己之间交换，国家是不能由此增加财富，因为一个人所得是另一个人所失，倘使我们与外人交换，那么我们的利益就是国家利益"①。

事实上，那时的商业资本掌控了整个经济命脉。在重商主义看来，流通是一个大商业概念，商业资本成为那个时候财富创造和经济命脉主要力量。

（三）新古典经济学——抽象了流通过程

古典经济学一直以价值论为核心，经过杰文斯、门格尔、瓦尔拉所推动的"边际革命"后，经济学从价值论向边际效用论转变，从古典经济学时生产成本分析走向边际效用分析，开始关注到市场价格，注重边际分析，并在马歇尔贡献之下，将均衡体系引入经济学，创立局部均衡理论方法，发展出一套以市场供求关系分析为核心的市场均衡分析框架。

在新古典经济学框架下，市场过程和交易过程被舍象掉，市场交易过程被假设在理想环境中实现，不存在微观市场结构，市场交易是在不需要任何交易成本下完成，生产者与消费者能直接交易。由此，在他们的理论范畴是没有市场流通的过程，也没有市场交易的过程，仅有关于价格机制的资源配置，在一个假想"拍卖人"设定下的寻求市场均衡。市场交易过程成为一个黑箱，市场交易过程、市场交易组织以及微观市场结构都被抽象掉。因此，我们无法知道真实市场是什么，无法知道市场微观结构，也不知道真实市场交易是如何组织和完成。

之后主流经济学都抽象掉了经济交易过程中时间和空间中的摩擦，在

---

① 托马斯·孟：《英国来自对外贸易的财富》，袁南宇译，商务印书馆2009年版，第51页。

这个理想环境中构建一般均衡体系。如同威廉姆森（1985/2002）所说，"新古典世界……被说成是一个庞大而简单世界，其中，所有讨价还价问题、技术问题、禀赋问题及对待风险态度和洞察力等都可一举而定"①。整个市场交易过程也被主流经济学忽略，在主流经济学中也就没有市场流通概念，也没有中间商地位，只有一个"拍卖人"的理想"上帝"角色。

但事实上，真实交易过程却是客观存在，是在一定时间和空间的差异下进行，每一个交易都有一个组织、生成和发展的过程，如何认识和研究这一过程，则是现代流通和市场理论，乃至后续市场组织理论所关心的。

（四）制度经济学：引入交易成本但偏重于企业微观治理结构

新古典经济学对市场交易过程理想假定与现实市场的偏离，使人们的注意力转向更为真实的市场，寻找新的因素使之能够被纳入这个分析框架之中，制度经济学便是这个时期的代表。

制度经济学，包括新制度经济学、旧制度经济学，注意到了新古典经济学不足，强调市场交易和市场运行是在有摩擦和存在交易成本环境之下运转，把交易作为基本分析和认识单位，由此开始关注到微观市场结构，注重分析市场交易组织问题，特别是企业微观治理结构方面。如科斯在1937年《企业的性质》中提出，利用市场价格机制是有成本的，在市场微观治理结构上，市场和组织之间存在着替代关系②，威廉姆森（1985/2002）则更进一步，在微观层面来研究市场治理结构，不同交易类型对应不同治理结构。

制度经济学引入"交易成本"概念，从市场治理结构来认识市场交易过程和市场结构，使现代交易组织被纳入分析。20世纪出现的很多流通理论文章也都来自制度经济学（琼斯和莫尼森（Jones and Monieson），1990）③，通过对市场组织关注，认识这个市场微观过程和交易过程，但他们更多偏重于企业微观治理层面来认识市场结构，中间商仍然是一个没有被重点关注的对象。

① 威廉姆森：《资本主义经济制度——论企业签约与市场签约》，段毅才、王伟译，商务印书馆2002年版，第48页。
② 科斯：《企业、市场和法律》，盛洪、陈郁译，上海三联书店1990年版，第91页。
③ Jones D G B, Monieson D D. Early development of the philosophy of marketing thought [J]. Journal of Marketing, 1990, 54 (1)：102–113.

（五）新兴古典经济学：中间商被内生化

20 世纪 80 年代后，新兴古典经济学从分工和专业化角度，建立了新的经济分析模型，分析市场交易过程、市场交易层级和交易环节，将批发商、零售商等市场交易过程的中间商组织的生成机制内生化在这个经济过程中。

实际上，关于分工和专业化研究，斯密（1972）便已注意到分工对于财富创造的重要性，认为是劳动分工带来了效率的提升和财富的增加。杨（Young, 1928）进一步提出专业化与分工是经济进步的源泉，当市场对产品需求足够大时，生产这种产品的中间环节便能分离出来，他指出递增报酬就是源于分工所产生的迂回生产，经济发展很大程度是由分工所决定①。杨小凯（1999）②、黄有光（2003）等人③在这之上，在消费者与生产者"二分法"之外，建立了专业化和分工的理论研究范式，以模拟更接近现实市场微观运行机制，他们认为市场中存在专业化与交易成本的两难选择问题，分工带来了效率的提高，也产生了交易成本，如果交易效率提升大于成本增加，则各类交易将产生，进而在新均衡模型中，其分析了市场中各种中间商的交易组织内生化过程，论证出中间商是社会分工、市场和技术进步等共同发展产物，解释了中间商（包括批发商、零售商）等交易组织、市场交易层级结构是如何产生以及中间商交易的层级结构演化。其后，杨小凯的学生庞春（2005④，2008⑤）沿着分工与专业化的中间商模型，指出随着市场交易效率提升，分工会在其中演进产生，交易活动与生产活动会朝着不同的方向演进和分化，产生出专门从事专业交易的中间商。

新兴古典经济学沿着分工与专业化的路径，建立了中间商专业化模

① Young A. Increasing Returns and Economic Progress［J］. The Economic Journal, 1928, 152（38）：527 – 542.

② 杨小凯、张永生：《新兴古典经济学与超边际分析》，社会科学文献出版社 2003 年版。

③ 杨小凯、黄有光：《专业化与经济组织》，张玉刚译，经济科学出版社 1999 年版。

④ Pang, C. , Transaction Services, Trade Patterns, Commission Middlemen and Markup Middlemen：In Framarginal Models and General Equilibrium Analysis of the Division of Labor, PhD Thesis, Department of Economics, Monash University, 2005.

⑤ 庞春：《专业中间商的出现：基于西方经济史与超边际经济的解释》，载于《制度经济学研究》2008 年第 4 期，第 49 ~ 63 页。

型，论证了中间商内生机制和演进路径，并将中间商纳入经济学模型中。

（六）小结：从宏观转向微观的关注，中间商日益被发现

流通是一个大的概念和宏观问题，从微观视角研究流通或许能够更好地认识这个产业。而微观就是每一次交易以及每一次交易涉及的主体。自20世纪80年代之后，理论开始关注到真实市场微观的运行机制，中间商也由此日益被理论研究所发现，多个学科深入这个领域。

从宏观理论研究路径来看，马克思理论和早期的西方经济学认识到了流通在整个宏观经济中的循环和运作作用，但没有关注具体市场交易过程、市场微观结构乃至中间商等交易组织。新古典经济学完全抽象掉市场交易过程，市场均衡是在一个假定交易过程中进行，同样缺少一个微观市场交易过程。制度经济学对于制度和交易成本引入，开始分析现实市场交易过程、市场治理结构，尤其是企业微观治理结构、组织和市场交易开始得到重视。新兴古典经济学则是从专业化和分工角度，构建了均衡模型，将重心转移到市场交易过程，市场微观运行机制中，将中间商的演进内生

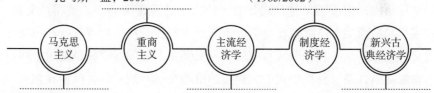

图 3 - 1　宏观理论下的中间商

化到模型之中。事实上，真实市场交易是如何组织，如何完成，市场价格和均衡是如何实现，都存在于主流经济学所忽略的中间商之中，其承担了市场交易和价格发现、协商功能等市场功能，市场才能找到一种能够实现均衡的方式。

二、市场微观结构理论下的中间商

中间商历史悠久，从现实市场中我们也随处可见中间商的身影，但在理论研究中，很长时间，中间商是一个被忽略的对象。中间商被人们忽略更多的是由于主流经济学对于理想无摩擦市场的假设，对流通过程和市场过程的简化。鲁宾斯坦（Rubinstein）和沃林斯基（Wolinsky）（1987）指出"虽然在大多数的市场中，中间商都扮演着一个重要的角色，但是却在很大的程度上被标准的理论文献所忽略，这主要是因为对于中间商的研究要求一个能够更加清晰地描述交易摩擦的模型，而正是由于交易摩擦才赋予了中间商的功能和地位，但是这个交易摩擦在以往市场模型中是缺乏的，在他们那里交易实际过程则是没有进入模型"[①]。直到 20 世纪 80 年代后，在理论研究层面才发展出了相应的理论模型分析中间商，解释中间商为什么会存在及其在市场中的作用。

总体上看，中间商的存在建立了一种新交易方式，形成了一个新的市场交易结构，使市场交易方式分为两种，一是直接交易，二是间接交易。直接交易是商品生产者直接与消费者间的交易，是由生产者自行在市场寻找交易主体，是一种分散式直接的单一交换关系；间接交易是通过中间商来完成交易，是一种集中式的大规模的市场交易。现有理论模型在解释中间商时，也都是围绕着两种交易方式的交易效率和问题比较来展开，解释中间商如何缓解存在市场摩擦中环境下产生的诸如搜寻、信息不对称、资产专用性等问题。

（一）市场搜寻模型

现实市场是一个存在交易摩擦的不完全性市场，搜寻成本是不可避免

---

① Rubinstein, A. Wolinsky, Middlemen [J]. Quarterly Journal of Economic. 1987, 102: 581 – 593.

的（包括为搜寻交易信息而付出的时间、金钱等方面的各种成本），中间商的存在则有助于缓解市场摩擦。有学者借鉴搜寻理论（Search Theory）和市场匹配（Matching）模型，建立模型来认识解释中间商的产生机制，在一个不存在分散的直接交易市场，大量生产者和消费者进入市场之后，为达成交易需要付出很高搜寻成本和时间。而借助中间商的交易活动能减少因各种市场摩擦因素带来的搜寻成本，消费者并不需要直接去搜寻生产者并与之交易，生产者也不需要与消费者交易，只需要与中间商之间完成交易即可满足需求，这极大地提高了市场交易成功率。

最早对中间商建立解释模型的是鲁宾斯坦（Rubinstein）和沃林斯基（Wolinsky，1987），之后模型则是在这个基础上改进。鲁宾斯坦和沃林斯基（1987）建立了一个存在交易摩擦的不完全市场体系中包含有买方、卖方和中间商的市场中随机配对模型，市场交易能否达到均衡取决于三个市场主体之间利润差额的分配是否能够实现均衡，他们解释到，在一个存在市场摩擦的均衡市场中，中间商相比于其他经济主体能够降低搜寻成本，产生更高市场匹配率，因为中间商从事的大规模商品交易活动，其具备的库存管理能力使其能够为众多市场主体提供专业性服务，由此中间商与其他的买者和卖者相比，有更大交易优势。

之后围绕着如何解决市场搜寻问题，提高市场交易匹配率，其他学者拓展了这一模型。亚瓦斯（Yavas，1996）在模型中论证了中间商能降低生产者的保留价格并提高消费者的保留价格，扩大了买卖双方间交易可能性[①]。范拉尔特（Van Raalte）和韦伯（Webers，1997）也认为中间商为市场交易实现准备了条件[②]。乔里（Jori）和林奇（Leach，2002）则将鲁宾斯坦和沃林斯基（1987）基本模型中同质性买者和卖者拓展为异质性市场买者和卖者，买者消费偏好随机变化，产品也呈现异质性，在一个新的市场结构中，中间商同样有助于增加市场交易匹配成功的可能性[③]。马斯特尔斯（Masters，2007）认为产品分工和生产技术的异质化引致了中

---

① Yavas A. Search and Trading in Intermediated Markets [J]. Journal of Economics & Management Strategy, 1996, 5 (2)：195 – 216.

② Van Raalte, Chris and Harry Webers. Spatial Competition with Intermediated Matching [J]. Journal of Economic Behavior & Organization, 1998, 34：477 – 488.

③ Johri, Alok and John Leach. Middlemen and the Allocation of Heterogeneous Goods [J]. International Economic Review, 2002, 43 (2)：347 – 361.

间商的产生，并将时间纳入生产模型中，中间商能够加速市场的匹配过程①。渡边（Watanabe，2010）从市场搜寻角度建立了中间商内生模型，认为在市场存在摩擦和价格竞争环境之中，中间商为卖者提供了交易保障，也为买者提供服务，降低彼此成本，而且只要市场买者数量足够多从而确保中间商获得的净利润超过作为生产者时的净利润，中间商就会内生出来②。

因此，从搜寻成本看，中间商优势体现在：一方面，中间商为市场提供更为多样的商品种类、更多的可供交易的商品数量和市场交易机会的可能性，这有助于降低市场主体为交易而需要搜寻交易对象而产生的成本；另一方面，中间商因为从事大量买进和卖出活动的交易和具备专业信息收集技能，与生产和消费者之间频繁交易，具有了较强市场信息能力。

（二）中间商存货模型

中间商的存货管理能力也使其能嵌入到市场交易，便利市场中买卖双方之间的交易。如亚瓦斯（Yavas，1996）认为中间商自身持有大量存货，将大量的市场交易活动集中起来，能够为市场产品的卖者提供销售的选择和机会，也为市场的买者或者消费者带来了更多样的选择机会③。对此，拉斯特（Rust）和霍尔（Hall，2003）④，舍甫琴科（Shevchenko，2004）⑤等都指出，中间商通过持有大量的库存存货能够促进市场交易的实现，由此能够满足市场消费者或者买者的消费需求。不仅如此，中间商的大量交易和库存活动也有助于减小市场面临的需求和供给的突然性变化和冲击，进而保障市场交易的稳定性和流动性，不至于因为市场的突然变化而导致交易中断和市场需求难以得到满足。

---

① Adrian Masters. Middlemen in Search Equilibrium ［J］. Journal International Economic Review. Vol（48），Issue 1（02），2007：343 – 362.

② Makoto Watanabe. Middlemen：A Directed Search Equilibrium Approach，September 14，2010.

③ Yavas A. Search and Trading in Intermediated Markets ［J］. Journal of Economics & Management Strategy，1996，5（2）：195 – 216.

④ Rust，J. and R. Hall. Middlemen versus market makers：A theory of competitive exchange ［J］. Journal of Political Economy，2003. 111：353 – 403

⑤ Shevichenko，A.. Middlemen ［J］. International Economic Review，2004，45：1 – 24.

（三）信息不对称模型

一个现实的市场总是存在着各种信息不对称。在市场交易过程中中间商能够产生就在于其能够缓解市场信息不对称问题。中间商参与交易，通过自身专业优势，鉴定产品质量，解决市场交易中"柠檬市场问题"（lemons problems）（阿克洛夫（Akerlof），1970）[1]。

比格莱斯（Biglaiser，1993）就认为在一个存在逆向选择市场中，一方面中间商购买商品的规模大于普通的买者，使其有动力去投资那些能够获得鉴别商品质量能力的技术；另一方面，中间商会在长时期存在于特定市场，他们会更加看重自己的声誉，有动力去向市场传递产品的质量，由此，在市场交易中，中间商有着更强激励和动力来培育自己的专业技能，来以此提升其在市场的声誉[2]。李（Li，1998）也认为中间商是一个专业交易商，通过投资识别产品质量能力，获得专业技能能够缓解市场逆向选择问题[3]。

大量的其他研究如比格莱斯（Biglaiser）和弗里德曼（Friedman，1994）[4]，加勒拉（Garella）和派茨（Peitz，2000）[5]，朱（Chu，1994）[6]都证明中间商和其他交易者之间进行的是长期交易活动，因此中间商有着更强市场承诺装置和市场声誉，会主动去鉴别市场高质量和低质量产品。声誉良好的中间商能够有动力为市场提供质量和价格有保障的产品（比格莱斯和弗里德曼，1999）[7]，并因此获得一个市场溢价（夏皮罗（Sha-

① Akerlof, A. George, the market for "lemons": quality uncertainty and the market mechanism, [J]. quarterly journal of economics, 1970 (84): 488－500.

② Biglaiser, G. 1993. Middlemen as Experts [J]. RAND Journal of Economics 24, 212－223.

③ Li, Y. Middlemen and Private Information [J]. Journal of Monetary Economics, 1998 (42): 131－159.

④ Biglaiser G, Friedman J W. Middlemen as Guarantors of Quality [J]. International Journal of Industrial Organization, Vol. 12, Issue 4, December, 1994: 509－531.

⑤ Garella P G, Petiz M. Intermediation Can Replace Certification [J]. Journal of Economics & Management Strategy, 2000, 9 (1): 1－24.

⑥ Chu W. Signaling Quality by Selling through a Reputable Retailer [J]. Marketing Science, 1994, 13 (2): 177－189.

⑦ BiglaiserI G, Friedman J W. Adverse Selection with Competitive Inspection [J]. Journal of Economics & Management Strategy, 1999, 8 (1): 1－32.

piro)，1983）[1]。相应地，市场交易中间商的存在有助于整个流通产业链获得更好服务和更优产品质量，进而中间商也在买卖间索取了一个市场差价，这很大程度上也是源于其对市场绩效的贡献。

（四）市场风险模型

现实市场中，产品的需求和供给状况的随机波动和变化是市场的常态，中间商作为交易主体参与到市场活动中来，其通过大规模的产品买进和卖出活动，集中大量市场交易，有助于抑制市场交易的波动，平滑市场需求和供给，进而使得市场的交易风险降低。因为一方面，买者或卖者寻找卖者或买者并花费时间会产生高额的成本，而且存在有可能无法寻找到交易对象进而失去交易机会的风险；另一方面，买者和卖者在交易之前往往无法获知对方信息，事实上也面临潜在的市场交易风险，而通过与中间商之间交易，买卖双方可以有效规避这些风险。对此，林（Lim，1981）也认为在市场需求供给不确定下，中间商面向众多市场买者和卖者，通过自身集中的产品库存和存货控制来适应市场需求和供给的变化，分散并集中市场交易风险，以确保市场交易的实现[2]。

事实上，在一个分散的市场交易中，买者要想在理想的时间和场合找到那个拥有并愿意出售消费者所需产品的生产者总是存在这样那样的不确定性。如斯普尔伯（Spullber，1985）所指出的一样，生产者和中间商的交易并将产品库存集中于中间商，可以熨平需求在不同地区间的时空差别[3]。另外，中间商也可以降低市场交易主体之前为了应对市场边和而采取的各种预防性的产品买进和卖出的交易活动所带来的成本和市场风险。不仅如此，中间商往往也会为市场提供各类交易的增值服务如退换货服务保障，这也能降低市场买者的部分交易风险（安德森（Anderson），汉森和西梅斯特（Hansen & Simester），2009）[4]。

① Shapiro C. Premiums for High Quality Products as Returns to Reputations [J]. The Quarterly Journal of Economics, 1983, 98 (4): 659 – 679.

② Lim, Chin. Risk Pooling and Intermediate Trading Agents [J]. the Canadian Journal of Economics, 1981 (14): 261 – 267.

③ Spullber, Daniel F. Risk Sharing and Inventories [J]. Journal of Economic Behavior and Organization, 1985 (6): 55 – 68.

④ Anderson E T, Hansen K, Simester D. The Option Value of Returns: Theory and Empirical Evidence [J]. Marketing Science, 2009, 28 (3): 405 – 423.

（五）分工与专业化模型

分工与专业化是社会进步的源泉，也导致了商品生产与消费的分离，使商品在生产与消费之间需有一个中间商的嫁接来完成交易和实现商品价值。分工演进导致了社会交易复杂化和商品流通分割化，进而也为专业从事交易的中间商提供了生存空间。

当经济实现完全分工时，与之相伴随的是专业化也达到很高程度。如杨小凯（1998）所指出"专业化体现了 1 个人在特定生产活动中的时间投入水平……分工水平取决于经济中每一个人的专业化水平和生产模式"[1]。田村正纪（2007）[2] 也指出现代分工使产品的生产与消费分离，进而要求有专业市场主体能够弥合生产与消费在空间、时间、信息、所有权和价值的分离，而正因为分工和专业化的扩大使商品生产和交易不断扩大，从而需要有一些经济主体专门从事商品市场交易活动，成为市场各类主体之间的中间人（眭纪刚，2007）[3]。

更进一步，沿着分工与专业化路径，顺着如何找到有效率交易组织，杨小凯[4]、黄有光[5]等开辟了"新兴古典经济学"，他们以分工与专业化理论，通过超边际分析方法，建立了"中间商"模型，他们认为中间商是随着专业化和分工演进而产生，市场交易分层和日益复杂化使中间商人数增长以及交易效率提升。在他们的模型中，中间商是交易服务专业的提供者，是社会专业化、分工、市场和技术进步等的共同产物。杨小凯的学生庞春（Pang，2005，2008，2009）[6,7,8]进一步解释了不同类型的中间商类

---

① 杨小凯：《经济学原理——新古典经济学的分析框架》，张定胜等译，中国社会科学出版社 1998 年版，第 45～50 页。

② 田村正纪：《流通原理》，吴小丁、王丽译，机械工业出版社 2007 年版，第 4～53 页。

③ 眭纪刚、李健：《社会分工、技术进步与中间商的内生出现》，载于《商业时代》2007 年第 8 期，第 10～11 页。

④ 杨小凯、张永生：《新兴古典经济学与超边际分析》，社会科学文献出版社 2003 年版。

⑤ 杨小凯、黄有光：《专业化与经济组织》，张玉刚译，经济科学出版社 1999 年版。

⑥ 庞春：《专业中间商的出现：基于西方经济史与超边际经济的解释》，载于《制度经济学研究》2008 年第 4 期，第 49～63 页。

⑦ 庞春：《为什么交易服务中间商存在？内生分工的一般均衡分析》，载于《经济学（季刊）》2009 年第 2 期，第 583～610 页。

⑧ Pang, C., Transact ion Services, Trade Patterns, Commission Middlemen and Markup Middlemen: In Framarginal Models and General Equilibrium Analysis of the Division of Labor, PhD Thesis, Department of Economics, Monash University, 2005.

型，并认为市场中有分销中间商与佣金中间商两种类型。此外，向佐谊、童乙伦、曾明星（2013）① 也从分工演化视角解释了中间商的产生机制。

（六）商业渠道下的中间商

从市场营销角度看，中间商是营销渠道主要成员，其连接着市场的生产者和消费者，承担了商品转移和价值实现功能。巴特勒（Butler, 1923）认为中间商使商品能够实现流动，带来了四种效用：基本效用（Elementary utility）（能够保证产品质量进而支撑人们的日常生活），形式效用（Form utility）（能够将初始的产品转化成可以被人们食用的产品），空间效用（Place utility）和时间效用（Time utility）（商品当需要使用的时候能够随时随地获得)②。安德森（Alderson, 1954）认为中间商能降低生产者和消费者间交易次数，并通过大量买卖活动能够获得规模经济③。

国内学者邬德政和刘鸿渊（2004）也认为中间商扮演着市场供需调节平衡功能、企业与用户间的协调功能、市场分销功能、战略合作功能。钟真和孔祥智（2010）以奶产品为例，认为中间商是从生产和交易的分工中产生，能够改进农产品供应链绩效。王晓东和张昊（2011）认为独立批发商在平衡渠道利益关系中有着特殊作用。张闯、周洋、田敏（2010）以安徽肥西县中间商主导的订单养殖土鸡为案例，发现中间商参与订单养殖模式有效克服了"公司 + 农户"模式中的不足，改善了农户谈判地位，稳定了市场交易关系。

（七）小结

20 世纪 80 年代之后，许多学者发展出了相应理论模型分析中间商在市场中的内生机制，解释中间商为什么会存在以及其在市场中所承担的功能。既有经济学理论模型，也有市场营销理论，这些都表明中间商在市场交易中有着自身存在机制，是市场交易不可缺少的主体。

---

① 向佐谊、童乙伦、曾明星：《基于社会分工视角的流通产业演进机理与定位研究》，载于《财经论丛》2013 年第 3 期，第 98～103 页。

② Butler, R S: Marketing and Merchandising, New York: Alexander Hamilton Institute, 1923, 20－21.

③ Alderson, W. Factors Governing the Development of Marketing Channels. In Clewett, R.（ed.）Marketing Channels for Manufactured Products. Homewood: Richard D. Irwin, 1954.

在现实观察中我们也能够看到，很多生产者，特别是对于那些比较弱小的农产品生产者，他们更加愿意选择中间商来完成交易而不是直接交易。比如朱玲（2010）等2007年在青海玉树肉联厂的调研中就发现了类似的例子：

"藏族牧民很少直接把牛羊卖到肉联厂，而是把牛羊赶到州交易市场上卖给牛羊贩子，再由牛羊贩子卖给肉联厂。很有意思的是，与肉联厂自己收购相比，综合计算，从贩子手中收购牛羊总体成本还略低。肉联厂自己的职工到州交易市场收购牛羊，远不如回民贩子熟悉业务，比如一头牛能够产出多少牛肉，讨价还价的方式，职工至今还未达到牛羊贩子的业务水平"①。

三、中间层理论

本部分内容是在现有理论基础上，借助市场微观结构理论，在斯普尔伯（Spullber）"中间层"理论基础上，建立一个市场微观结构和中间商的概念框架，并利用扩展后的市场微观结构理论来分析中间商的存在空间及其演化问题。中间层理论是斯普尔伯（2002）在市场微观结构理论基础上发展起来的。中间层理论来自金融领域，斯普尔伯将其应用于普通商品市场领域，来解释中间商为什么产生，人们为什么选择中间商交易而不是直接交易的方式，这也使中间商成为了市场关注的焦点，微观市场结构成为决定市场效率的关键。

在中间层理论之中，市场交易是由中间商组织完成。市场都有一个与之对应的市场微观主体来协调市场交易，而这个微观结构中核心主体是中间商。中间商是从生产者或者卖者那儿购买产品然后将产品转卖给消费者或者买者，以促进市场买卖双方交易的实现。在市场中，中间商一方面寻找产品的供给方，另一方面也在寻找产品的需求方，在这之间促使产品的需求方和供给方之间最终完成交易；这个过程之中，中间商也在确定产品的买者和卖者的各自价格，以促使市场能够最后均衡，并制定了一系列的交易规制和达成系列的合约，以保障市场交易的流动性和有效性（斯普尔伯，2002）②。

---

① 朱玲：《如何突破贫困陷阱》，经济管理出版社2010年版，第52~53页。
② 斯普尔伯：《市场的微观结构——中间层组织与厂商理论》，张军译，中国人民大学出版社2002年版。

由此，中间层理论为重新认识中间商提供了新的视角。在市场活动中，中间商是市场交易机制的核心主体，市场交易在一定程度上是由中间商创造的，中间商的活动是整个市场微观结构的基础，市场经济也是由中间商配置资源的经济交易，市场效率也依赖于市场中这些相互竞争的中间商以及这些中间商所串联形成的中间环节。对于市场运行来说，降低市场交易成本可以通过建立新的交易机制，用更高效率中间商结构来代替另外一个中间商结构，中间商构成的市场结构成为了研究流通市场中的重要领域。

事实上，中间商的存在也是建立在市场间接交易和直接交易比较之上，当通过中间商的间接交易带来的净利润大于直接交易的时候，市场就会产生出中间商来承担市场交易中的买者和卖者之间的交易职能，中间商主要职能也就是承担这些市场的中间性的交易活动，寻找那些能够带来最大利润的交易，而且中间商参与产品交易价格的制定，促进交易的达成，也在创造相应的市场交易制度。对于一个产品市场，核心在于找到一个能够带来市场成本降低的市场微观结构，这之间的核心又在于推动中间商之间的类型选择和组合。

（一）中间商是市场微观结构的核心主体

中间商是市场微观结构的核心主体，是市场交易组织者，是市场运行的中心主体。市场交易是围绕着中间商展开。透过中间商的活动，其能够提高市场交易匹配成功率，降低市场信息不对称，缓解市场逆向选择问题，推动一个分散的市场交易活动得以完成。

我们能够看到，中间商的活动是市场微观结构基础，整个市场经济也是由中间商配置资源的经济交易，中间商的存在有效降低了市场交易成本提高了经济效率，市场效率也依赖于市场中这些相互竞争的中间商以及这些中间商所串联形成的中间环节，这些也构成了市场交易体系。市场微观结构演进，实际上是一个有着更高交易效率中间商结构来替代一个更低市场效率中间商结构或者是那些直接市场交易结构。一方面，如果中间商介入能带来比直接交易更高的市场效率时，中间商便能在市场中内生出来。另一方面，当新的中间商结构能为市场带来更高交易效率，市场也会自然演进出一个新的中间商结构，产生出新的市场微观结构。

（二）中间商具有内生性

从市场运行来看，市场交易制度是交易过程中内部生成而并非外部人为给定，这个内生过程则是市场中间商参与的过程。中间商在市场交易活动中，不断调整产品交易的买价和卖价，确定市场交易价格，促使市场交易活动的完成，也无形中推动市场交易制度的形成。对一个产品市场来说，不同中间商的存在和组合结构产生不同交易方式和不同的市场微观结构。

因此，中间商是与整个市场交易制度嵌入在一起的。市场中的中间商具有自我内生机制。为什么有些市场主体会演进成为中间商，很重要的原因就在于中间商通过介入市场交易活动，能够解决市场交易问题。

从内生逻辑上看，在一个市场中，假定存在消费者、生产者以及中间商三个主体，中间商作为消费者和生产者之间的交易中介而出现。如果通过中间商而实现交易的效率高于消费者和生产者之间直接交易的效率，中间商就能够在市场中内生出来。对一个初始市场主体来说，进入市场之后，其面临的选择就是，是否是与别的市场主体直接交易还是通过中间商来实现交易，两种交易方式都会产生一定交易成本，而选择的关键就是考虑其交易净利润和交易成本大小。

所以，我们能够看到，在一个纯粹的简单交换经济中，市场只有有限数量的经济主体，他们之间也仅仅是交易有限数量的产品和服务，在这个经济中可能是不需要中间商，因为市场主体之间可以在较低的市场交易成本下完成交易。可是，如果市场存在多个经济主体、多个消费者和生产者，则过往那种纯粹交换经济交易就变得十分复杂，为了能达成一个有效率的市场资源配置，这些多个市场主体之间需要不断交换和交易，进而就会带来更多市场交易成本，而且由于这些成本存在，即使在市场达成均衡时，市场交易主体也并不能获得全部交换利益。也正因为这种交易的复杂性，给中间商的演进带来了生存空间。因为通过中间商的活动，其能够使得市场在均衡的时获得以往交易无法获得的这部分利益。由此，我们也能够看到，中间商是在随着市场交易的复杂化之后日益内生出来，是与市场交易的演进和发展嵌合在一起的。

（三）中间商是市场创造者：发现市场价格

价格是市场交易中的核心机制，对于市场价格是如何形成和制定的，现实经济理论有不同的解释，典型的主流经济学是认为价格是由一个理想的"拍卖人"不断地报价调整来制定的，至于这个"拍卖人"是谁，是怎样调整价格则一直是一个黑箱。而在现有的中间层理论看来，市场交易价格是由中间商来制定。中间商在市场交易中的中间化的功能和角色，为市场上交易的产品提供了一个内生的价格形成机制。

在现实市场交易中，中间商的活动包括了产品的买进和卖出活动，而在这个产品的买进和卖出的活动中，中间商需要制定各自的产品价格，包括对产品卖者的买进价格和对产品买者的卖出价格，在这个过程中，中间商事实上履行了一个"市场制造者"（market maker）功能，也正是借助于中间商这一买一卖活动和产品价格的制定过程，市场上交易的产品价格得以确定。一方面，中间商制定出一组供产品卖者和买都接受价格，也即其买进的价格和卖出的价格，以形成市场交易的均衡价格。另一方面，中间商通过自身交易活动，通过这个一买一卖活动也能够实现产品市场交易量的均衡，进而使得这个价格也即成为市场的均衡价格。

与此相关，我们也能够看到，将"中间商"作为市场价格机制的核心，也为我们重新认识市场价格形成以及市场运行提供了一个新视角和理论依据。当前主流的经济学抽象掉了现实的市场微观运行结构。尽管斯密很早就强调"看不见的手"这一市场价格调节机制，但是对于市场价格调节机制具体如何运行也缺乏细致的论述。在随后的新古典经济学哪儿，市场的交易过程，市场交易中的时间和空间因素更是被直接舍象掉了，在他们的理论世界中，市场交易是能够自我实现和完成的。但是真实的市场交易过程并没有因为主流经济学的抽象而不存在，与此相反，在现实的市场中，市场价格的形成机制仍然在发挥作用。事实上，也正是被主流经济学所舍象掉的市场交易过程中的中间商在市场交易过程中发挥了市场价格的发现、协调和促进交易实现的功能。中间商的存在和活动反映了市场均衡过程。中间商为消费者和生产者设计并提供一种使双方能接受的价格，由此，市场找到能实现均衡的方式，中间商所确定的产品价格也即成为市场价格，中间商也因此是市场交易实现的制造者，市场价格在中间商参与之下形成而不是在以往假定的市场拍卖人中形成（斯普尔伯（Spullber），2002）[①]。

---

① 斯普尔伯：《市场的微观结构——中间层组织与厂商理论》，张军译，中国人民大学出版社2002年版，第31～32页。

（四）不同市场微观结构带来不同的市场交易效率

从前述我们看到，中间商通过自身交易活动创造并推动市场交易制度形成，衍生出不同市场交易环节和不同市场微观结构，促进市场交易实现。市场交易的演进也在于通过改变市场交易方式，建立更高效率的中间商结构和中间环节，形成不同的市场微观结构。

由此，我们看到，为了实现市场交易效率最大化，降低市场交易成本，除了传统上我们理解的企业和市场机制的划分方法之外，我们还可以从市场运行的微观结构出发，建立不同的市场交易机制，寻找到不同的中间商结构，以不同方式来组织市场交易或者是采用不同市场交易技术，来降低市场交易成本，提升市场运行效率。产品交易成本的减少可以通过建立有效的市场微观结构实现，通过更有效的交易方式和交易制度安排，通过提高中间商交易效率来获得。因为中间商是整个市场交易的核心主体，其能够创造一个低成本的市场交易制度和市场微观结构。因此，市场交易成本的降低和市场演进，是更高交易效率中间商结构替代更低市场效率的中间商结构或者是那些直接的市场交易结构的过程。

四、中间商市场功能的再分析

如前所述，中间商是市场微观结构的核心主体，中间商的活动构成整个市场微观结构的基础，甚至整个市场经济也是由中间商配置资源的经济交易，而这些都来源于中间商在市场交易所承担的功能。

对中间商在市场交易中的功能认识，肖（Shaw，1912）在论文中（引自塞丝（Sheth），加德纳（Gardner）& 加勒特（Garrett），1988）[1] 就提到中间商大致上所承担的功能包括：承担风险、运输商品、金融支持、销售和信息服务和集中、分类和运输功能。巴克林（Bucklin，1966）也认为功能是决定中间商的最主要因素，并指出流通中间商的五个最基本的功能：沟通、所有权、库存、运输和生产等[2]。

---

[1] Sheth, J N, D M Gardner and D E Garrett: Marketing Theory: Evolution and Evaluation, New York: John Wiley & Sons, 1988: 53.

[2] Bucklin, L P: A Theory of Distribution Channel Structure, Berkeley: Institute of Business and Economic Research, University of California, 1966: 12 - 14.

事实上，中间商是专业从事市场交易的主体，相对买者和卖者，相对生产者和消费者拥有某种专业化交易优势，扮演着"交易专家"的角色。中间商参与市场交易所体现出的功能包括：减少市场交易成本，增加市场交易概率，分散市场风险减小市场波动，缓解市场逆向选和资产专用性投资等问题。正是中间商承担的这些功能，使其能够在市场中衍生出来并不断演进发展。如斯特恩和埃利斯（Stem & EI Ansary, 1992）所说"你能够去除掉一些中间商，但是你不能去除掉他的功能"[①]，当中间商能够承担这些功能并获得比生产者与消费者之间直接交易更高的效率，新的中间商就会不断产生出来并被插入到市场交易者之间。

（一）降低交易成本

中间商参与市场交易，通过集中许多的市场交易获得，将市场产品买者和卖者集中在一起，能够减少买者和卖者间的直接交易，从而减少市场总交易次数，提高市场交易规模并降低市场交易成本。

如果市场中存在有 N 个生产者和 M 个消费者，每个交易环节或每次交易成本为 C，在产品市场交易中，生产者、消费者都无法控制价格，生产者唯一可以控制的是交易成本，而决定交易成本的是交易次数 T 和平均交易规模 D，在交易总量既定条件下，交易次数越少，每次交易的数量越多，交易成本也相应越低。

当市场存在中间商的情况之下，这个时候市场交易：$T_1 = N + M$，$D_1 = \dfrac{Q}{(N+M)}$；

当市场没有中间商的情况之下，这个时候市场交易：$T_2 = N \times M$，$D_2 = \dfrac{Q}{(N \times M)}$；

因此，当市场中的生产者和消费者的人数都大于 2 的时候，也即 $N > 2$，$M > 2$ 的时候，可知，$T_1 < T_2$，$D_1 > D_2$。从这我们可以看出，有中间商参与交易的时候交易次数更少，交易成本更低，交易平均规模也更大。中间商参与交易，可通过减少交易次数，而减少交易成本为 $C \times [NM - (N + M)]$，可提高的每次交易规模为 $Q \times [NM - (N + M)]/[NM(N + M)]$。

---

① Stern, L and A EI Ansary: Marketing Channels, Englewood Cliffs, Prentice – Hall, 1992: 11.

　　具体从数值代入来看，假设在一个市场中，有 5 个生产者和 5 个消费者，如果生产者与消费者之间直接交易，没有中间商参与，这个时候每一个生产者需要有其他的消费者进行交易，交易次数为 25 次，而当市场中有中间商参与时，这个时候每一个生产者只需要与中间商交易，而每一个消费者也只需要与中间商交易，这个时候市场总的交易次数将为 10 次（如图 3 - 2 和图 3 - 3 所示）。

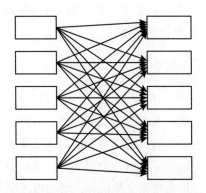

图 3 - 2　没有中间商参与的交易次数

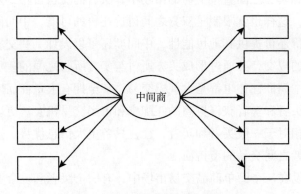

图 3 - 3　中间商参与的交易次数

　　不仅如此，中间商的存在除了能够降低总体的交易成本之外，其也可以降低交易所发生的任何一个单项的成本。我们以交易中的信息成本为例，市场交易中，不同买者与卖者之间因为交易需要付出一定的信息搜寻成本。我们仍然假设，在一个市场中，有 M 个生产者和 N 个消费者，其中每两个主体之间进行交易的单位信息成本假设为 A。所以在市场中没有中间商参与时，这个市场为达成交易的市场直接的信息成本是 $MN \times A$，如果市场中有中间商参与时，市场交易信息成本是（M + N）× A。因此，当市场中的中间商数量为 1 时，信息成本节约是 $S_1 = [MN - (M + N)] \times A$；当市场中间商数量为 w 个时，信息成本节约是 $S_w = [MN - w(M + N)] \times A$，从中我们可以看到成本节约的递增性。类似地，其他的直接交易中的成本类型都可以以相似的系数因为中间商的参与而得到大幅减少。

由此可知，有中间商参与时，尽管市场交易环节增加一个主体，增加一个交易节点，但是正因为这个节点的增加，使得市场的交易次数大大减少了，进而也就降低了市场的成本。

（二）提高市场交易概率

中间商参与市场交易，有助于提高市场交易的可能性。中间商能够为市场交易主体提供一定的产品定价和交易服务，在产品交易价格的制定中，中间商既可以提高产品要价的价格（也即提高买者支付意愿），也可以提高出价的价格（也即相应降低了卖者机会成本），进而可以提高买卖双方寻找到市场交易对象概率，扩大市场交易机会，增加市场交易的可能性。

在买者和卖者之间直接交易的市场中，买者的支付价格必须等于卖者可接受价格，这样也就限制了双方之间讨价还价的可能，中间商的存在能够给市场讨价还价提供其他可能性，中间商还可以设计一些交易规则以促成买卖双方的成交，并通过形成买方所付与卖方所收之间的差价来获得回报。另外，中间商往往也都是大规模交易，甚至拥有大量商品库存，这也有助于提高买者和卖者获得更高的匹配率和市场交易机会。更重要的还在于，中间商相对于一般买者和卖者，往往具备更大信息优势，这有助于扩大买者和卖者之间交易的覆盖面。

我们假设在一个简单商品交易市场中，有一个买者和一个卖者。买者支付意愿有高和低之分，买者以相同概率可能成为高支付意愿的买者 V_h 或者低支付意愿的买者 V_l，其中 $V_l < V_h$，因此，在市场中买者支付意愿期望 V，则：$V = \frac{1}{2}V_l + \frac{1}{2}V_h$。

相应地，我们假设市场中卖者中有的是高生产成本类型，有的是低生产成本类型，卖者以相同概率可能成为高生产成本的卖者 C_h 或者低生产成本的卖者 C_l，其中 $C_l < C_h$，由此，这个市场中卖者的生产成本的期望为 C，则：$C = \frac{1}{2}C_l + \frac{1}{2}C_h$。

如果商品市场中没有中间商参与时，假设市场中卖者与买者相互之间直接交易的成本为 K_1，市场交易所得的收益则是在买者和卖者之间分配，这个时候，交易能够达成和实现则需要满足如下条件：$V-C-K_1>0$，因为只有这个时候交易才是有利且能够发生。

当市场中有一个中间商 M 参与时，中间商参与到整个市场交易中，其参与市场交易成本假设为 K_M，因此，这个时候，市场交易能够达成，则需要满足条件：$V-C-K_M>0$。

中间商，作为一个专业市场交易专家，有比一般买者和卖者信息优势和声誉优势，由此市场买者和卖者可以降低市场搜寻成本，这个时候交易成本要小于没有中间商直接交易时的成本，也即 $K_M<K_1$。因此，这个时候，我们能够看到，中间商参与市场交易能够有效扩大市场交易范围，因为这个时候市场处于 $[V-C-K_1,\ V-C-K_M]$ 之间的交易都是能够完成的。从中我们可以看到，因为中间商参与，市场交易范围更大了，而且中间商在这个时候也能够获得 $[K_1-K_M]$ 的收益，这既是因为成本节省带来的，也是对中间商的市场活动的一个回报。

所以，我们能够看到，中间商参与市场能够创造出更大的市场交易范围，能吸引更多的市场买者和卖者参与并完成交易，有助于减少这些市场买者和卖者的搜寻成本。市场买者不需要与每一个卖者交易，借助于中间商的活动，可以极大地减小其需要寻找交易对象的成本，节约交易双方成本。更重要的是，在这样市场交易结构下，市场不再是一对一的分散市场，而是一个集中性的市场交易，这也能降低市场交易不确定性，提高市场交易机会和可能性。

（三）减小市场波动性

现实市场中，产品的需求和供给状况的随机波动和变化是市场的常态，中间商作为交易主体参与到市场活动中来，其通过大规模的产品买进和卖出活动，集中大量市场交易，增加了市场的流动性（格罗斯特（Glosten），1989）[1]，有助于抑制市场交易的波动，减小市场的波动性，平滑市场的需求变化，减小市场交易风险。

―――――――――

① Glosten, L. Insider trading, liquidity, and the role of the monopolist specialist [J]. Journal of Business, 62 (April), 1989: 211-236.

一方面，对市场经济主体来说，大部分主体都属于风险规避型。借助中间商这样的专业型交易主体，其可以将市场交易的各种风险集中并分担，进而分解市场其他经济主体的交易风险。一是中间商能够实现交易风险转移，二是中间商能够实现风险的集中化和风险的对冲，三是中间商能够降低被其他市场经济主体控制的可能性，在市场需求和供给状况存在不确定性和变动之下，面对众多的市场买者和卖者，中间商能够利用自身的大量买卖活动和产品库存来配置产品，以适应市场需求变化，确保市场交易能够顺利实现（林（lim），1981）[①]。

在一个没有中间商参与的市场交易结构中，市场上的买者要想完成某项交易就需要在特定的时间和场合找到那个拥有并且也愿意卖出其所需要的产品的卖者，而这总是必然存在各种不确定性。而在中间商参与的市场交易结构下，卖者和买者并不是在一个分散的直接交易的市场结构中，而是分别与中间商进行交易，这可以降低买者和卖者存在相互间可能找不到合适交易对象的风险，而且往往也难以达成合适的价格来完成交易，中间商的参与恰好能够很好地避免这一类的交易难以达成的风险。如斯普尔伯（1985）[②] 所指出的一样，产品买者和卖者与中间商签订合同并将库存集中于中间商之内恰好可以极大平滑市场需求在时间和空间上的变化与波动。

另一方面，在市场交易主体的微观交易风险方面，在没有中间商参与的直接交易结构中，由于面临着市场需求和供给的变化与波动，生产者和消费者可能需要面对受到数量和种类配给等风险，他们都有可能无法在市场中完成交易，进而其需要花费额外的时间来寻找，甚至最终无法寻找到合适的交易对象而搁置交易。

而且因为市场需求总是分散的，为满足这个不确定的市场需求，每一个市场生产者或者是卖者都需要建立一定产品库存以应对这个不确定性市场需求。当市场主体拥有产品库存时就不可避免地会带来产品库存和管理成本的增加，乃至产品无法及时销售的风险。中间商通过自身大量的产品库存，能够将原本分散在各个不同市场主体的风险集中起来，降低整个市

---

① Lim, Chin. Risk Pooling and Intermediate Trading Agents [J]. the Canadian Journal of Economics, 1981 (14): 261 – 267.

② Spullber, Daniel F. Risk Sharing and Inventories [J]. Journal of Economic Behavior and Organization, 1985 (6): 55 – 68.

场的库存成本和交易成本，甚至是整个市场的系统性风险，使市场运行更加平滑。

不仅如此，中间商自身的专业技能知识，也能够很好的控制市场流通活动，减少市场风险。比如中间商能够提供其他的市场交易的增值服务为消费者分担一部分产品交易的风险①，此外，中间商也能够将其获得的市场信息向上游传递到生产领域，减少生产者所面临的市场不确定性②，以帮助生产者来更好地制定生产计划，消减库存成本和与之相关的市场风险③。

（四）获得规模经济和范围经济

中间商作为专业交易商，通过大量集中性买卖，也能够实现规模经济和范围经济。一方面，中间商通过大量集中购买产品和转售产品的活动获得规模经济。另一方面，中间商通过多种多样产品类型的经营获得范围经济。

从另一个角度看，市场中如果没有中间商的参与，那么单个消费者从生产者处购买产品时，其面对的是一个生产者，这个时候生产者明显处于强势地位。市场中如果有中间商参与，因为中间商从事的总是大规模批量的产品购买和转售活动，因此，在与生产者的交易关系中，其可以代表众多消费者（如图3-4和图3-5所示），因此，这个时候的中间商有着更强的谈判能力，相对地也能够获得更多的规模经济优势。

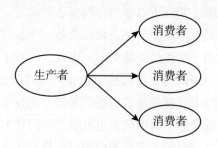

图3-4　没有中间商的市场

---

①　Anderson E T, Hansen K, Simester D. The Option Value of Returns: Theory and Empirical Evidence [J]. Marketing Science, 2009, 28 (3): 405-423.

②　Lee H L, So K C, Tang C S. The Value of Information Sharing in a Two-level Supply Chain [J]. Management Science, 2000, 46 (5): 626-643.

③　Cachon G P, Fisher M. Supply Chain Inventory Management and the Value of Shared Information [J]. Management Science, 2000, 46 (8): 1032-1048.

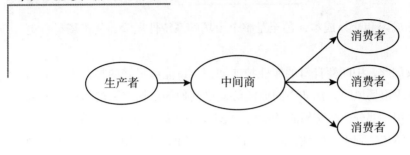

图 3-5　有中间商的市场

(五) 缓解信息不对称问题

中间商参与市场交易也是解决市场信息不对称的结构性安排。中间商凭借自身专业的交易技能，能够缓解市场逆向选择问题，降低市场道德风险。尽管中间商自身也会面临各种市场信息的不完全性，但中间商在市场交易的专业知识、交易技能和市场交易活动方面具备优势，其与大量买者和卖者进行广泛的市场交易活动，能够以相对低的成本获得更多市场交易信息。如比格莱斯 (Biglaiser, 1993)[①] 和李 (1998)[②] 在他们的中间商的模型中都指出中间商有自身的专业技能，能够缓解市场信息不对称造成的"柠檬市场"问题。

在市场交易中，中间商往往有着更强的动力和激励去培育和发展自己市场交易的专业技能。相对于普通的市场买者和卖者，中间商从事了大量的市场交易活动，其在市场中的交易活动会是一个长时期的持续的交易而不仅仅是一个短暂的一次性的交易活动。由此，相对于单一的买者和卖者的交易主体来说，中间商为了更长远利益有更大激励去提升自己的技能，他们会更有市场激励去发展和培育市场交易的专业技能。

另一方面，市场交易中，中间商也有着更多的动力和更大的激励向市场传递产品的信息。在市场上交易的买卖双方总是存在着信息不对称，卖方可能并不知道买者的相关消费信息，买者也不了解卖者所出售的产品信息状况，中间商因为需要与市场中的卖者和买者进行更多的市场交易，进而能够获得更多的市场信息，由此为市场交易的进行服务。

---

① Biglaiser, G. Middlemen as Experts [J]. RAND Journal of Economics 24, 1993：212-223.

② Li, Y. Middlemen and Private Information [J]. Journal of Monetary Economics, 1998 (42)：131-159.

因此，现实中我们能看到，中间商作为一个专业的市场交易专家，具备一些普通买者和卖者所不具备的专业技能优势，这包括：一是信息优势，中间商在与买者和卖者的大量的以及高频次交易活动过程，既能够获得市场买者的相关信息，也能获得卖者的相关特征信息；二是产品质量鉴别的优势，中间商为维护自身声誉，其会主动地投资于如何鉴别产品技能的能力；三是产品储存和运输等的技能，这些有助于中间商在市场的交易获得更多的市场优势。

所以，中间商能够增加市场信息程度，改进买者与卖者之间信息沟通，缓解信息不对称和逆向选择问题，进而能够降低市场的无效率，增加社会的整体福利。

下面我们从一个简单市场模型，比较在有无中间商参与市场交易时市场产品质量和社会总福利大小，可以看出在市场交易中中间商可以解决市场信息不对称，保证产品质量，缓解市场逆向选择问题。

假设在一个市场中，只有买者和卖者两个经济主体，没有中间商，所有参与者都能够长期存在于市场之中，他们都有一个共同折扣因子 δ（δ 的大小在 $0 \sim 1$ 之间）以及一个时间折现率 r。我们也假设市场中初始的时候，每一个卖者都有 1 单位产品，这个产品有两种质量类别：高质量产品 H 和低质量产品 L，每个卖者都知道这个产品质量，如果这个产品是低质量，那么卖者对这个产品评估的价值是 0；如果这个产品质量是高质量，则对这个产品评估价值为 $(1-\delta)U_H$。如果卖者一直没有出售这个产品，那么这个产品效用的现值是 U_H。

假设市场中每一个买者拥有可以获得一单位产品的货币，对市场中产品效用估值为 $D(V_i, P) = V_i - P$，其中，P 是买者购买产品需要支付的价格，V_i 代表这个产品的质量，可以有两种类型：如果该产品是低质量，则是 V_L；如果产品是高质量的，则是 V_H，其中，$V_H > V_L > 0$。在市场交易每一个阶段，市场中买者和卖者数量假设给定为 1，令 λ 是这个市场中有高质量产品的卖者数量，相应地，$(1-\lambda)$ 则是市场中有低质量的产品的卖者数量。

市场中卖者与买者交易相遇交易都有一个固定成本，假设卖者进入市场的成本为 $C_S > 0$，买者进入市场的成本是 $C_B > 0$，这里成本代表诸如市场主体将产品运到市场交易发生的销售成本和运输成本。

当一个卖者和一个买者在市场上发生交易时，记他们第一次相遇初始

时间为记为 0，假设买者对于卖者的产品是高质量的信念的概率为 μ，在时间 t 和价格 P 上实现交易的概率分布密度则是 $g(t, P | μ, S)$，其中 S 为卖者类型，而且买者和卖者在交易完成之后都会离开这个市场。

因此，当市场满足以下条件：第一，如果买者认为卖者是低质量的类型的概率为 1，而且卖者也真是低质量的，这个时候他们就可以立即完成交易。第二，$[(1-λ)V_L + λV_H] < U_H$。当市场满足这些条件时，通过求解下列式子便可以得到这个时候的市场交易的最大福利。

$$\frac{(1-λ)(V_L - C_B - C_S) + λU_H}{1-λ}$$

$$\frac{(1-λ)V_L + λ[U_H(1-K) + KV_H] - (C_B + C_S)}{1-δ}$$

满足：$K = \dfrac{(1-λ)V_L + λ(V_H - U_H)}{(1-λ)U_H}$

所以，当这个市场上有中间商参与时，中间商因为是交易专家，具有信息和其他的专业技能优势，因此，其能够鉴别高质量产品和低质量产品，相应地，买者也可以通过中间商人而无需亲自去了解这个产品的信息。

更具体一些，我们假设卖者产品质量也有两个属性，高质量产品 h 和低质量产品 l，卖者提供某一质量 q 的产品的成本为 $C_q(q = l, h)$，这个成本是随着成本的质量提高而增加的，也即产品质量越高，其所需要的成本就更高，也即 $C_l < C_h$。假设买者支付意愿 V 也分为两类，高支付意愿和低支付意愿，其对于高质量产品的支付意愿要高于低质量产品，也即 $V_l < V_h$。

我们也假设，在这个市场中，交易总是能够带来市场效益，因此 $C_l < V_l$，$C_h < V_h$，令高质量产品在市场中出现的概率为 K，当 $V = (1-λ)V_l + KV_h < C_h$ 的时候，买者愿意付出的产品价格要小于那些拥有高质量产品的产品卖方所付出的成本，因此，这个时候在这个市场中可能仅有那些拥有较低质量的产品卖者会存在于市场上，其他更高产品质量会离开这个市场，这个时候交易发生概率为 $(1-λ)$，这也就是出现了我们常说"柠檬市场问题"，如果买者和卖者双方平分收益，则各自交易收益分别是 $[(1-λ)(V_h - V_l)]/2$。

如果市场存在中间商，中间商因为是交易专家，具有信息和其他专业技能优势，因此能够鉴别高质量产品和低质量产品，相应地，买者也可以通过中间商而无须亲自了解产品信息，假设中间商鉴别产品质量成本为 T，中间商则对高质量产品愿意支付的价格为 $Z_h = C_h$，对低质量产品愿意支付的价格为 Z_l，对于低质量产品的卖者来说，其销售给中间商的收益和直接出售给买者所能够得到的收益都是相同的，也即 $Z_h - C_l = (1 - \lambda)(V_l - C_l)/2$，而对于高质量产品，中间商对于买者所愿意出售的价格则变为 $P_h = V_h$，对于低质量产品，中间商对买者的要价是 P_l，由此，对于买者来说，其从中间商处购买产品，和与卖者直接交易所获得的收益是相同的，也即 $V_l - P_l = (1 - \lambda)(V_l - C_l)/2$，由此，我们得到这个时候中间商的利润为：$\prod = (1 - \lambda)(P_l - Z_l) + \lambda(P_h - Z_h) - T = \lambda(V_l - C_l) + \lambda(V_h - C_h) - T$。当 $\lambda > \dfrac{T}{(V_l - C_l) + (V_h - C_h)}$ 的时候，中间商利润也就为正。也就是说，只要在市场中高质量产品的卖者的比重达到了一定比重，这个时候中间商参与到市场中来就能够获得一定的市场利润，也即能够缓解这个市场所存在的信息不对称问题了。

（六）缓解资产专用性问题，保障市场投资的充足性

资产专用性是市场交易中存在的另外一个问题，也是导致市场交易成本的因素之一。当市场主体在进行某项投资时，因为资产专用性，某项投资只能在一定环境和条件下适用。由此，这个经济主体的投资很容易被市场交易锁定。市场交易中，买者和卖者之间的信息不充分，各个主体出于自身利益考虑，市场主体往往会不进行投资，导致社会出现投资水平不足问题。

当市场中有中间商参与时，其能够很好地解决专用资产投资问题，因为中间商凭借其在市场中的声誉，能够在市场中对卖者和买者做出可信承诺，进而能够影响到市场上卖者和买者的投资决策，能够鼓励他们做出某项投资选择[①]（斯普尔伯，2002）。而且，中间商可以在市场中与买者和卖者签订相应协议，使买者和卖者无须担心未来被锁定而敢于进行一些专用资产的投资。特别是在市场风险很高的资产投资方面，资产风险性是影响市场交易结构的重要因素，越是风险高资产，越是需要有中间商的参与

---

① Spulber, D. Market Microstructure and Incentives to Invest ［J］. Journal of Political Economy. 2002, 110 (2): 352 - 381.

（格罗斯曼（Grossman）和米勒（Miller），1988）[1]。

我们假设市场中没有中间商参与只有一个买者和一个卖者，买者对于产品的支付意愿 V，如果需要卖者进行某一个专用性的投资 i。因为这个投资，卖者生产成本可以获得降低，从之前 C_h 降低为 C_l。要使得这项投资对于卖者来说是可行，这需要使得这个成本的节省大于这个投资 i 本身，也即 $C_h - C_l > i > \dfrac{C_h - C_l}{2}$。

当这个市场中是买者与卖者之间直接交易时，买者往往不能对于卖者所获得价格进行承诺，而一旦卖者投资了专用性资产之后，买者也会相应地要求获得这个投资之后的收益。所以，当卖者没有进行专用性投资的时候，卖者和买者平均分配交易利益，也即各自获得 $\dfrac{V - C_h}{2}$，而当卖者进行了专用性资产投资后，卖者和买者平均分配交易利益，也即各自获得 $\dfrac{V - C_l}{2}$，很显然，这个时候对于卖者来说这项投资就是不经济了，其收益减去投资后获得的回报是要比没有投资更小，也即 $\dfrac{V - C_l}{2} - i < \dfrac{V - C_h}{2}$。因此，我们能够看到，在没有中间商参与的市场中，这一类专用性资产无论是卖者还是买者都是不会有动力去投资，进而造成市场这类投资水平不足，这对于市场来说是效率的净损失。

当市场有中间商参与时，其他假设条件与前者是一样，卖者做出了某项专项性资产投资后，中间商承诺以某一个价格 Z 来购买其产品而且中间商因为自身的信誉是会信守这个承诺，并最终按这个价格 Z 来收购产品，当卖者在投资之后的收益能够超过其投入的成本时，他就会去参与投资。而中间商只需调整其对于买者出价 P，就可以使得买者和卖者通过中间商所得的收益和他们之间直接交易时是相等的，这个时候市场也就均衡了，也即需要满足 $\dfrac{V - C_h}{2} = V - P = Z - i$。这个时候，卖者能够获得的收益与中间商收益也相同，也即 $V - P = C_h - C_h - i$。

所以，对于中间商来说，只要其获得的收益能够大于成本，其就会有

---

① Grossman, S., and Miller, M. Liquidity and market structure [J]. Journal of Finance, 1988, 43 (July): 617 – 633.

动力来做出承诺, 并介入到这个市场交易。假设中间商参与市场交易的成本为 K, 所以, 只要满足 $C_h - C_h - i > K$, 那中间商就会主动地参与市场交易。而这个时候, 整个市场的专用性资产也就不会出现投资的不足, 市场的主体都愿意做出投资, 并且最终达成交易。

第二节 市场微观结构的生成与中间环节的演进

从上述市场微观结构理论引申出来的内容, 我们知道, 在一个市场中, 中间商是市场微观结构的核心主体, 在市场交易中承担了重要的功能, 市场的交易和资源配置是围绕中间商来进行, 其在创造和管理市场交易, 对于市场的高效运行起着关键的作用。沿着这个逻辑, 本部分内容则进一步解释中间商内生机制, 市场微观结构生成和演化机制, 认识为什么市场中会出现专业的中间商及其自身的演进机制。

一、中间商的生成机制与市场微观结构

本质上看, 中间商也属于一种混合型的中间组织 (威廉姆森, 2002), 是在特定的市场条件, 在社会分工和专业化的深化条件之下, 才有中间商这样的中间组织生存空间, 这种组织是介于市场与组织之间的一种治理机制, 在现实中, 我们能够发现中间组织也是大量存在并不断演进。

有关中间商的生成和演进, 最早杨小凯、黄有光 (1999)[1] 以分工与专业化的理论, 建立了 "中间商" 模型, 指出中间商是随着专业化和分工演进而产生, 市场交易的分层和日益复杂化, 使专业中间商人数的增长以及整个交易效率的提升。之后杨小凯的学生庞春 (2009)[2] 沿着这个逻辑这进一步区分了加价中间商和交易服务中间商的发展机制, 中间商作为市场交易的 "专家", 当市场发展到一定程度的时候, 市场交易就会出现中间商, 进而产生出相应的市场微观结构。本部分内容在杨小凯等新兴古

---

[1] 杨小凯、黄有光:《专业化与经济组织》, 张玉刚译, 经济科学出版社 1999 年版。
[2] 庞春:《为什么交易服务中间商存在? 内生分工的一般均衡分析》, 载于《经济学 (季刊)》2009 年第 2 期, 第 583 ~ 610 页。

典经济学的分工模型和超边际分析方法之下，通过一个简单的模型来分析这种以中间商为核心的市场微观结构的生成过程。

（一）假设分析

假设在一个产品市场之中，市场经济主体生产和消费两类产品 a 和产品 b。市场中的每一个经济主体都可以自己生产产品 a 和产品 b，也可以从市场上购买产品 a 和产品 b。当经济主体是从市场上购买产品的时候，市场就会发生产品的交易服务。我们假设这个市场的产品交易服务既可以是买者和卖者自己提供（也即双方之间的直接交易），也可以是由市场的另外一个经济主体中间商来提供，中间商是专门为市场提供产品交易服务的主体。

我们令 a 和 b 代表卖者和买者对于两个产品的生产量，其中 a^s 和 b^s 分别是卖者能够提供的 2 种产品 a 和 b 的供给量，a^d 和 b^d 则是买者对于产品 a 和 b 的需求量。c、c^s 和 c^d 则分别是市场中间商的交易服务的自己使用的数量、供给量以及需求量。由此，两类产品 a 和产品 b，以及市场交易服务的生产函数为可以写成如下的表达式 1：

$$a + a^s = \max\{0, \ \alpha(L_a - x)\}$$
$$b + b^s = \max\{0, \ \beta(L_b - y)\}$$
$$c + c^s = \max\{0, \ \gamma(L_c - z)\}$$

在这个表达式 1 中，产品 a、产品 b 以及交易服务 c 的供给量分别是 $a + a^s$、$b + b^s$、$c + c^s$；令产品 a、产品 b 以及交易服务 c 他们各自固定成本为 x、y、z；产品 a、产品 b 以及交易服务 c 的生产效率系数为 α、β、γ、L_a、L_b、L_c 分别为经济主体在生产产品 a、产品 b 以及交易服务 c 的劳动份额，即分别投入在上述三类活动的劳动份额。

因此，从产品的生产角度看，对于一个经济主体来说，其活动受到如下表达式 2 的劳动资源约束：

$$L_a + L_b + L_c = 1$$

其中，L_a、L_b、L_c 的取值范围都在 [0，1] 之内。

从产品的需求来看，对于一个经济主体来说，其预算约束如下表达式 3 所示：

$$(a^s - a^d)p_a + (b^s - b^d)p_b + (c^s - c^d)p_c = 0$$

其中，p_a、p_b、p_c 分别代表产品 a、产品 b 以及交易服务 c 的价格，其中 p_c 代表的是专业的中间商所获取的服务费用或者利润。

由此，我们可以用 C－D 函数来描述一个经济主体的效用函数，也即如下表达式 4 所示：

$$U = [a + k_a(c + \lambda_a c^d)a^d]^\theta [b + k_b(c + \lambda_b c^d)b^d]^{1-\theta}$$

在这个表达函数中，我们假设，市场中的经济主体对于产品 a 和 b 的偏好都是一样，因此，在上面的表达式 4 中的 $\theta = 1/2$。当市场交易都是直接交易时，也即都是生产者之间提供自己所生产的产品需求时，这时没有市场交易发生。当市场中存在专业的交易的时候，也即由中间商来提供交易服务时，也即存在专业的交易服务。表达式 4 中的 λ_a 和 λ_b 取值在（0，1）之间，是在市场交易中产品 a 和产品 b 的交易的效率，因为在商品的流通和交易中会发生一定量的产品损耗，因此，实际上买者或者消费者仅能够获得的交易服务量分别为 $\lambda_a c^d$ 和 $\lambda_b c^d$，而 $1 - \lambda_a$ 和 $1 - \lambda_b$ 是产品交易服务的交易成本系数。所以，交易成本的存在就使得在分工专业化获得的收益和成本之间进行取舍，进而选择一个最优的分工水平。

表达式 4 中 k_a，k_b 是两类产品交易时候的制度效率系数，相应地，$1 - k_a$、$1 - k_b$ 是两类产品交易服务过程中的制度成本系数。因此，表达式 4 中 $k_a(c + \lambda_a c^d)a^d$ 和 $b + k_b(c + \lambda_b c^d)b^d$ 则代表了在市场交易中，买者实际获得的产品量。

对一个主体来说，两类产品 a 和产品 b 以及交易服务 c 都是既可以自己生产提供，也可以从市场中通过交易购买获得，所以，对于任一个主体来说，都有选择是自己生产产品，还是从市场购买产品，来满足自己对于产品 a 和产品 b 的需求。由此我们得到不同的市场结构：

一是完全没有分工的市场结构（ab）：市场经济主体都生产产品 a 和产品 b，并且仅仅供自己消费而不出售，这个时候完全没有任何市场交易，也就没有交易服务 b 了。

二是没有中间商的部分分工的市场结构（ac/b）：市场经济主体自己生产产品 a，除了供自己消费之外，剩余的则拿到市场上销售，产品 b 是自己不生产，完全从市场上购买产品 b，交易服务 c 都是由自己生产提供，自己到市场上出售和购买。

三是没有中间商的部分分工的市场结构（bc/a）：市场经济主体自己

生产产品 b，除了供自己消费之外，剩余的则拿到市场上销售，产品 a 是自己不生产，完全从市场上购买产品 a，交易服务 c 也都是由自己提供，自己到市场上出售和购买。

四是有中间商的部分分工的市场结构（a/br）：市场经济主体自己生产产品 a，除了自己消费之外，剩余的则拿到市场上销售，产品 b 自己不生产，完全从市场上购买产品 b，这个时候市场上的交易则是交由中间商来完成，其从市场上购买交易服务 c。

五是有中间商的部分分工的市场结构（b/ar）：市场经济主体自己生产产品 b，除了自己消费之外，剩余的则拿到市场上销售，产品 a 自己不生产，完全从市场上购买产品 a，这个时候市场上的交易则是交由中间商来完成，其从市场上购买交易服务 c。

六是完全分工下的专业的中间商的市场结构（c/ab）：市场经济主体完全成为一个提供市场交易服务的主体，其为市场提供交易服务但不生产产品 a 和 b，其产品都是从市场上买进。

在上述这些不同的分工组合之下，不同的专业化水平，市场的交易结构也呈现出不同的特征，市场的参与主体不同，中间商也呈现了从有到无的过程，交易服务的专业化程度也不断提高。其中前面三种市场结构都是非专业化的，每一个主体都是从事多种活动，后面的三种市场结构则是专业化的分工组合，经济主体都是专门从事一类活动，或者是专业生产产品 a，或者是生产产品 b，或者是专门提供市场交易服务 c，其中最后一个，也就是成为了专门的市场交易的中间商了。具体我们可以看到三种不同的市场结构：

第一，自给自足的市场微观结构。

在经济发展的初期，社会几乎没有分工和交易。经济主体既生产产品 a，也生产产品 b，并且所有各自生产的产品都是仅仅供自己消费而不出售。这个时候完全没有任何市场交易，也就没有交易服务 c 了。在自给自足的市场交易结构，模型中的一些变量可以变为 0，也即：

$$a^s = a^d = b^s = b^d = c^s = c^d = c = L_c = 0$$

这个时候，经济主体面临的效用最大化的问题变为：

$$MAX\ U^1 = (ab)^{1/2}$$

需要满足的条件是：

$$a = \alpha(L_a - x)$$

$$b = \beta(L_b - y),$$
$$L_a + L_b = 1。$$

由此可以得到 a 产品和 b 产品的自己消费的产量（a 和 b），产品 a 和产品 b 各自生产的专业化水平（L_a 和 L_b），以及在这个市场结构之下的最大化的效用量（U^1）。也即：

$$a = \frac{\alpha(1 - x - y)}{2},$$

$$b = \frac{\beta(1 - x - y)}{2},$$

$$L_a = \frac{1 + x - y}{2},$$

$$L_b = \frac{1 - x + y}{2},$$

$$U^1 = \frac{(1 - x - y)(\alpha\beta)^{1/2}}{2}。$$

这个时候的交易结构如图 3-6 所示。

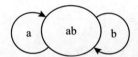

图 3-6　自给自足下的无交易

第二，部分分工之下的市场微观结构（直接交易）。

随着分工的演进，这一类的市场结构是一种部分分工之下的市场形态。在这个市场结构之下，每一个主体都是生产一类产品，部分主体专门生产产品 a，另一部分主体专门生产产品 b，而这些主体之间通过直接的交易来获取各自所不生产的产品，以满足他们各自对产品的交易，如一个生产产品 a 的市场主体通过与生产产品 b 的人进行交换，获得产品 b。在这个市场中，买者和卖者之间是直接交易的，是互为交换对象的，a 产品的生产者既是买者也是卖者，甚至还是整个市场交易服务的提供者，因为他们的交易都是各自到市场中交易。在这种部分分工的市场条件之下，模型中的一些变量可以取得特定的数值，如 $a^d = b^s = b = c^s = c^d = L_b = 0$。

这个时候，经济主体面临的效用最大化的问题变为：

$$MAX\ U_a^2 = (ak_y cb^d)^{1/2},$$

需要满足的条件是：

$$a + a^s = \alpha(L_a - x),$$
$$c = \gamma(L_c - z),$$
$$L_a + L_c = 1,$$
$$p_a a^s = p_b b^d。$$

由此可以得到 b 产品的需求量 b^d，产品 a 的供给量和自我消费量 a^s 和 a，市场交易服务的量 c，以及 a 产品和交易服务 c 各自生产的专业化水平（L_a 和 L_c），以及最优条件下的生产产品 a 的个体的效用值 U_a^2。具体数值如下所示：

$$b^d = \frac{\alpha(1-x-z)}{3p_b},$$

$$a^s = a = \frac{\alpha(1-x-z)}{3},$$

$$c = \frac{\gamma(1-x-z)}{3},$$

$$L_a = \frac{x+2(1-z)}{3},$$

$$L_c = \frac{1-x+2z}{3},$$

$$U_a^2 = \left[\frac{1-x-z}{3}^3 \frac{\alpha^2 \gamma k_a p_a}{p_b}\right]^{1/2}。$$

当市场出现均衡的时候，生产者 a 和生产者 b 的效用应该相等，也即 $U_a^2 = U_{ba}^2$，而且，市场均衡的时候 $M_{ac}a^s = M_{bc}a^d$，$M_{bc}b^s = M_{ac}b^d$，其中 M_{ac} 和 M_{bc} 是产品 a 和产品 b 的生产者的人数，由此，我们可以得到产品 a 和产品 b 的相对价格，产品 a 和产品 b 的均衡时候的相对生产者人数以及均衡时候整个市场的效用值，也即：

$$\frac{p_a}{p_b} = \frac{\beta}{\alpha}\left[\left\{\frac{1-y-z}{1-x-z}\right\}\frac{k_a}{k_b}\right]^{1/2},$$

$$\frac{M_{ac}}{M_{bc}} = \left[\frac{(1-x-z)k_b}{(1-y-z)k_a}\right]^{1/2},$$

$$U^2 = \left[\frac{(1-x-z)(1-y-z)}{9}\right]^{3/4}\left[(\alpha\beta\gamma)^2 k_a k_b\right]^{1/4}。$$

这个时候，市场的交易结构如图3-7所示。

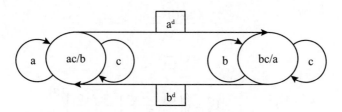

图3-7　部分分工的直接交易

第三，完全分工之下的市场微观结构（含有中间商的交易）。

随着分工和专业化的深化，市场将进入一个完全专业化的结构，在这样的市场结构之下，一共有三类主体：一个经济主体专业生产产品a，一个经济主体专业生产产品b，还有一个经济主体专业于市场交易服务c。产品a和产品b都实现了专业化的生产，而且为了能够实现产品的交易，他们之间的市场交易不再是直接交易，而是通过中间商来完成，市场中出现了一个专门提供交易服务c的主体，整个市场的交易都是经由中间商来完成，中间商成为了协调整个市场产品交易的一个中心主体。

对于产品a来说，在这种部分分工的市场结构条件之下，模型中的一些变量可以取得特定的数值，如 $b^s = b = a^d = c^s = c = L_b = L_c = 0$，而且，我们知道，这个时候的分工已经达到最高程度了，也即专业化水平达到1了。

所以，相应地，经济主体面临的效用最大化的问题变为：

$$MAX\ U_a^3 = (ak_b\lambda_b c^d b^d)^{1/2},$$

需要满足的条件是：

$$a + a^s = \alpha(L_a - x),$$

$$L_a = 1,$$

$$p_a a^s = p_b b^d + p_c c^d。$$

由此可以得到b产品的需求量 b^d，产品a的供给量和自我消费量 a^s 和a，市场交易服务的需求量 c^d，以及最优条件下的生产产品a的个体的效用值 U_a^3。具体所解得的数值如下所示：

$$b^d = \frac{\alpha(1-x)p_a}{3p_b},$$

$$c^d = \frac{\alpha(1-x)p_a}{3p_c},$$

$$a^s = \frac{2\alpha(1-x)}{3},$$

$$a = \frac{\alpha(1-x)}{3},$$

$$U_a^3 = \left\{\left[\frac{\alpha(1-x)}{3}\right]^3 \frac{k_b\lambda_b p_a}{p_b p_c}\right\}^{1/2}。$$

类似地，对于产品 b 来说，在这种部分分工的市场结构条件之下，模型中的一些变量可以取得特定的数值，如 $a^s = a = b^d = c^s = c = L_a = L_c = 0$，而且，我们知道，这个时候的分工已经达到最高程度了，也即专业化水平达到 1 了。

所以，相应地，经济主体所面临的效用最大化的问题变为：

$$\text{MAX } U_b^3 = (k_b\lambda_b c^d a^d b)^{1/2},$$

需要满足的条件是：

$$b + b^s = \beta(L_b - y),$$

$$L_b = 1,$$

$$p_b b^s = p_a a^d + p_c c^d。$$

由此可以得到 a 产品的需求量 a^d，产品 b 的供给量和自我消费量 b^s 和 b，市场交易服务的需求量 c^d，以及最优条件下的生产产品 b 的个体的效用值 U_b^3。具体所解得的数值如下所示：

$$a^d = \frac{\beta(1-y)p_b}{3p_a},$$

$$c^d = \frac{\beta(1-y)p_b}{3p_c},$$

$$b^s = \frac{2\beta(1-y)}{3},$$

$$b = \frac{\beta(1-y)}{3},$$

$$U_b^3 = \left\{\left[\frac{\beta(1-y)}{3}\right]^3 \frac{k_a\lambda_a p_b}{p_a p_c}\right\}^{1/2}。$$

同理，对于专业交易的中间商来说，其既向市场提供了交易服务，也需要消费产品 a 和产品 b，因此，对于中间商来说，模型中的一些变量可以取得特定的数值，如 $a^s = a = b^s = b = c^d = L_a = L_b = 0$，而且，我们知道，这个时候的分工已经达到最高程度了，也即专业化水平达到 1 了。

所以，相应地，经济主体所面临的效用最大化的问题变为：

$$MAX\ U_c^3 = (k_a k_b c^2 a^d b)^{1/2}，$$

需要满足的条件是：

$$2c + c^s = \gamma(L_c - z)，$$

$$L_b = 1，$$

$$p_c c^s = p_a a^d + p_b b^d。$$

由此可以得到 a 产品的需求量 a^d，产品 b 的需求量 b^d，市场交易服务的供给量 c^d 和自用量 c，以及最优条件下中间商这个个体的效用值 U_b^3。具体所解得的数值如下所示：

$$a^d = \frac{\gamma(1-z)p_c}{4p_a}，$$

$$c^s = \frac{\gamma(1-z)}{2}，$$

$$c = \frac{\gamma(1-z)}{4}，$$

$$b^d = \frac{\gamma(1-z)p_c}{4p_b}，$$

$$U_c^3 = \left\{\left[\frac{\gamma(1-z)}{4}\right]^4 \frac{k_a k_b p_c}{p_a p_b}\right\}^{1/2}。$$

当这一市场结构在市场上取得均衡的时候，三个市场结构的主体的市场均衡的效用一致，也即 $U_a^3 = U_b^3 = U_c^3$，这个时候市场均衡需要满足以下三个等式中的任意 2 个 $M_a a^s = M_b a^d + M_c a^d$，$M_b b^s = M_a b^d + M_c b^d$，$M_c c^s = M_a c^d + M_b c^d$，其中 M_a，M_b，M_c 是产品 a，产品 b 的生产者的人数以及中间商的人数，由此，我们可以得出产品 a 和产品 b 的相对价格，中间商 c 和产品 a 的相对价格，中间商 c 和产品 b 的相对价格，产品 a 和产品 b 的相对生产者人数，中间商 c 和产品 a 的相对生产者人数，中间商 c 和产品 b 的相对生产者人数以及整个市场的效用值，也即：

$$\frac{p_a}{p_b} = \frac{\beta}{\alpha}\left(\frac{1-y}{1-x}\right)\left[\frac{k_a \lambda_a}{k_b \lambda_b}\right]^{1/3}，$$

$$\frac{p_c}{p_a} = \frac{\alpha(1-x)}{3}\left[\left\{\frac{4}{\gamma(1-z)}\right\}^4 \frac{\lambda_b}{k_a}\right]^{1/3}，$$

$$\frac{p_c}{p_b} = \frac{\beta(1-y)}{3}\left[\left\{\frac{4}{\gamma(1-z)}\right\}^4 \frac{\lambda_a}{k_b}\right]^{1/3},$$

$$\frac{M_a}{M_b} = \left[\frac{k_b\lambda_b}{k_a\lambda_a}\right]^{1/3},$$

$$\frac{M_c}{M_a} = \left[\frac{\gamma(1-z)k_a}{4\lambda_b}\right]^{1/3},$$

$$\frac{M_c}{M_b} = \left[\frac{\gamma(1-z)k_b}{4\lambda_a}\right]^{1/3},$$

$$U^3 = \left[\frac{(1-x)(1-y)}{9}\right]^{1/2}\left(\frac{1-z}{4}\right)^{2/3}\left[(\alpha\beta)^{3/2}\gamma^2 k_a k_b (\lambda_a\lambda_b)^{1/2}\right]^{1/3}.$$

相对地，这个时候的市场交易结构如图 3 – 8 所示。

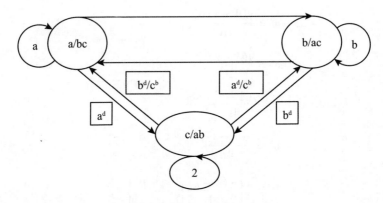

图 3 – 8　完全分工下的中间商

由此可知，上述的三种市场结构 1，2，3 如果要在市场中出现，则需要满足如下条件：

当市场出现结构 1 的时候，则 $U^1 > U^2$，U^3；当市场出现结构 2 的时候，则 $U^2 > U^1$，U^3；当市场出现结构 3 的时候，则 $U^2 > U^1$，U^3；根据上述 U^1，U^2，U^3 的表达式，可以得到在不同的固定成本之下均衡时候的几种情形：当 $x + y < 1$，$x + z < 1$，$z + y < 1$ 的时候，上述的三种结构都可能在均衡中实现。当 $x + y < 1$，$x + z \gg 1$，或者 $x + y < 1$，$y + z \gg 1$ 的时候（这个时候 $z > y$ 或者 $z > x$），第一种结构和第三种结构都可能在均衡中实现。当 $x + y \gg 1$，$x + z < 1$，$z + y < 1$ 的时候（这个时候 $y > z$ 且 $x > z$），第二种结构和第三种结构可以在均衡中实现。当 $x + y \gg 1$ 且 $x + z \gg 1$，或者 $z + y \gg 1$

的时候，这个时候只有第三种结构能够在均衡中实现。由此，我们也可以知道，当市场交易的固定成本较低时，分工会越来越复杂，最终产生专业的中间商，产生包含有中间商的这一类市场微观结构，也就是说，影响到中间商出现的因素在于交易成本的高低。

（二）主要启示

通过上述分析，我们可以知道：

第一，在上述分析中我们展示了三种不同的社会分工结构，所对应三种市场交易方式和交易结构，分别是没有交易存在的自给自足经济，没有中间商参与的直接交易经济以及有中间商参与的间接交易经济，这实际上代表了三种不同市场微观结构演进，是分工结构演进导致了市场交易微观结构变化，导致了中间商的产生和演进。

第二，在第一种自给自足市场结构中，社会经济中没有任何交易，因此，这个时候几乎没有专业分工，市场中也没能衍生出中间商来。在第二种市场结构中，这是一个部分分工的经济，市场中存在交易服务，但是这个时候交易是直接交易，也就是买者和卖者之间互为交换交易，这个时候也是没有专业的市场交易服务，也没有产生出中间商来。在第三种市场结构中，这是一个完全分工专业化经济，这个时候不仅有市场交易，而且有专门从事市场交易服务的中间商，中间商承担了市场交易服务职能，为市场买者和卖者交易提供便利和服务。这个时候分工程度高，市场一体化程度也高，市场迂回程度也高。相比之下，其他两种类型市场结构则不具备这种结构。

第三，在这三种市场结构演进中，我们看到，中间商在第三种市场结构中衍生出来。而市场中专业中间商出现，是因为社会分工演进产物，也是这个市场交易成本不断降低的产物。因为分工促进了效率提升，推动了市场结构演变，促进了中间商出现。我们也能够看到，交易效率进步，推动了市场交易活动专业化，推动了交易服务从生产活动中分离。事实上，关于这一点，我们可以从历史现象看到，在早期市场交易中，在那些物物交换时代之下，交易的效率是极低，这个时候，我们看到对应的是也是直接交易，而没有中间商参与，整个商品的流通也是不通畅。而随着市场交易的发展，交易的方式也日渐从直接交易转向间接交易，向更为复杂的市场交易结构成本转变。

第四，中间商出现以及市场交易结构演进也会受到市场固定交易成本和交易之中的学习成本等因素影响。当市场交易成本较低时，分工会相对应呈现更为复杂的状态，在交易过程中会嵌入新的市场主体，也即我们能够看到的市场会最终产生专业的中间商。

二、市场微观结构的演化与中间环节

（一）中间环节的演进

从上述分析我们看到，分工的演进，交易成本降低，中间商会在市场中自我衍生出来，并促使市场微观结构发生变化。不仅如此，中间商的衍生也不是一成不变的，在一个市场交易关系中，中间商会处于不断生成的过程。中间商这种不断的演进过程也带来了市场交易环节的不断变革，不仅会产生单一的中间商，而且会出现多个不同类型的中间商，这些中间商分布于商品交易关系的各个环节之上，展示出来的也就是我们所称的中间环节。

在一个市场交易关系当中，当市场只有一个买者和卖者的时候，如果在他们之间增加一个中间商能够带来整个市场交易福利增进，也即卖者与中间商之间交易获得的利益要好于卖者与买者之间的交易，而且买者与中间商的交易获得的利益也要好于买者与卖者之间的交易，由此市场交易也就会相应产生并容纳这个新的中间商，也即能够形成一个新的市场微观结构，也即包含 1 个中间商、1 个买者和 1 个卖者。

沿着这个逻辑，相应地，在一个已经包含 1 个中间商的市场交易结构中，如果在卖者与中间商之间再增加另外一个中间商，且仍能带来市场交易利益的获得增进，也即第一个中间商与第二个中间商之间交易获得的利益要好于第一个中间商直接与卖者之间的交易，这个时候第二个中间商也就可以进入到市场交易结构之中，由此，我们能够形成一个新的市场微观结构，也即在新的市场交易中包含了 2 个中间商，1 个卖者和 1 个买者。

如此类推，我们能够找到不同种类市场微观，中间商会一个个地进入到市场交易关系中，新的市场微观会不断出现，而在这些新的市场微观结构中，随着中间商的数量和种类的变化，相应地，整个市场交易的中间环节的结构也不一样，中间环节的长度会随着中间商的增加而变长，会随着中间商的数量结构的变化而变化。由此，我们也就能够看到，中间商的演进会带来中间环节的变化，进而影响到整个市场交易结构的变化。

(二) 中间环节演进的限度

我们也能够发现，在现实中不同产业，不同产品的流通中，中间商数量不一样，中间环节层级数量也不同。一些产品流通市场微观结构中中间环节较长包含有多个中间商，如日本产品流通就是有着多层级中间环节（岛口 (Shimaguchi)，1979）[1]。另外一些中间环节则相对较短有些甚至只有一个中间商，因为随着中间环节的增多，商品流通的成本也会相应增加，进而推高商品的价格，影响社会的最终福利，在一定的范围之内中间环节也未必是越长越好。

因此，一方面我们能够看到商品流通过程中，中间商会不断进入其中，中间环节会向前演进；另一方面，随着中间环节的增加也会带来成本的增加。那么是什么会影响到商品中间环节的演进呢？事实上，许多的因素都会影响中间环节演进，如信息成本、规模经济等。如 Stigler (1951) 在论述劳动分工受到市场规模限制时候，也隐含指出，流通中间环节的设置受到市场规模大小以及由此产生的规模经济的影响[2]。鲍尔德斯顿 (Balderston，1958) 将流通中间环节模型化为是生产者和销售者之间的信息渠道，他们之间的信息传递的成本是影响中间环节的重要因素[3]。艾加 (Etgar) 和祖斯曼 (Zusman，1982) 也将信息传递的成本考虑在内，认为信息传递的成本会随着信息从一个层级到另外一个层级流动而下降，流通环节的长度依赖于信息传递成本[4]。除此之外，产品可替代性也是一个重要因素，产品可替代性越强，那么产品中间环节长度就会越长，但是这个流通中间环节的长度也是有限制，其他的因素会反过来制约这个长度的无限增大。

① M. Shimaguchi and W. Lazer. Japanese distribution channels: invisible barriers to market entry. MSU Business Topics, Winter, 1979: 49–62.

② G. J. Stigler. The division of labor is limited by the extent of the market [J]. Journal of Political Economy 1951: 59, 3, June, 185–193.

③ F. E. Balderston. Communications networks in intermediate markets [J]. Management Science, January, 1958: 154–171.

④ M. Etgar and P. Zusman. The marketing intermediary as an information seller: a new approach [J]. Journal of Business, 1982, 55, 4, 505–515.

在一个市场中，生产者在产品销售过程中面临的选择是：一是不使用中间商自己直接参与商品流通，二是将产品的销售委托给一定数量的中间商来完成。在一个含有中间商参与产品流通的市场中，生产者会制定一个初始的生产价格，并按这个价格将产品售卖给中间商，中间商以这个生产价格买进产品，然后经过一个加价，形成一个新的产品价格，并按这个新的价格将产品转卖给下一个中间商，以此类推，每一个中间商都会在买进商品之后对产品价格进行一个加成，最终形成一个市场终端零售价格。因此，在一个完整的商品流通环节中，有 n 个中间商，则最后一个环节上的中间商也即第 n 个中间商（为面向终端消费者的零售商），第 n 个中间商所制定的新的产品价格也即是消费者所接受的商品零售价格。根据科兰（Coughlan）和拉尔（Lal，1992）[①] 的研究和论证，产品市场价格，包括生产者制定的初始价格、每一级的中间商制定的价格，乃至最终零售价格都也都是产品替代程度 θ 的函数了。并且可以根据不同的中间商层级的多少求解出流通环节上各个经济主体各自制定的价格水平，并计算出经济主体利润的大小。相对应地，我们也可以依据产品的替代性来计算出产品流通环节的层级和数量。从经验数据来看，根据科兰和拉尔（1992）[②] 的观察，当产品替代性程度 θ 在 (0，2.42) 之间时，这个时候中间商的数量为 0，产品流通环节会是一个没有任何中间环节的直接销售渠道；当产品替代性程度 θ 在 (2.42，6.96) 之间时，产品流通环节上的中间商数量为 1，整个产品的流通将有 1 个中间商参与（可能就只有 1 个零售商或者批发商）；当产品替代性程度 θ 在 (6.96，20.56) 之间时，产品流通环节上的中间商数量为 2，也即整个产品的流通将有 2 个中间商参与（可能包含有 1 个批发商和 1 个零售商）；当产品替代性程度 θ 在 (20.56，61.36) 之间时，产品流通环节上的中间商数量为 3，也即整个产品流通过程将由 3 个中间商参与（可能是包含有一级批发商，二级批发商和零售商）；当产品替代性程度 θ 大于 61.36 时，产品流通环节上的中间商数量可能会大于 3。随着产品流通环节上的中间商数量 θ 增加，产品流通环节上的中间商数量会增加，越来越多中间商将参与到产品流通过程中来。

---

①② Anne T. Coughlan and Rajiv Lal，Retail Pricing：Does Channel Length Matter，Managerial and Decision Economics，Vol. 13，No. 3，Special Issue：The Economics of Retail Activities（4 – 7，1992），201 – 214.

由此，我们能够发现，生产商为了实现利润最大化，在商品流通过程中其所选择的中间商的数量或者是这个商品流通环节能够容纳的中间商数量会随着产品替代程度 θ 的增加而增加，随着产品替代程度 θ 的增加，产品的替代性的增加，产品流通的中间商数量就会相应增加，相应的产品流通的中间环节的长度也就越大。

从上述我们也看到，不同产品的替代性程度不一样，其产品流通中间环节的长度会不一样，这也与我们现实的观察是一致的。当产品是专用性的产品，没有任何替代性产品的时候，生产者可能会倾向于直接销售，将产品运输至市场，以获得全部的产品利润。当产品在市场中有其他的替代性的产品时候，产品的销售利润可能会降低，生产者直接销售产品获得的利润并没有很大，相应地委托给其他中间商能够获得成本的降低和利润的降低，与此同时，随着替代性程度的增加，市场竞争的加剧也能够给中间商参与到产品流通市场提供更多的空间。

但是，如果按照上述的演进逻辑，那么一些极具有替代性的产品可能中间环节的长度会极长，可是，在现实观察中，我们也能够发现，现实产品的流通中间环节并没有为无限制增加，商品的流通中间环节总是处于一定的限度之内，既非都是极短的直接渠道，也并非是无线扩展的长环节，这些都提醒我们，中间环节的演进是受到多种因素影响的，并非仅仅是产品替代性程度这一因素，而可能受到其他一些社会因素的制约，具体来说可能包括：

一是中间环节的演进，中间商作为一个经济主体，参与到产品流通过程总是要求有一定的利润才能够进入到商品的环节中，也就是说，中间商参与产品的流通也会受到自身成本和利益的考虑，特别是当中间环节扩展，越来越多中间环节进入的时候，中间商所获得的利润也会相对减少，初始生产者分享的利润也会降低，因此，这种利润和成本的考虑会限制中间环节的无线扩展。二是中间商参与市场交易，如同前述，有助于降低市场风险，但是作为经济主体其仍然是风险厌恶型的，而产品的市场需求往往面临着诸多的外部不确定性，需求的随机波动会使得中间商需要面临额外的成本，这也会限制过多的中间商层级形成。三是我们上述分析都在一个理想竞争市场环境下，可是，现实的流通市场中，并非是完全竞争，某些中间商是拥有其他中间商无法获得的市场权力，而这种市场权力结构不平衡的存在会使得中间商获得或者至少要求获得更多的利润，这样就相应地会限制整个产品流通环节的长度。

因此，我们能够知道，中间环节会不断地演进，新的中间商会不断生成并承担一定的功能，甚至会随着产品的可替代性程度也不断演进，但是中间环节的长度也并非是会无限演进和扩展，一个有限度的中间环节，有限数量的中间商结构才是市场的最优选择，市场所需要的中间环节并非越少越好，也并非越长越好。

（三）中间商数量的演进：市场微观结构密度

产品流通市场中存在众多中间商，中间商也处于一个"中间商链条"之中[1]，他们将商品从最初生产者转向终端消费者转移，一个中间商从另外一个中间商处购买商品达成交易，进而又与另外一个中间商交易将产品转售出去，如此传递，最终实现商品的流通运转。

所以，我们能够看到现实中有多种多样类型的中间商，既是不同环节之上的中间商，也是不同类型不同等级的中间商。历史上既有一些从事远距离贸易的"行商"，也有一些是固定居住在城市中开设店铺的"坐商"。而且这些中间商内部也有层级之分，在最顶层可能是一些大型流通企业，第二层级可能是大型批发商，第三层级可能是中小型超市零售企业，第四层级可能是一些个体商贩和个体户，最底层可能是一些城市流动商贩。实际上，这种中间商人等级划分在过往社会也存在。如同布罗代尔所指出的一样"商人世界……其中有为收购一袋小麦走遍穷乡僻壤小商贩，有穿着讲究或衣衫破烂店铺主，有坐镇港口向渔船提供给养资产者，有大城市批发商，所有这些人形成……这种商业金字塔"[2]。而根据唐力行（2003）研究，近代商人分五个等级"官商是第一等级，富商巨贾是第二等级，拥有一定资财的人是第三等级，小商小贩是第四等级，买办是第五等级"[3]。

如前所述，我们也知道，商品中间环节的演进受到多个因素的影响，中间环节并非越少越好，也并非越长越好。但是，面对这么多类型的中间

---

① Yuet – Yee Wong, Randall Wright, Buyers, Sellers and Middlemen：Variations on Search – Theoretic Themes, 4, 2011.

② 布罗代尔：《15～18 世纪的物质文明、经济和资本主义》（第 2 卷），顾良、施康强译，生活·读书·新知三联书店 1992 年版，第 404 页。

③ 唐力行：《商人与中国近世社会》，商务印书馆 2003 年版，第 273 页。

商，对一个产品流通过程来说，从生产到消费流转需要多少个中间商？现实中在每一个流通层级中间商的数量应是多少为好？

中间商的最优数量问题既是中间环节演进的问题，涉及市场竞争程度，也涉及市场微观结构的密度问题。对于中间商的最优数量，也是如同中间环节的设置一样受到多个因素影响，但其中很重要的一个衡量因素在于这些中间商能否促进交易的达成，而交易能否达成核心在于各个中间商之间信息交流是否顺畅，所以，信息传递和交流成本仍然是决定每一个环节和层级中间商数量的重要因素。

第一，信息成本下的中间商最优数量。

为了说明一个市场中的最优中间商是数量问题，我们考虑信息成本因素来观察中间商的数量，我们也假设在一个市场中，有 m 个卖者和 n 个买者，其中每两个主体之间进行交易信息成本假设为 A。因此，在市场中没有中间商参与时，市场主体之间的交易次数 mn，这时市场为达成交易所需耗费的信息成本是 mn×A；如果市场中有中间商参与，市场主体之间的交易次数就变为（m＋n），这时完成市场交易的所需耗费的信息成本是（m＋n）×A。

由此，当市场上的中间商数量为 1 时，中间商参与交易所带来的信息成本节约是 $S_1 = [mn-(m+n)] \times A$；当市场上的中间商数量为 w 个的时候，中间商参与交易所带来的信息成本节约是 $S_w = [mn-w(m+n)] \times A$。

依据上述中间商对信息成本的节约，我们可以确定整个市场流通环节中所需要的最优中间数量。我们假设中间商利润为 S_w，在初始的时候，S_w 为正，因为中间商参与市场交易带来成本节约由此可以获得相应的利润，而当存在利润可得时也就会吸引更多中间商进入，随着中间商数量 w 增加，w（m＋n）会增加，进而中间商的利润 S_w 在减小。所以，当 $S_w = 0$ 的时候，也即是能够达到市场均衡时候的所需要的中间商的最优数量 w^*，也即 $w^* = mn/(m+n)$，也就是市场中仅有一个层级的中间商的时候的最优数量。

而当一个市场中有 2 个层级中间商时，第二个层级中间商连接了第一个中间商和卖者或者买者之间关系，这也就能够降低他们之间信息交流成本，所以，类似于只有一个层级的中间商的市场条件，这个时候第二个中间商的成本节约变为：$S_w = A[mw_1^* - w_2(m + w_1^*)]$；$S_w = A[nw_1^* - w_2(n + w_1^*)]$；其中，$w_1^*$ 为市场中第一个中间商层级最优中间商的数量，而由此我们可以计算得到 w_2^*，也即第二个层级中间商最优数量为：$w_2^* = \dfrac{w_1 m}{w_1 + m}$。

从这个分析我们知道，每个层级中间商的最优数量，也即流通中间商的宽度，取决于中间商的交易成本以及信息处理能力和成本，这两者决定了一个中间商所能服务的最优的买者和卖者的数量，如果交易成本低，带来的信息成本节约越大，相应地能够容纳的中间商数量也更大。

第二，直接交易和间接交易比较下的中间商最优数量

从市场交易结构来看，中间商的出现改变了市场交易结构，使得市场从直接交易转向了间接交易。因此，对于中间商最优数量的认识，也可以从市场直接交易和间接交易的结构比较来认识，也即中间商的最优数量达到均衡至少应该要满足通过间接交易的成本应该不大于通过直接交易的成本，据此，我们也能够找到中间商数量均衡的条件。

我们假设市场上有 S 个卖者，有 C 个买者。当市场中没有中间商参与，市场呈现的是一个直接交易的市场结构，这时市场主体买者和卖者之间的交易的链条次数为 $S*C$，市场交易的总成本也就变为：$T_1 = qSC$。当市场中有 1 个中间商参与时，市场的交易结构便成为间接交易，中间商分别与卖者和买者之间发生交易，其中中间商与卖者之间建立了 S 个交易链条次数，而与买者之间建立了 C 个交易链条次数。由此，我们知道这个时候市场交易的总成本就变为：$T_2 = q(S + C)$。当市场中有 W 个中间商参与交易的时候，这个时候市场交易的总成本就变为：$T_3 = qW(S + C)$。

对于一个市场，当给定卖者的数量 S 和买者的数量 C，最优的中间商的数量也即是能够使这个市场体系的间接交易时候的总成本与没有中间商参与的直接交易总成本相等，也即需要满足 $T_1 = T_3$，这个时候间接交易市场中的中间商的数量也即为 W^*，也就是市场在成本一致基础上的最优的中间商数量。也即：$W^*(S + C) = SC$；$W^* = SC/(S + C)$。

所以，从上述可知，当中间商数量小于 W^* 时，中间商参与市场交易的间接市场体系的总成本就会比直接交易市场的总成本更小。当中间商数量大于 W^* 时，中间商参与市场交易的间接市场体系的总成本就会大于之间交易市场的总成本。因此，对于一个市场体系来说，市场上的中间商数量应该不会大于 W^*，这也就是我们市场所需要的最优中间商数量，因为超过这个数量，市场的交易成本就会大于直接交易的总成本。

第三，市场结构变动下的中间商的最优数量。

从上述分析我们知道，市场最优的中间商数量，也即使得中间商参与的间接市场的交易总成本要小于直接交易时候的成本。但是，这一结论我们是在假定这个商品市场上的买者的数量 C 和卖者的数量 S 是给定的，但是事实上，市场的买者的数量 C 和卖者的数量 S 在不同的市场结构之下，其数量是会变化的，而随着市场参与者数量的变化，相应地市场所需的最优的中间商的数量也会发生变化。从这里我们知道，市场上的中间商的数量会随着市场结构的变化而产生变化。在对于市场的假设与上述一致的基础上，我们可知：

当市场结构仅有一个买者和一个卖者时，也即 S = C = 1 时，我们可以求得市场最优中间商数量 $W^* = 1/2$；当市场结构为一个卖者和 C^* 个卖者时（这里的 C^* 代表了市场处于最优均衡时候的买者数量），也即 S = 1，$C = C^*$，我们可以由此计算得到市场交易所需的最优中间商数量 $W^* = C^*/(1 + C^*)$；当市场结构为一个买者和 S^* 个卖者时（这里的 S^* 代表了市场处于最优均衡时候的卖者数量），也即 C = 1，$S = S^*$，我们可以求得市场最优中间商数量 $W^* = S^*/(1 + S)$；当市场结构为 2 个买者和 2 个卖者的时候，也即 S = C = 2，根据上述公式，我们可以求得市场最优中间商数量 $W^* = 1$。从这我们可以知道，随着市场结构中买者和卖者数量的不同，最优中间商的数量也是不一样的，更一般地，我们看出可以令 r = S/C 将之带入到 W^* 的公式中，我们得到：$W^* = \dfrac{SC}{S + C} = \dfrac{C^2 r}{Cr + C} = C\left(\dfrac{r}{r + 1}\right)$；可知 r/(r + 1) 有一个最大值 1/2，这个时候 r = 1，这时买者的数量和卖者的数量是相等。因此，对于任意给定的买者数量，当市场结构是对称结构时，也即买者和卖者数量是一样时，W^* 中间商的数量是最大，这个市场上中间商的数量是买者数量的一半。

因此，中间商的数量受到交易的信息成本多个因素的影响，最优的中间商数量能够使得间接市场交易的成本不大于直接交易时候的成本，而且其也会随着参与市场交易的买者与卖者的数量结构而变化。无论是何种情形之下，在一个给定市场份额的任何阶段，中间商参与竞争的人数越多，中间商之间竞争性就越大，市场的绩效也会倾向于变好。

我们总是希望能够有更多的中间商参与到产品流通中来，以提升市场的绩效。事实上，当前我国农产品流通中，正因为中间商数量少，农民所面临的选择较少，甚至是不足，进而影响到农产品流通效率的提高。

第三节　历史维度：中间商的历史演进

本节主要从历史演变过程来认识中间商的角色演进，通过对历史文献分析，理清中间商的发展演变及其在其市场中所起的作用。从历史发展看，中间商经历了传统的贸易商、产品的分销商、综合服务提供者等多个角色功能的转变，这些角色和功能在市场经济中不可或缺，即使当前生产技术、信息技术、消费者需求在不断变化，中间商会不断演进并在新的时代产生出新的功能和地位，显示出极强的生命力。

一、中间商的历史演变

虽然在传统观念下，中间商名声并不好，这无论是国内还是国外都一样。在传统理念中，商人总是"无商不奸"，商人也总是剥削的代名词，"商人形象总是不光彩的，贱买贵卖被看作是最根本的不忠"，商业被认为是一种带有剥削性的本质，"交易中损害他人财货谋取自己利益……应该受到指责"[1]，甚至人们还认为他们的存在还会带来市场运行的有效性的降低[2]。但现实经济、贸易和市场中我们随处可见中间商身影，无论是在国内贸易中还是在国际贸易中，无论是在古代还是如今现代社会中，都离不开中间商，其扮演着极为重要的角色，在贸易和经济中占据了重要内容，是市场交易的核心主体，在市场交易体系发挥着不可忽视的作用，我们不能否认其价值，而且自有市场经济交换以来，市场就开始有商人，中间商也跟随市场的演进在不断向前演进。

（一）各种经济理论下的中间商

在早期，人们对于商业和中间商并没有一个恰当认识。基于"所有

---

① 亚里士多德：《政治学》，吴寿彭译，商务印书馆 1983 年版，第 366 页。
② Masters, Adrian. Middlemen in Search Equilibrium［J］, International Economic Review, 2007, 48（1）：343 - 362.

的价值都被认为是来源于土地"的观念，农业高于制造业，制造业高于商业，商业处于社会末端，商业加价也被认为不同于农业或手工业中的价值增加，反映出的是欺骗，所以在早期理论家看来，农民和手工业者是高贵的，而商人是弱小和狡猾的（凯利（Kelley），1956）①。人们也相信只有创造效用的职业才是生产性和符合自然的，商业和中间商被认为是低等和非自然的，如柏拉图和亚里思多德等都认为商人从交换所获利润是不正当和不道德的，商人活动并没有带来任何增加值。

与此相反，一些学者也提出了不一样的观点。如托马斯·阿奎那就认为商人尽管从交易中获利是不道德的，但商业确实为社会创造了价值，承担了风险，并将产品从一个地方运至另外一个地方，在他看来，商人为社会创造了时间和空间的价值。重商主义者托马斯·孟也认为经济贸易中的出口商的活动有助于增加国家财富。大卫·休谟则认为商人将产品从一个地方带到另外一个地方，能使人们获得以前完全接触不到的商品，因此商业是十分必要的。亚当·斯密在《国富论》中认为商人具有更倾向于节俭和储蓄的品质，这更能扩大有效劳动力，进而增加社会的实际收入。

不仅如此，李嘉图也认为中间商在产品中投入了劳动，创造了社会效用，而且这种效用是劳动付出的回报。马尔萨斯也认为中间商能为社会带来正效用，国家的收入和财富不仅仅来自生产，也来自商业。门格尔也认为商业满足能够为人们需求的满足提供服务，也即为社会创造了价值②。狄克逊（Dixon）也说从事商业活动的行为也能够带来极为重要的社会效用和价值③。

从这些看来，有关商人和商业在经济中的作用，早期的理论家认为中间商并没有给经济社会带来价值，随着人们对商业的认识，越来越多的人承认中间商为经济社会创造了价值，对推动经济发展有极大贡献。总体上看，人们日益认识到商业和商人的价值创造活动。

（二）经济史文献下的中间商

尽管在理论家那里，对于中间商有着诸多争论，甚至是存在过各种偏

---

① KelleyWilliam T. The development of early thought in marketing and promotion［J］, Journal of Marketing, 21（July）, 1956, 62 - 76.

② 卡尔·门格尔：《国民经济学原理》，刘絜敖译，上海人民出版社2005年版，第105页。

③ Dixon, Donald F. Prejudice v. marketing? An examination of some historical sources［J］. Akron Business and Economic Review, 1979（Fall）, 37 - 42.

见和歧视。但中间商在市场交易体系发挥着不可忽视的作用，许多的经济史和企业发展史文献都对中间商的作用进行了论述。

韦斯特菲尔德（Wesrterfield，1915）讲到了工业革命以前的英国商人，认为他们是货物从生产者到消费者的传递者，承担了中介功能。海尔布隆纳（Heilbroner，1962）认为职业的交易商人在中世纪末进入社会，对社会进步是一个很重要的推动力量。希克斯（1969/1987）也指出经济社会中，这些专业的商人是社会演进的引擎。阿瑟顿（Atherton，1971）则指出在美国西部大开发的过程中，中间商人渗透到了美国经济各个部门，繁荣的商业部门推动了美国经济发展。诺斯和托马斯（1973）则指出商人活动在串联农业、工业和市场消费者之间起到极为关键的作用。而且，中间商能够扩大市场范围，将本地市场与外围市场联系在一起，促进市场形成。"如果有商人收购，大量外销就使很容易饱和的市场变为开放性的，市场对商品的容量也大大增加……还使此地不是商品的东西变为彼地必需的商品，从而扩大了商品种类，客观上也扩大了商品经济"①。

近几年来，庞春（2008）也综述了西方相关商业及经济史中中间商的历史作用。宋则（2012）也认为商人的存在和发展能够带来时间和费用的节省，是稳生产和稳市场的微观基础。国内学者庄维民（2012）② 则重点研究了近代中国中间商，特别是行栈，论述了其演进过程以及在整个中国近代交易体系中所起的关键作用和具体功能，他认为近代行栈的市场功能基本有以下几个方面：一是交易媒介和交易经纪人功能，销货商与购货商不必为每宗交易自行寻找客户，也不必逐一与有意向的商品购销者打交道，从而提高交易效率；二是代理买卖功能；三是寄寓和贮货功能；四是信用担保功能；五是资金借贷供给功能；六是报关转运与信息传递功能；七是加工分类功能。

从这些文献可知，中间商是重要的市场主体，对市场形成有着关键作用。费正清也曾讲到中国"国内市场兴起可从各种专业化商人群体成长来衡量，如批发商、零售商、走南闯北行商，上层都有层层捐客和代理人，他们为不同地区间贸易服务"③，而且正是这些各种层级的中间商人

---

① 吴慧：《中国商业通史》第五卷，中国财政经济出版社 2008 年版，第 46 页。
② 庄维民：《中间商与中国近代交易制度的变迁：近代行栈与行栈制度研究》，中华书局 2012 年版，第 122～144 页。
③ 费正清：《伟大的中国革命》，世界知识出版社 2000 年版，第 72 页。

带动了一个市场的形成。布罗代尔（1982/1992）则论述了商人在市场交换中的作用，他指出"交换就这样在世界上纵横交错……在每个交叉点上，在每个接力站，必须设想有一个商人，不论是行商或者坐商，商人的作用由其地位所决定：'告诉我你住哪里，我就知道你是谁'"①。

二、中间商角色演进

商品经济的出现和演进带来了专业中间商的出现，这些中间商起到了组织市场交易和交换的功能，从历史发展演变看，中间商包括有早期专门从事长途迁徙贸易的"行商"，有自身固定交易场所的"坐商"，也有专业的批发商和零售商，乃至如今现代商业社会的诸多新的商业形式和中间商类型，在这些不断演进的过程之中，中间商本身的角色和功能也在日渐丰富，其既是一个传统意义上的贸易商，也是工业社会中的分销商，也是现代社会的市场综合服务的提供商。

中间商的角色经历了不同阶段的变迁。拉尔斯 – 埃里科加德（Lars – Erik Gadde，2001）②指出中间商经历了从早期贸易商（trader），到分销中间商（distributor），再到服务提供商（provider）的演变过程。罗森布洛姆（Rosenbloom）和拉尔森 – 安德拉斯（Larsen – Andras）（2008）③则从商业渠道的角度指出零售商等中间商作为一种制度类型，几千年来一直在全球市场舞之中发挥了重要作用。奥尔森（Olsson）、加德（Gadde）和胡尔森（Hulthén）（2013）④则认为中间商从仅是简单地方便产品的销售，到确认辨别消费者的需求，到创造满足和匹配他们需求的方案，从一个传统的交易商转为商品的分拣者、物流服务提供者、购买的协调者、终端消费者的面对者、市场组织者、产品的设计者，成为资源组合和问题解

① 费罗代尔著：《15～18世纪的物质文明、经济和资本主义》（第2卷），顾良、施康强译，生活·读书·新知三联书店1992年版，第140页。

② Lars – Erik Gadde. Rethinking the Role of Middlemen, Paper for IMP 2001, BI, Oslo, 9 – 11 September.

③ Rosenbloom, B. and Larsen – Andras, T.. Wholesalers as global marketers [J]. Journal of Marketing Channels, 2008, 15（4）：235 – 252.

④ Robert Olsson, Lars – Erik Gadde, Kajsa Hulthén. The Changing Role of Middlemen-strategic Responses to Distribution Dynamics [J], Industrial Marketing Management, Vol. 42, Issue：47, 2013, 1131 – 1140.

决方案的提供者。张闯（2005）① 也指出美国中间商角色的变化是与其经济工业化过程中商品流通渠道结构演变相嵌在一起的。

具体说来，中间商的角色演变经过了如下几个阶段（这里需要注意的是，事实上，中间商在发展中承担的角色虽然有一个时间的先后出现的过程，但是可能在一个阶段，这些不同的角色在一个社会中是会同时存在的）。

（一）早期：综合型的市场组织者

在早期生产阶段，社会主流生产方式是分散的生产和交易模式，坐商等中间商是整个市场资源的分配者和控制者。他们利用自己自身的信息和优势，通过买进产品然后出售产品来获取这一买一卖之间的差价。

早期的中间商是一个综合型的市场组织者，承担了整个商业活动所有的职能，这包括"出口商、零售商、进口商、批发商、船主、银行家和保险家"（exporter, wholesaler, importer, retailer, ship-owner, banker and insure）等（钱德勒（Chandler），1977/1987）②，也为当时小规模生产者提供服务，甚至为其提供原材料物品和短期的金融贷款服务。总体上看，中间商是综合的商品分配者，在整个社会经济交易中占据支配地位，掌握了丰厚的资本和资源，市场交易甚至整个经济都基本上由这些中间商所垄断。

在这一阶段，中间商主要承担了以下职能：一是提供商品集散服务，他们从各地收购商品，将商品集中起来以向消费者出售；二是为市场创造交易机会，他们连接生产者和消费者，以使他们的销售和购买行为得以实现，既满足了消费者的购买需求，也为生产者建立了销售渠道；三是承担了市场风险，他们往往以自有资金垫付，收购产品然后再销售给消费者，然而在这个过程，市场充满了不确定性，而所有的市场风险都由中间商承担。

这个阶段的中间商也并没有过多地改变商品物理形态，其对于商品所给予的附加服务较少，市场所需要的流通服务也较少，能够完成最终的买卖交易是中间商的核心功能。

---

① 张闯：《美国商品流通渠道的结构与变迁——基于美国经济史的研究》，载于《商业经济与管理》2005 年第 8 期，第 19～25 页。
② 小艾尔弗雷德·D·钱德勒：《看得见的手——美国企业的管理革命》，重武译，商务印书馆 1987 年版。

这个阶段的交易结构呈现出以下几个特点：一是市场交易是一个双向的交易关系，二是生产者、消费者、中间商之间是一个平等关系，生产者和消费者都会主动地走向中间商，以完成市场交易活动，满足物品交换需求；三是中间商位于市场交易的中间地带，并没有更靠近生产者或者消费者的任何一边，整个市场交易关系为：生产者—中间商—消费者（见图 3 -9）。

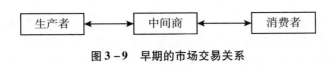

图 3 -9　早期的市场交易关系

（二）产品分销期：专业商品分销者

工业革命带来了生产力快速革新和进步，社会进入大规模生产时代，尤其是福特标准化生产流水线引入后，大规模生产制造成为社会生产的主流模式。大规模生产需要有大量中间商来实现产品的分销，由此，越来越多的企业进入到流通行业包括一些银行、一些保险公司。而且，这个阶段的产品产量可以不受限制，产品生产产量大于消费者的购买，带来了商品投机活动。不仅如此，生产制造商需要面对大量消费者，而产品由生产者分销的成本相对较高。因此，这个阶段中间商日益演变成为产品分销商。

一方面，中间商承担了产品可能存在的投机和市场风险，另一方面，中间商大规模地集中于产品分销，能够获得规模经济和范围经济，进而能够降低交易成本，交通运输的革命如铁路和蒸汽航运的发达，又使得商品流通可以建立一个更加高效体系，电话、电报和邮递服务的发展使得信息交流更加便捷，所有这些技术的发展都使得专业中间商也能够到达更大的市场范围，更专注于专业的分销商的角色。对此，钱德勒（1977/1987）指出"铁路、电报和海上蒸汽船大大地降低贸易风险和存货成本并提高贸易成交量，商人……不再充当代理赚取佣金费，而通过取得货物交易所有权从销售差价中获利"①。

由此，中间商从贸易商变成专业的产品分销商（distributor），大部分

---

① 小艾尔弗雷德·D·钱德勒：《看得见的手——美国企业的管理革命》，重武译，商务印书馆 1987 年版。

中间商帮助这些制造商寻找市场和消费者，中间商持有存货，代表生产制造商进行产品的分销，并通过自身的努力来推销这些产品，为市场主动提供流通服务。中间商也日益细化专业，每一个中间商都集中于服务于一个行业，集中于批发、零售、进出口等专业业务，而不是综合型多个领域。

在这一阶段，市场交易结构也呈现以下几个特点：一是一个中间商可能代表多个生产厂商的产品销售，其可能分销多个生产厂商的产品；二是生产者、中间商、消费者之间的关系不是一个完全对应的关系，在时间先后上，首先是生产者所主动发起，其占有主动地位，在关系数量上，一个生产者产品数量是多样，其面对的或者需要寻找的是多个终端消费者；三是中间商的位置更靠近生产者，是从生产者的角度出发来促成市场流通交易，为生产者主动提供流通服务来推销他们的产品。这个时候的交易结构稍微复杂了，其交易结构如图 3 – 10 所示。

图 3 – 10　产品分销期间的交易关系

（三）调整期：专业化职能受到挑战

生产技术不断革新，生产商开始大量生产，中间商无法满足分销要求，许多生产商开始建立属于自己销售网络[①]。因为一方面大规模的生产要求有大规模的分销与之匹配，但是现有的中间商并没有足够的技术和能力来分销这些产品。此外，生产商对于一些专业性的服务如产品的展销和售后服务等的需求越来越大，而现有的中间商无法提供这些专业性服务，难以满足生产商的服务需求。

因此，在这一阶段，中间商原本承担的市场分销功能开始被生产企业所取代，一些生产商向销售后端延伸，将商品流通分销纳入到自身企业内（巴克林（Bucklin），1972）[②]，流通市场的力量开始转向了生产商，"大

[①]　小艾尔弗雷德·D·钱德勒：《看得见的手——美国企业的管理革命》，重武译，商务印书馆 1987 年版。

[②]　Bucklin, L．Competition and evolution in the distributive trades. Englewood Cliffs：Prentice Hall，1972.

规模的生产者而不是市场流通商成为了商品流通的核心协调者"① （钱德勒，1977/1987），这在一定程度上给中间商带来了挑战，因为当制造商的产量达到一种规模，从而产品运输、存储和批发等成本能够降低到与批发商的成本相一致的水平，这时中间商也就开始失掉其规模成本优势②，而且产品要求这种专业技能和专门化的储存和运输设施越多，中间商获得范围经济的机会也变少。

不仅如此，中间商不仅面临生产商的冲击，内部之间也进入到整合阶段。零售商开始进入到批发领域，取代批发商直接与生产商交易③，因为零售商通过建立采购组织，直接在厂家那儿买进产品，并建立自己的销售组织和渠道，而且他们直接与消费者接触，消除了一系列中间商，能够减少市场交易次数，产生更高的效率④。

这一阶段，尽管独立的中间商面临着制造商进入分销领域的冲击，但生产商的直接销售仍然只是覆盖那些比较集中且规模较大的产品市场，一些需求比较小的消费者或者是市场相对较为分散的产品来说，其需求的满足和产品的流通同样要依赖这些专业的中间商才能够实现，因此，从具体数据看，这个时代中间商仍是主要的市场活动者，以美国为例，根据哈罗德的估计，美国 1879 年通过批发商而销售的货物总值在 24 亿美元，而直接从生产者处销售的货物总值仅为 10 亿美元。

（四）挑战期："去中间化"

信息技术发展，电子商务出现，生产者和消费者间进行直接交易的环境大为改善，"去中间化"（disintermediation）成为广泛讨论话题，人们认为，各类中间商和中间环节的相对价值都会变动相对更低，"许多中间商都会消亡"（斯特恩和韦茨（Stern and Weitz），1997）⑤，姆达比（Mu-

---

① 小艾尔弗雷德·D·钱德勒：《看得见的手——美国企业的管理革命》，重武译，商务印书馆 1987 年版，第 239 页。
② 小艾尔弗雷德·D·钱德勒：《看得见的手——美国企业的管理革命》，重武译，商务印书馆 1987 年版，第 27 页。
③ 小艾尔弗雷德·D·钱德勒：《看得见的手——美国企业的管理革命》，重武译，商务印书馆 1987 年版，第 257 页。
④ 小艾尔弗雷德·D·钱德勒：《看得见的手——美国企业的管理革命》，重武译，商务印书馆 1987 年版，第 258 页。
⑤ Stern, L. and Weitz, B.. The revolution in distribution: challenges and opportunities [J]. Long Range Planning, 1997, 30（6）：823 – 829.

dambi）和阿加沃尔（Aggarwal，2003）甚至预言，在新的流通业革命中将没有中间商的位置[①]。

"去中间化"是指在一个商品流通过程或价值链中部分或全部去除中间环节和中介系统，实质是交易市场主体双方希望通过直接交易来改变已有的利益分配模式，并各自能够获得更多的利润，表现在商品流通过程，则是产品生产者跳过中间商，将商品和服务直接销售给终端消费者。奇尔库（Chircu）和卡夫曼（Kauffman，1999）认为"去中间化"是生产者向最终消费者直接销售产品和服务的过程[②]。本杰明（Benjamin）和威根德（Wigand，1995）认为电子商务市场的发展能够带来更便利、快捷的交易服务，进而使得交易可以跨越中间商[③]。

一方面，生产制造、物流和信息传递系统的技术进步，产生出一些新的分销方式。例如信息技术发展，降低了生产者的库存需要，生产者能够获得更及时准确的信息，对物流也能够进行更精确的控制，使其能够替代中间商原有的功能。另一方面，许多学者认为中间商和中间环节的消减能够带来成本的降低，提升整个产品的价值链，并获得更强的竞争力和更快速的反应能力。

面对"去中间化"冲击，也有人认为现实和未来并非如此，中间商依然在整个商业模式和产品流通过程中有极大的价值。在新时代下，中间环节和中间商仍然不可缺少，所改变的只是传统中间商的变革，未来也会演进出新的中间商，给市场带来新的价值创造和功能，呈现"再中间化"的趋势。如拉科－莱利（Lucking－Reiley）和斯普尔伯（2001）就认为中间商不但不会被消解，其地位甚至在新时代下还会提升，新的中间商将不断涌现[④]。事实上，网络时代下市场摩擦依然存在，互联网之下依然存有信息识别和服务问题，而且网络信息的分散性和信息过载也会导致增加市场交易的搜寻和匹配成本，市场需要新的中间商来筛选交易信息；而且最

① Mudambi, S. and Aggarwal, R. Industrial distributors. Can they survive in the new economy? [J]. Industrial Marketing Management, 2003, 32: 317－325.

② Chircu, A. M., R. J. Kauffman, Analyzing Firm－Level Strategy for Internet－Focused Reintermediation. Hawaii International Conference on System Sciences, 1999.

③ Benjamin R, Wigand R. Electronic Markets and Virtual Value Chains on the Information Superhighway [J]. Sloan Management Review, 1995 (36): 62－72.

④ Lucking－Reiley D. and Spulber D., business-to-business electronic commerce [J]. Journal of Economic Perspectives, 2001, 15 (1): 55－68.

终的交易完成也需要商品完成实体的转移，这也需要中间商所提供的服务；从消费者角度来看，成本也并非是其唯一考虑的因素，消费者对商业购物有着便利性、消费体验的需要。

不仅如此，人们也相信在去除了中间环节，商品价值链中还会产生新的中间环节和新的中间商。波利尔（Bollier，1996）认为互联网会消除很多传统中间商，但同时也会产生新的中间商。[①]。配蒂（Pitt et al.，1999）[②] 指出新的渠道和中间商将会取代之前中间商的位置，这其中一个典型的代表就是电子中间商（electronic intermediaries）（塔米利亚（Tamilia et al.）2002[③]）。所以，即使是面临"去中间化"的冲击，新的时代之下一些新的中间商能够重新回到整个交易环节中，并能够带来一些新的服务和功能。

（五）综合期：新型中间商

随着近年发展，中间商已远不只是传统中间商的概念了，新时代下的新型中间商，他们并不拥有货物而是为生产商、零售商和其他主体提供服务（马拉斯科（Marasco），2008）[④]。新型的中间商日益为其他商业主体提供专业服务，这类价值增值活动成为中间商的一个重要职能和角色，如他们不仅仅在分销产品，而且也注重创造自己的品牌，设计自己的产品，并将生产制造外包给厂商，通过自身的流通渠道和供应链的关系来提升自己在价值链中的地位（道森（Dawson），2007）[⑤]，不仅如此，现代信息技术也使得出现了专业的物流服务商，一些中间商开始专注于成为专业的物流服务商，成为一类专业的物流服务提供商。

因此，在新的时代下，市场力量、消费者力量和购买环境日渐演变，

---

① Belier, David. The Future of Electronic Commerce：A Report of the Fourth Annual As Pen Institute Roundtable on Information Technology. Washington, DC：The Aspen Institute，1996.

② Pitt, L., Berthon, P. and Berthon, J－P. Changing Channels. The Impact of the Internet on Distribution Strategy ［J］. Business Horizons，1999，42（2）：19－27.

③ Tamilia, R., Senecal, S. and Corrivecu, G.. Conventional channels of distribution and electronic intermediaries：A functional analysis ［J］. Journal of Marketing Channels，2002，9（3/4）：27－48.

④ Marasco, A. Third-party logistics：A literature review ［J］. International Journal of Production Economics，2008（113），127－147.

⑤ Dawson, J.. Wholesale distribution：The chimera in the channel. International Review of Retail ［J］. Distribution and Consumer Research，2007，7（4）：313－326.

定制化、个性化需求成为市场主力，中间商在市场交易中，考虑的是如何从消费者需求出发，从需求端来更好地了解和满足消费者需求，进而依据这个信息，在市场中寻找与之对应的产品和服务。因此，在这个阶段，中间商的服务和功能就更多了，其提供的服务更全了，除了传统产品流通服务之外，其还需要了解终端消费者需求，然后转化成信息，在上游寻找与之匹配的产品和服务，进而完成交易服务，中间商提供的是一组服务而不仅仅是简单产品交易了。

相比之下，这个阶段的中间商反而形成了更大的优势：一是与生产商相比，随着各项成本的增加，中间商在商品流通分销中更具有成本优势，尤其是在与分散的小规模的消费群体交易的时候，中间商可以通过和多个生产者的合作，获得更多类型的商品，进而能够分担商品部分流通成本，而生产厂商往往只生产一种商品面临更大的成本；二是社会日益进入定制化时代，如何满足消费者个性化需求是各个企业关注点，中间商因为邻近终端消费者有着更好的优势能够识别和满足消费者个性需求；三是中间商职能也在扩展，他们日渐为其他商业主体提供专业服务，这类价值增值活动成为中间商一个重要职能和角色。

所以，随着专业分工演进，市场交易结构在演变，中间商职能也在不断变化，出现许多更广意义上的中间商职能，成为一个多功能的中间商（multifunctional middleman）。中间商日益承担许多综合性服务职能[①]，如货物集散的提供者；物流服务的提供者；买卖活动协调者；终端消费者的联系者；市场营销活动的组织者；产品创新的开发者等。

在这个阶段，作为综合服务提供者，中间商参与的市场交易关系并非是对等的而是有偏向的，一是在时间上有先后，交易是从终端的消费者出发，了解消费者需求进而寻找相应产品和服务；二是在关系数量上也是多样的，消费者的某个需求，可能需要多个产品和服务，需要多个生产者方能够满足；三是在位置上，中间商位置也更加靠近消费者，更多是从消费者需求出发，找到相应的匹配交易的条件，来为消费者提供综合性服务（如图 3 - 11 所示）。

---

① Robert Olsson, Lars - Erik Gadde, Kajsa Hulthén, The Changing Role of Middlemen - Strategic Response to Distribution Dynamics [J]. Industrial Marketing Management, Vol. 42, Issue：47, 2013, 1131 - 1140.

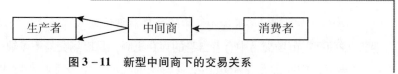

图3－11 新型中间商下的交易关系

三、小结

从历史发展演变看，中间商的角色和功能也在日渐丰富，其既是一个传统意义上的贸易商，也是工业社会中的分销商，也是现代社会的市场综合服务的提供商，其是市场交易中不可获取的主体。在市场的演进过程中，尽管生产技术、信息技术、市场需求都在不断变化，但中间商在新的时代和市场环境中也总是能够获得新的角色，承担新的市场功能，这也从侧面说明中间商并非是一个历史产物，是有着极强的生命力，能够在市场中不断演进。即使是现代信息化的时代之下，生产者与消费者直接交易的条件大为改善，甚至可以跨过中间商来交易，但你也并非意味着可以消除中间商和中间环节，整个市场交易的过程依然有一个产品的实际运输和转移过程，其依然需要历经一定的中间环节，需要一定数量中间商的服务，需要承担一定的成本，所发生的变化可能其中的服务仅仅是原本一些由中间商承担的被纳入到了生产者的内部，或者是改由另外一类中间商或者市场主体来承担。

第四节 本章小结

从市场微观结构理论看，中间商是市场微观结构的核心主体，是市场交易的组织者，是市场运行的中心主体，所有市场交易都是围绕着中间商来展开，中间商有助于提高市场效率。无论是从历史维度还是现实维度，中间商在市场交易中是不可或缺的角色，有其存在的必然性和合理性，有其自身的内生机制和演进机理。

第一，从历史发展看，中间商的角色和功能也在日渐丰富，处于不断演变之中，从传统贸易商，到产品分销商，乃至到现代市场综合服务提供者，尽管生产技术、信息技术、市场需求都在不断变化，但中间商在新的时代和市场环境中也总是能够获得新的角色，承担新的市场功能，这也从侧面说明中间商并非是一个历史产物，是有着极强的生命力，能够在市场中不断演进，是市场经济中不可或缺的主体。

第二，在宏观经济理论中，中间商日益被发现，有经济学的理论模型表明，中间商在市场交易中有着自身的存在机制，是市场交易不可缺少的主体。

第三，中间商是整个市场交易机制的核心，市场交易制度由中间商所创造。中间商的活动是市场微观结构基础，甚至整个市场经济也是由中间商人配置资源的经济交易，中间商的存在有效降低了市场交易成本提高了经济效率，市场效率也依赖于市场中这些相互竞争的中间商以及这些中间商所串联形成的中间环节，这些也构成了市场交易体系。

第四，中间商扮演着"交易专家"的角色，在市场中承担了极为重要的功能，这包括减少市场交易成本，增加了交易的概率和可能性，集中和分散市场风险能够降低市场波动，缓解市场逆向选择和资产专用性问题。正是中间商承担的这些功能，使其能够在市场中衍生出来，并不断演进发展。

第五，中间商具有自我内生机制，中间商是整个市场内生出来的。分工的演进，交易成本的降低，中间商会在市场中自我衍生出来，并促使市场微观结构发生根本变化。因为分工结构演进导致了市场交易微观结构变化，导致了中间商的产生和演进。中间商的出现是社会分工演进的产物，也是这个市场交易成本不断降低的产物，因为分工促进了效率提升，推动了市场结构演变，促进了中间商出现。

第六，中间商创造了市场交易，形成不同的中间环节，构成不同的市场微观结构，进而产生了新的市场微观结构出现。市场可以通过改变交易方式和交易组织形成，建立更高效率的中间商结构和中间环节，形成不同的市场微观结构，进而降低市场交易成本。

第七，中间环节会不断地演进，并随着产品的可替代性程度也不断演进，产品替代程度的增加，产品流通的中间环节的长度也就越大，但中间环节的长度也并非是会无限演进和扩展，一个有限度的中间环节，有限数量的中间商结构才是市场的最优选择，市场所需要的中间环节并非越少越好，也并非越长越好。

第八，产品流通市场中存在众多中间商，中间商也处于一个"中间商链条"之中，中间商的数量也受到交易的信息成本多个因素的影响，最优的中间商数量是能够使间接市场交易的成本不大于直接交易时成本的均衡数量，而且这个最优的中间商数量也会随着市场结构，随着参与市场交易的买者与卖者的数量结构而变化。

第四章 市场微观结构的再认识

本部分内容是沿着前面第三章市场微观结构理论，借助对农产品市场的现实观察，进一步认识市场微观结构演进过程，解释现实中对于中间商和中间环节的一些争论，分析中间商和中间环节是如何在不断变化环境和条件之下自我调整。这是回到现实中来认识当前农产品流通存在的问题和现象，深化对农产品流通市场的认识，解释现有中间环节和中间商的合理化问题，也借以反映现时农产品流通市场结构的基本特征，包括对农产品流通市场的交易机制和流通成本的再认识、对农产品流通环节价差的认识以及农产品流通市场的利益分配问题等。

第一节 中间商与市场微观结构的基本逻辑关系

市场微观结构的生成和演进过程是一个中间商不断产生、演进的过程。一方面，市场交易中间商数量增多，中间环节复杂化会改变市场交易结构，促使市场从直接交易走向间接交易，甚至是更复杂的交易结构。另一方面，流通中间环节内部包含中间商结构演进和中间商自身链条解构和重构过程。商品流通过程中，有时候有 1 个中间商，有时候有 2 个中间商，有时候甚至是 2 个以上的中间商；有时候只有批发商，有时候只有零售商，有时候只有物流配送商，有时候则是包含有多种类型的中间商组合。所有这些演进和结构都来源于分工的进一步深化，是分工演进推动了市场交易关系中间化和复杂化，要求市场交易方式变革，要求市场有新的中间商产生，而新的中间商出现又进一步重塑了商品流通环节，推动了市场微观结构的完善和发展，市场微观结构变化又反过来进一步提升了市场交易效率和降低了市场交易成本。

不仅如此，现实中各种交易组织的出现和演变，背后也反映了市场微观结构的变化。我们实际中能观察到市场交易组织处于不断变化和演进中，如各类集市贸易、农贸市场、商品交易会、证券交易所、期货交易所等的市场组织方式的演进（对此，张群群（1999）① 进行了详尽分析），在这些市场交易组织演进背后，实质也是市场微观结构的变动，正是市场在微观结构方面的变动，为交易组织提供了生存空间。市场微观结构的变化涉及市场交易活动在流通环节设置、交易规制、交易活动时间和空间变化以及中间商组织状态等方面的变化。

市场微观结构演化过程也是一个持续的动态过程，在不断竞争合作过程中实现合理化，这个过程是一个不断走向合理化的过程，以实现中间商资源合理配置和中间环节的合理结构，找到一个稳定合理有序的市场微观结构。

第二节 市场交易关系与市场微观结构

市场微观结构的本质内容是市场交易关系。市场交易的复杂化推动了交易关系中间化，使市场需要一个新的中间主体来协调市场交易，产生出新的交易结构。现实市场中，经济主体也都被纳入到一个交易网络关系中。市场中交易主体增多，市场规模扩大，每一个交易主体要在复杂的市场中搜寻到合适的交易对象变得越来越困难，信息不完全性则更加重了市场交易的复杂性，而且市场交易主体为了能够完成交易，往往也需要与多个主体进行交易和沟通，这些使得现代市场交易日益复杂，也推动市场交易链条的增加和演进。

市场微观结构也涉及市场交易机制。市场交易性质、交易主体和交易结构，也都会影响市场微观结构和流通中间环节的数量，乃至治理机制选择。市场交易性质维度可以从交易不确定性、交易频率以及资产专用性程度三个角度来认识（威廉姆森，2002）② ，市场微观结构会随着交易性质

---

① 张群群：《论交易组织及其生成和演变》，中国人民大学出版社 1999 年版。
② 威廉姆森：《资本主义经济制度——论企业签约与市场签约》，段毅才、王伟译，商务印书馆 2002 年版。

而出现变化。

从市场交易结构类型来看，市场结构可以分为直接交易市场结构、中间商参与的间接交易市场结构、拍卖市场结构，不同的市场交易结构的市场价格形成机制也不同。在直接交易市场中，市场主体之间通过相互间讨价还价来确定价格并完成交易，商品市场价格是交易双方之间竞争的结果；在中间商参与的间接交易市场结构中，市场主体不直接交易而是通过中间商来完成交易，商品市场价格也都由中间商确定，比如商品批发商制定一个采购价和批发价，并将这些价格向上游生产者和下游零售环节传导，或者零售商如超市制定一个固定的市场零售价格并将这个价格转移至终端消费者；在拍卖市场交易结构，则是市场参与主体各自对商品提出一个报价，通过一个独立拍卖人来确定商品市场价格并以此完成最终的交易（加巴德（Garbade），1982）[①]，这种交易，本质上也是市场主体之间直接讨价还价交易，但这种讨价还价的交易又是在一定规则下由特定第三方主持完成。

所以，我们能够看到，除了直接市场交易结构之外，后面两种市场交易结构也都依赖于一个中间性主体来完成市场交易，拍卖市场交易结构虽然没有直接的中间商参与，虽然只是一个独立拍卖人在居间主持，但实质也是借助于一个中间性主体来完成价格的制定和交易的达成。因此，我们能够看到，在现代市场交易结构中，已经越来越离不开中间商的参与。

因此，不同市场有不同市场交易结构，这些不同市场交易结构决定了市场的定价机制，而这些不同的交易机制在不同市场结构上也是各有其优势。从市场交易机制来看，具体在我国的现实农产品流通中，主要交易方式包括有传统对手交易、连锁配送交易、拍卖交易以及新兴电子商务交易，这些不同交易方式对应中间商结构也是不同。当前我国农产品流通中，仍然是以对手交易的方式为主。

一、传统对手交易

对手交易是历史悠久的传统交易方式，本质上是一种直接交易类型。在商品市场中，市场交易主体直接见面，通过相互间讨价还价来协商确定

---

① Garbade, K. Securities Markets. New York：McGraw – Hill, 1982.

商品交易价格并完成交易，价格是双方之间竞争后的均衡结果。

这一交易方式是较为传统的交易方式，相对来说交易成本较高。一是市场中交易主体需要付出更多信息成本，特别是当市场信息缺乏或信息不对称问题存在的时候，市场主体需要通过更多搜寻次数和时间来寻找交易对象；二是对手交易方式组织化程度相对低，商品交易也较为分散；三是对手交易方式之下，产品标准化程度也较低，相应地，产品交易会产生出更高的额外交易成本。

尽管如此，我国农产品流通市场中，对手交易方式仍是主流交易方式，在大量农产品批发市场中，大部分农产品都采用这一方式来确定市场价格和完成农产品交易。这一方面是与我国现有农产品生产方式和生产结构相一致，我国农业生产传统上以小规模生产为主，产品标准化程度和现代化相对落后，难以发展出现代交易方式，市场交易完成都是经由批发市场来实现。另一方面，对手交易方式也有一定路径依赖和历史传统，自古中国商业交易都是沿袭这一交易方式，无论是生产者，还是中间商，乃至消费者也都习惯于这一方式，人们已经熟悉并习惯了这一交易结构和市场文化。

二、连锁配送交易及电子商务交易

连锁配送交易则是以超市等零售端为核心，通过零售企业的订单机制、采购中心来完成农产品的交易和流通。在现实农产品流通市场中，这种市场交易方式的典型代表是连锁超市经营模式。一些大型连锁超市建立自己的采购和配送中心，直接从农产品生产环节采购农产品，然后通过超市内部物流配送体系将产品分销至各个门店。这种配送交易方式演变至今，也即是商务部大力推广的"农超对接"模式，这是一种更为简洁的连锁配送交易方式。

另外一个与连锁配送相关的交易方式，则是随着互联网兴起后的电子商务交易方式。这是一种更为直接的配送模式，其依赖核心就是一个线上电子商务平台以及线下农产品物流配送体系。在这种方式之下，买者或者消费者与卖者或者生产者甚至都不需要直接见面，消费者只需要借助在线的电子商务交易平台，也即一种新型中间商，然后由中间商或者生产者组织产品的物流配送，直接将产品点对点配送到消费者终端。这种交易方式近年来发展迅速，受到市场的青睐。

在这种交易方式中，实际上也是一个中间商市场交易结构，只不过这个物流配送中间商或者是被内化成为了企业内部一个组成部分，或者是由一个新型中间商来替代其功能，本质上看，农产品流通过程依然需要有一个中间性主体来完成。因此，尽管这种配送的交易方式被称为直接的配送，但依然有中间性功能支撑。

三、拍卖交易

拍卖市场交易结构则是市场交易主体各自对商品提出一个报价，通过一个独立的中间拍卖人来完成，本质也是不同市场交易主体之间价格竞争来最终确定一个成交价格并完成交易。这种拍卖交易的方式，相比于传统的对手交易方式，是一个较为现代的交易方式，也是更为正规化和复杂化的交易机制，涉及多个市场主体之间的多向博弈。

在这个交易关系之下，市场中的买者或卖者不仅需要关注卖者或买者的报价，也需要关注同类主体也即自身的竞争对手的报价行为。在这种交易方式下，一方面，农产品交易市场覆盖面更广，交易规模数量也更大；另一方面，这种产品交易方式也更为公开透明，市场价格形成过程是开放的，也能够反映出市场供求态势和价格形成过程；此外，拍卖交易方式往往也要求产品有较高标准化程度，这也能够降低商品交易的成本和时间，利于提高交易效率。

与此相对，这一拍卖方式也有更高门槛和要求，这限制了其推广或者也说明拍卖方式使用需要具备更高的标准和条件。其中一个重要方面是，拍卖交易方式要求农产品标准化程度很高，因为只有农产品能够达到一定规范化程度，才能对产品进行分级，并依据这个标准评级来确定商品价格。而当前，我国农产品标准化程度不高，因此，尽管有一些地区尝试引入拍卖交易，但是效果并不理想，似乎中国农产品流通市场仍不具备市场拍卖方式使用条件。

我们能够看到，我国农产品流通市场目前主流交易方式仍然是对手交易方式。以中国最大的农产品批发市场——北京新发地批发市场的交易情况来看，大部分产品交易都是在市场中进行直接现货交易，仅有姜蒜、水产、哈密瓜的少量产品采取竞价拍卖交易；此外，使用电子商务交易商户也少，其所占交易量不到 10%，对于这些商户来说，电子商户网络交易营业额所占比例不到 3%，但也有许多商户在阿里巴巴网开设网店①。此外，拍卖交易方式也已经在上海、寿光、深圳等地相继推广试行，为将来这一方式的推广积累了很好的经验，但总体上其推广和扩展受到诸多的限制。

所以，从当前我国农产品流通市场交易方式来看，理论上市场交易结构虽然有优劣、现代和传统之分，但对于现实实践，市场交易结构的形成有时候也会受到多种因素影响，而不仅仅是理论所论述的一样，其仍然有其自身合理性成分，一些看起来传统的交易方式依然能够适应这个社会和市场的需求，甚至占据了一定的主导地位。

第三节　市场交易成本与市场微观结构

中间商是市场微观的核心主体。现实农产品流通中，中间商和中间环节面临着各种挑战和问题，既有自身运营面临的问题，更多则来自社会公众对其存在合理性的质疑，将当前流通成本高企归因于中间商和中间环节。事实上，流通成本高企是一个现实问题，但也存在另外一个问题，我们也仅仅注意到流通成本高企的现实问题，而往往低估了整个流通产业带来的市场功能和产出价值，低估了中间商给产品流通和经济体系带来的价值创造。因此，如何进一步认识其在农产品流通市场中的合理性是认识农产品流通市场微观结构的关键问题。

本部分内容利用现实中对农产品流通成本的调研资料和数据来进一步认识流通成本，流通中间商、中间环节与流通成本之间的关系，包括流通成本与生产成本间的结构关系、流通中间环节在流通成本中的作用、流通各环节之间的价差问题以及流通中间环节的利润和价值创造等问题，以认识中间商在流通过程中所处的位置、角色、功能及其内生机制。从中我们发现，中间环节并非引起流通成本上升的本源，指责中间环节是不公平的，中间环节本身是市场的理性选择。从长远来看，流通中间环节越少，会带来流通成本降低，但是流通中间环节并不是越少越好，良好有效的市

---

① 冯中越等：《北京农产品流通体系与协调机制研究》，中国统计出版社 2013 年版。

场微观运行，要求有必要数量的中间环节和中间商。

一、交易成本与中间商

（一）交易成本与中间环节

社会经济活动可以大致分为生产性活动和交易性活动两类，一项经济活动的成本也可以由此分为生产成本和交易成本，其中交易成本包括交易前的成本、交易中的成本和交易后的成本，涉及签订交易合同前的信息搜寻成本、签订合同的成本和监督合同完成的成本等。

具体说来，在产品从生产到消费的流通过程中，其发生的总成本可以分为生产成本和交易成本，其中交易成本可以细分为生产者的交易成本以及消费者的交易成本（如图4－1所示）。

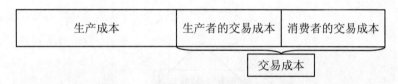

图4－1 产品从生产到消费的成本构成

从交易成本视角看，流通成本是市场交易成本的表现，是市场运行的客观存在。产品的终端市场价格并不完全取决于产品生产成本，也就是说，即使产品生产成本极低，但流通成本依然会客观存在，进而表现在消费终端上商品价格并不会必然降低，必需的流通成本是客观的，产品生产价格不会绝对影响流通成本。

不仅如此，流通成本也有不同表现形式或者是进入产品价格中方式各异，不同产品或经济活动中成本分割方式不同。对一些产品，流通成本是与生产成本完全相分离开，可以独立计算。对一些产品，流通成本是内置于产品生产成本中。因此，对于前者，现实表现出来的是流通成本极高，似乎是流通成本导致了最终价格提高。对于后者，由于流通成本内置于生产成本中，看起来流通成本较低，但这并不能否定流通成本的存在。而从交易成本自身属性看，流通成本高也并不仅仅是因为中间商或者中间环节。相反，中间商等交易组织的出现反而是被当作降低市场交易成本的重要手段。无论是科斯还是威廉姆森都曾试图从市场治理组织的角度，希望能够通过建立一系列的中间性组织来降低市场交易成本。

（二）直接交易与间接交易的再比较

事实上，对中间环节或者中间商是否增加了交易成本或者增加了多大成本，归结问题是比较没有中间商参与的直接交易与中间商参与的间接交易的交易成本，这实际上也是在比较不同市场交易结构的成本。

直接交易和间接交易成本的比较，涉及的问题可以用一个"交易成本三角模型"来直观展示（如图4-2所示），当卖者与买者进行直接交易，这个时候产品的交易没有任何中间环节，所发生的成本称为直接交易成本；当卖者与买者通过中间商而实现交易时，这个时候产品交易增加了中间环节，由此产生的成本是间接交易成本。

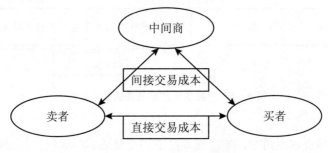

图4-2 交易成本三角模型

实际上，当市场交易从直接交易变为间接交易，也即中间商参与产品从生产到消费的流通过程。这时候，生产者、消费者、中间商之间的交易成本总和不能大于没有中间商时消费者和生产者直接交易的成本总和，否则的话，生产者和消费者之间就可以直接交易了。因此，我们能够看到，中间商总是能够降低生产者和消费者交易成本，中间商的一些活动替代了原先属于生产者和消费者的活动，而如果生产者和消费者的这些活动的机会成本大于交易的价格时，他们就会选择参与直接交易了。

更进一步，从市场交易类型来看，市场微观结构选择则涉及直接交易和间接交易的比较与选择，而这些都取决于交易成本与收益比较。对此，汤森德（Townsend，1978）[①] 通过数学模型证明，在市场交易中总是存在间接交易市场均衡，而且间接交易能够促进社会福利增进。

假定在市场中有三类主体，分别是卖者、买者和中间商。对于任何一个初始市场主体来说，他既可以选择成为买者，也可以选择成为卖者，或者是选择成为中间商。令 I 为市场参与主体的集合（我们也假定 I 是可数而且是有限），每个初始市场主体 j 属于 I，令他们初始的资源量为 K^j，在这个给定的资源量基础上，市场主体能够生产出某一类特定产品，市场主体间可以自由交易，只是每一次交易都存在交易成本，假设市场主体每一次的交易成本为初始的资源量的 m 倍（其中 m 在 0 和 1 之间），那么在这个市场中，每一次产品交易的成本就变为初始的资源量的 2m 倍了。

当这个市场中有 3 个市场主体时，每一个市场主体都会参与到产品交易中来，这个时候市场总交易成本变为初始资源量的 6m 倍了。如果市场中的 3 位参与主体有一位转变为专业的交易中间商，那么市场这个时候的交易次数便会减小，市场的交易成本变为初始资源量的 4m 倍了。从中我们能够看到专业中间商的存在有助于降低市场交易成本。

不仅如此，我们能够在市场交易中看到，中间商存在的间接交易市场均衡同样能够形成。我们假定市场中 r_i 是市场主体在生产过程中使用每单位资源（记为 y_j）所能够获得的产品数量。由此，市场中有 i 个主体的产品产出量可以表示为 $(r_i, \cdots, r_j, \cdots)$，也即是一个市场经济的生产可能的分布状态，在这之下市场的所有主体都能够专业化地生产产品并获得最大的效益，记这个经济可能的生产组合为 ϕ，其中的元素记为 θ，记 $\beta(\theta)$ 为某一个特定的经济生产组合 θ 可能出现的概率。我们假定在市场中，市场主体的行为和效用选择是服从冯诺依曼 – 摩根斯坦效用定理，所以，我们能够得出市场参与主体的效用函数可以写为：$v^j(c^j) = \int_{\theta \in \phi} \beta(\theta) U^j[c^j(\theta)]$。其中，$c^j(\theta)$ 为市场主体 j 在某一个特定的生产组合状态 θ 之下所消费的产品。而当市场主体在生产出各自的产品之后，会在市场中相互交易，进而形成一个新的配置，记集合 C 为由市场主体组成的一个联合，记 N_i 为市场主体之间直接交易的一个集合，因为每一个

① Townsend, Robert M. Intermediation with Costly Bilateral Exchange [J]. Review of Economic Studies, Wiley Blackwell, 1978, Vol. 45 (3), 417 – 425.

市场主体 j 都属于 C，由此，N_j 也是属于 C。这时候，在这个市场中，每一个市场主体都是只和市场范围内部的成员进行交换，而不与市场外部范围的主体进行交易，市场也就是这些参与市场交易的市场主体的数量的集合了。我们假设 $\varphi(M)$ 是这一市场 M 所发生的交易的次数，所以，应当满足以下两个条件：$\sum_{j \in M}(k^j - y^j) \gg (2m)\varphi(M)$；$\sum_{j \in M}(r^j(\theta) y^j) \gg \sum_{j \in M} C^j(\theta)$。

那么，我们可以认为 $\{C^j, y^j, j \in M\}$ 就是这个市场 M 的一个可行的产品交易组合了。由此，我们知道，对于一个市场，每一个市场主体在给定了一定的资源、生产技术和交易成本之后，这个市场能够最终实现产品的交易组合，也即能够找到一个市场均衡的交易状态。

而且，根据汤森德（Townsend，1978）[①] 的上述证明，给定具有相同偏好、风险偏好程度以及初始资源的市场主体所形成的经济交换中，专业中间商的介入，也能够使得市场的产品交易达到一个均衡，当市场各个主体是进行合作博弈时，市场可以外生地产生出一定数量的市场主体成为专业中间商，整个市场交易也都会通过这些中间商来实现，当市场各个主体是进行非合作博弈时，中间商就不是外生出来而是市场中的这些主体之间内生出来，一些市场主体会主动选择成为专业中间商，这个时候的市场均衡是由这些内生的中间商和其他市场主体之间的交易均衡来实现，而且，市场交易形式也是多样的，市场中间商既可以是横向的排列形式，也即市场主体可以选择与某一个特定中间商来交易，市场中间商也可以是纵向的层级结构，也即市场主体可能会借助于一个层级的中间商来完成最终交易，无论是哪一种中间商结构，市场都可以获得有效率的结构类型，所以，很多时候，我们能够看到，中间商参与的间接交易是有效率的，是能够降低交易成本的，是对直接交易的一个效率改进（汤森德（Townsend），1978）[②]。

因此，从上面这些可知，中间商参与市场交易的间接交易是被当作为降低市场交易成本的一种市场类型，其能够在市场中内生出来，中间商结构组合也是多样的，进而会产生出多样市场交易环节结构，而由此形成的

①② Townsend, Robert M. Intermediation with Costly Bilateral Exchange [J]. Review of Economic Studies, Wiley Blackwell, 1978, Vol. 45 (3), 417 – 425.

市场均衡也是一个市场效率改进。所以，现实中，我们将较高的流通成本归咎于流通环节的多寡，归结于中间商并期望通过降低流通层级来降低流通成本，进而降低终端商品价格，使消费者获得福利，这也是存在风险的。不仅如此，流通中间环节的减少也可能会意味着产品生产主体在市场中的联合或者是因此能够获得强势地位，这时候在市场中生产商有着更大的话语权，同样结果是，在终端商品市场中，商品价格并不会有太多降低，反而会带来更多的市场效率损失。

二、交易成本与生产成本：流通成本比重上升

按照产品的流通过程，某一项产品流通的成本可以分为生产成本和交易成本。随着社会产业发展，交易成本或者说流通成本在产品价格中的比重高于生产成本已成为产品流通发展的"新常态"，流通成本与生产成本结构比例关系已经发生变化，产品价值创造过程也正日益从生产环节向流通领域转移。事实上，"生产时间只占5%左右，流通时间占据95%"。从美国发展经历看，美国自20世纪90年代同样经历过生产成本和流通成本之间的转变，美国社会消费每1美元中有41美分属于生产领域，其余59美分则属于流通过程，即全部流通费用占产品市场价格比例接近60%[1]，而从产品流通费用率（消费者最终支付价格与产品出厂价格之间差额占最终消费价格比率）来看，国外市场的消费品流通费用率平均都在40%左右[2]。从美国农业部公布的农产品流通的价格数据我们也可以看到，美国农产品的成本在发生显著改变，农产品生产成本所占的比例正在变小，而非生产性成本诸如劳动力、能源、包装、广告、交通运输等流通成本所占农产品零售价格的比例已经超过了75%。

具体到我国农产品流通过程中，流通环节的重要性日益凸显，流通成本在产品成本中比重不断增加，已成为产品和价格形成中的重要因素，对于一些产品来说，其在总成本和总价格中的比重超过了生产成本。

早在1994年农业部对京津沪等蔬菜价格调查中发现，流通成本占价

---

① 李志强：《现阶段中国市场流通费用及交易成本研究》，载于《科学·经济·社会》2011年第4期。

② 郭彩萍：《是是非非进场费　我国流通费用率远高于国外水平》，载于《国际商报》2011年7月28日。

格比例达 60% ~ 80%。而随着现代科学技术的发展和普及，产品生产技术和生产效率不断提高，更是使得产品生产成本日益降低，整个产品价值创造过程正日益从生产环节向流通领域转移，相应地，流通成本在产品成本中所占的比重也不断上升。2008 年农业部的调研数据显示，粮食、蔬菜流通成本占总成本的比重分别达到 33.01% 和 57.43%[1]，蔬菜的流通成本都超过了生产成本。而从广州市蔬菜（广州江南公司的大白菜、胡萝卜、黄瓜、西红柿、茄子、土豆）流通成本数据来看，蔬菜最终零售价格与最初收购的价格差在 76.05%，流通成本在产品价格中的比重占绝对地位[2]。

流通成本在产品价格中的比重日益提升，在不同的产品类型中也呈现出不同特点，一些产品呈现出流通成本的绝对上升，而另一些产品则表现出流通成本的相对上升[3]，具体说来：

一方面，一些产品生产成本下降，流通成本却呈现上升趋势，流通成本在价格中的比重超过生产成本，生产成本占产品成本比重下降显著，远小于产品流通成本比重。

比如蔬菜。经济学家马光远认为，蔬菜价格中所占比重较大的就是流通环节，其流通成本高达 70%[4]，农业部 2008 年对尖椒、油菜等几类蔬菜流通过程进行跟踪调查，该调研数据显示，蔬菜的主要价格成本为流通成本，流通成本占总体成本比重已超过了蔬菜种植的生产成本，根据实地调研数据，蔬菜主要经营环节可分为生产种植和流通环节，其中流通环节可分为加工经销（包括收购、产地批发、运输、一级批发、二级批发）及零售环节（包括农贸市场、超市），2008 年每斤蔬菜所有成本之和平均为 2.02 元，其中生产成本为 0.86 元，占总成本的比例为 42.57%，而流通成本为 1.16 元，占总成本比例为 57.43%[5]。

又如小麦。农业部 2008 年就小麦生产、收购、运输、批发、零售等全过程进行专项调查，该调研数据显示，2008 年小麦流通成本所占总成

①⑤ 农业部调研组：《农产品价格形成及利润分配调查》，载于《农民日报》2008 年 4 月 29 日。

② 文晓巍：《农产品供应链流通成本与相关主体利益匹配：广州证据》，载于《改革》2011 年第 8 期。

③ 宋则：《关于生产与流通成本结构变化的研究——商品流通成本绝对上升和相对上升的新趋势》，载于《价格理论与实践》2012 年第 7 期。

④ 发改委：《流通成本占我国最终菜价已达1/2》，载于《北方蔬菜报》2010 年 12 月 19 日。

本比例超过生产成本，生产成本所占总成本比例为 21%，而流通成本所占比例为 79%，其中经销环节和零售环节成本所占比例分别为 59% 和 16%①。

甚至一些非农产品也有类似特点。以山西煤炭为例，在煤炭流通过程中，每一吨煤炭煤矿需要交纳煤炭价格 2.5% 的服务费，公路运输煤矿需交纳 1.5% 的管理费，火车运输煤矿需交纳 4% 的代销费，另一方面，山西煤炭流向外省，还要另外交纳"出省费"，此外，加上本已高企的运输成本更使得煤炭运输和流通成本不断提升，在煤炭终端价格的比重不断提高，2009 年山西煤炭到华东的流通费用已达到煤价的 62%②。

另一方面，一些产品流通成本比重呈现相对上升。比如肉鸡和玉米。2008 年国家农业部调研了肉鸡价格形成过程，肉鸡从生产到零售要经过生产、加工和零售等环节，数据显示，2008 年肉鸡主要成本为生产成本，所占总成本比例为 76.67%，流通成本所占比例为 23.33%③。与此同时，肉鸡流通成本也呈现上升趋势，2008 年加工环节成本相比 2007 年增加了 7.1%，零售环节成本相比 2007 年增加了 7.9%。2008 年农业部就吉林到广东玉米价格形成的生产、收购、运输、批发、零售等全过程进行专项调查显示流通成本所占比例也在不断上升④。

此外，在医药行业中，药品流通成本所占比重同样日益上升，医药流通成本（包括运输、配送、仓储、流通加工）占医药成本的比重平均为 12.56%，部分药品的流通成本占总成本达 40%，且呈现上升趋势⑤。对一般工业品，一些产品流通成本占总价格比例也接近 50%⑥。

因此，一个不可回避的现实是，农产品流通成本与生产成本之间的结构比例关系已发生变化，在农产品价格中，流通成本所占的比重高于生产

---

① 许世卫、张峭、李志强、王川、李哲敏、李干琼、王启现、董晓霞：《番茄价格形成及利润分配调查报告》，载于《农业展望》2008 年第 5 期。
② 王秀强：《30 余种税费绑架煤价　中间环节占电煤成本超 50%》，载于《21 世纪经济报道》2011 年 6 月 17 日。
③ 翟雪玲、韩一军：《鸡肉价格形成及利润分配情况的调研报告》，载于《农业展望》2008 年第 5 期。
④ 农业部调研组：《农产品价格形成及利润分配调查》，载于《农民日报》2008 年 4 月 29 日。
⑤ 王冬芳：《降低流通成本是微利时代经济增长的重要源泉》，载于《生产力研究》2007 年第 11 期。
⑥ 刘导波：《我国消费品流通成本高的原因及对策分析》，载于《消费经济》2003 年第 6 期。

成本已成为流通发展的"新常态"。一方面,如果期望降低农产品终端零售价格,应在流通成本方面下功夫,更加重视对农产品流通环节的支持。另一方面,城市居民或许在未来很长一个时间段,需要接受并转变观念承担这个产品流通成本,适应这个流通发展的"新常态",如果期望如同过去一样享受低价的产品,那也需要外部的财政和收入支持,如政府对流通成本的承担和补贴等。

表4-1　　　　　广州蔬菜供应链的流通费用　　　　　单位:元/斤

项目	产地到江南公司	江南公司到二级批发	二级批发到农贸市场	合计
成本	0.857	0.3896	0.7436	1.9902
价格差	0.6802	0.7334	1.2036	2.6172
成本/价格差	126%	53.12%	62.81%	76.04%
成本/总成本	43.07%	19.58%	37.26%	100%

资料来源:文晓巍:《农产品供应链流通成本与相关主体利益匹配》,引自《广州证据》,载于《改革》2011年第8期。

表4-2　　　　　蔬菜不同经营环节成本　　　　　单位:元/斤

时间	生产环节	加工经销环节	零售环节	成本合计
2008	0.86	0.39	0.77	2.02
2007	0.61	0.36	0.59	1.56

资料来源:农业部调研组:《农产品价格形成及利润分配调查》,载于《农民日报》,2008年4月29日。

表4-3　　　　　蔬菜不同环节成本分配比例　　　　　单位:%

时间	生产环节	加工经销环节	零售环节
2008	42.57	19.31	38.12
2007	39.10	23.08	37.82

资料来源:同表4-2。

表 4 - 4　　　　　　　　　蔬菜生产环节的成本

时间	2008 年	2007 年	同比增加	增长比例（%）
售价（元/斤）	1.02	0.67	0.35	52
成本（元/斤）	0.86	0.61	0.25	41
利润（元/斤）	0.16	0.06	0.10	167

资料来源：同表 4 - 2。

表 4 - 5　　　　　　　　　蔬菜加工与经销成本

时间	2008 年	2007 年	同比增加	增长比例（%）
售价（元/斤）	1.7	1.22	0.48	39
进价（元/斤）	1.02	0.67	0.35	52
成本（元/斤）	0.39	0.36	0.03	8
利润（元/斤）	0.29	0.19	0.10	53

资料来源：同表 4 - 2。

表 4 - 6　　　　　　　　　蔬菜零售过程的成本

时间	2008 年	2007 年	同比增加	增长比例（%）
售价（元/斤）	4.37	3.08	1.09	35
进价（元/斤）	1.70	1.22	0.48	39
成本（元/斤）	0.77	0.59	0.18	31
利润（元/斤）	1.70	1.27	0.43	34

资料来源：同表 4 - 2。

表 4 - 7　　　　　　　　　2008 年小麦环节的成本

环节	生产	收购	加工经销	零售
成本（元/斤）	0.6	0.68	0.9749	0.45
各占比例（%）	21	24	35	16

资料来源：同表 4 - 2。

表4-8 每只肉鸡各个环节平均成本 单位：元/只

时间	养殖	加工	零售	合计
2008 年	24.74	5.89	1.64	32.27
2007 年	19.07	5.5	1.52	26.09

资料来源：同表4-2。

表4-9 每只肉鸡各个环节平均成本比例 单位：%

时间	养殖	加工	零售
2008 年	76.67	18.25	5.08
2007 年	73.09	21.08	5.83

资料来源：同表4-2。

表4-10 农户肉鸡养殖成本 单位：元/只

项目＼时间	2008 年	2007 年
总成本	24.74	19.07
鸡苗	5.60	3.73
饲料费用	15.60	12.10
防疫、治疗和消毒费用	1.50	1.50
水电费	0.06	0.06
人工费	0.73	0.55
燃料费	0.80	0.68
鸡舍以及设备折旧费	0.44	0.44
土地费用	0.01	0.01
总收益	25.86	20.47
粪便收入	0.10	0.10
毛鸡出售收入	25.75	20.37
利润	1.11	1.40

注：鸡苗购入价格为5.5元/只，成活率98%。

表 4 - 11　　　　　　　　　肉鸡加工环节成本费用　　　　　　　单位：元/只

时间　　　　项目	2008 年	2007 年
总成本	31.64	25.87
毛鸡收购支出	25.75	20.37
收购运输费用	1.50	1.50
费用支出	4.40	4.01
其中加工费用	2.74	2.40
其中人工费用	1.21	1.05
包装费用	0.58	0.44
水电费	0.14	0.12
燃料费	0.04	0.04
固定资产折旧	0.06	0.04
物料消耗	0.10	0.10
修理费	0.03	0.03
管理费用	0.30	0.14
劳保支出	0.05	0.01
财务费	0.20	0.20
检疫费	0.15	0.11
周转冷库费	0.30	0.10
销售费用	1.65	1.61
总收益	34.13	31.05
利润	2.49	5.17
新增成本	5.89	5.50

资料来源：同表 4 - 2。

表 4 - 12　　　　　　　　　肉鸡零售过程成本费用　　　　　　　单位：元/只

时间　　　　项目	2008 年	2007 年
总成本	35.53	32.37
购进鸡肉支出	33.93	30.85
新增成本	1.64	1.52

续表

项目 时间	2008 年	2007 年
折旧费	0.70	0.70
人工费	0.60	0.48
水电费	0.34	0.34
总收益	39.02	34.70
利润	3.45	2.33

表 4 – 13   玉米流通环节的成本

环节	生产	收购	储备	运输	销售
成本（元/斤）	0.674	0.02	0.045	0.152	0.0195
各占比例（%）	74	2.2	4.9	16.7	2.1

资料来源：同表 4 – 2。

三、流通成本的再认识

"流通成本"是一个经常被提及也是一直困扰人们的问题，可现实中对于这个问题我们并没有能够很好地回答，对流通成本的认识或许还需回归到交易成本概念上来再认识。

（一）本质是一定消耗补偿

流通成本，首先表现为一种成本类型，而成本在本质上是一种消耗补偿。在马克思主义经济理论中，"每一商品价值 W，用公式表示 W = c + v + m，（c + v）这个部分即所消耗的生产资料价格和所用劳动价格部分，是补偿商品资本家自身耗费的东西"[①]。

在西方经济学里面，成本也被看成是一种预付或者是生产费用。古典经济学家配第认为成本是一种自有资本预付包括资本家购买土地、农业劳动者从事农业耕作等。魁奈、斯密、李嘉图等也都认为成本的补偿在于资

———————

① 马克思：《资本论》（第 3 卷），人民出版社 1975 年版，第 30 页。

本垫付，如斯密指出"劳动者对原材料增加价值，其中一部分支付劳动者工资，另一部分支付雇主利润来报酬他垫付原材料和工资那部分资本"①。萨伊、马尔萨斯、马歇尔等经济学家也都将成本理解为一种"生产费用"，如马歇尔指出"所有劳作和资本牺牲加一起，就叫作商品实际成本"②。

因此，流通成本也相应是一种消耗补偿，这一点在马克思主义的流通理论中更加明显。在马克思理论中并没有流通成本的概念，而是流通费用的概念。马克思认为流通费用是商品流通过程中的各种耗费，包括与商品实体运动有关的费用和与商品价值转换有关的费用，亦称为"生产性流通费用"和"纯粹流通费用"③，纯粹流通费用包括买卖所需要时间、簿记费用④。总体上，流通费用是一种消耗，是"能量的消耗不转化为热，是热的一种扣除"⑤。

（二）市场运行的固有成本

从市场交易角度看，流通成本是市场运行的固有成本，是利用市场机制的成本，也是现实市场运行的摩擦成本。本质上，流通成本是客观存在的。产品在流通环节上的成本并不取决于产品生产成本，即使产品生产成本大幅降低，但流通成本依然会客观存在，进而表现在消费终端上商品的价格并不会必然降低，必需的流通成本是客观存在，即使是以交易成本为核心的交易成本经济学理论，也只是在尝试通过组织方式来降低交易成本而不是完全消灭之。

对交易成本的研究被认为最早是源自科斯，其在1937年提出利用市场价格机制是有成本的，并将交易成本分为价格发现成本、谈判和签约成本等⑥，之后，科斯更细致地提出，在完成市场交易过程中"有必要发现和谁交易、告诉人们自己愿意交易及交易条件是什么，要进行谈判、讨价还价、拟订契约、实施监督保证契约条款履行等，这些工作通常要花

① 亚当·斯密：《国民财富的性质和原因的研究（上）》，郭大力、王亚南译，商务印书馆1972年版，第43页。
② 马歇尔：《经济学原理（下册）》，陈良璧译，商务印书馆1983年版，第31页。
③ 马克思：《资本论》（第2卷），人民出版社1975年版，第149页。
④ 马克思：《资本论》（第2卷），人民出版社1975年版。
⑤ 马克思：《资本论》（第2卷），人民出版社1975年版，第147页。
⑥ 科斯：《企业、市场和法律》，盛洪、陈郁译，上海三联书店1990年版，第91页。

费成本"①。随后阿罗（Arrow，1969）② 使用了"交易成本（transaction cost）"概念，达尔曼（Dahlman，1979）则从合约建立过程来说明交易成本，交易双方达成合约在传递信息过程中将产生交易成本，这包括获得信息成本、讨价还价成本、执行合约成本③。

进而，沿着这个逻辑形成了以交易成本为核心的交易成本经济学派，对他们来说，正是因为交易成本才需要有各种各样的组织以此来替代市场，他们也是从这个逻辑来研究各种组织以及组织治理结构，寻找到一种能够最小化成本的组织形式。威廉姆森（2002）④ 认为交易成本是"经济系统运转要付出代价或费用"，是市场有效运行所带来的必要的成本，是"经济世界中的摩擦力"和"维护与运行和从贸易中获取利益相关的制度结构的资源消耗"，从而解释了"为什么有些交易在市场中完成，而有些交易在企业中完成"⑤。

总体上看，交易成本作为市场运行一种固有成本不断被人们所认识，交易成本经济学派期望通过组织的形式来如一体化来规避交易成本，但是这往往又会带来相应的组织成本问题，因此，对于维持市场运行来说，交易成本是与生俱来的代价。

（三）市场本身固有属性和特征促使交易成本产生

市场经济的重要特征就在其不确定性，这种不确定性导致了交易成本的产生。在市场交换之中，参与主体面临不确定的交易对象、不确定的产品和服务质量、不确定的产品和服务价格以及更不确定的市场供求关系。

面对这些不确定性，经济主体自身有限理性，也即经济主体在经济活动中的认识能力是有限的，这使得他们必须承受其所带来的诸多成

---

① 科斯：《财产权利与制度变迁》，刘守英译，上海三联出版社、上海人民出版社1994年版，第20页。

② Arrow, Kenneth. The Organization of Economic Activity in The Analysis and Evaluation of Public Expenditure: The PPB System, Vol. 1, US Joint Economic Committee, 91st Congress, 1st session, Washington, DC: US Government Printing Office, 1969, 59 – 73.

③ Dahlman, C. J. The Porblem of Extemality. Jounral of Legal Studies. 1979 (22): 141 – 162.

④ 威廉姆森：《资本主义经济制度——论企业签约与市场签约》，段毅才、王伟译，商务印书馆2002年版。

⑤ Williamson. O. E. Transaction cost economics: the governance of contractual relations [J]. Journal of Law and Economics, 1975, (22): 233 – 261.

本。一方面，经济主体在获取确定信息以降低这种不确定性过程中需要付出相应的信息搜寻成本；另一方面，即使通过种种努力，这种不确定性也并非能够被完全消除。如威廉姆森（1985/2002）所说"理性有限性是不可避免的现实问题，需要我们正视为此付出的各种成本包括计划成本、适应成本、监督成本"①，更进一步，现实生活中的人是"契约人"，"契约人"往往带有有限理性和机会主义的局限，这使得市场行为中存有各类交易成本。

因此，交易成本的存在并非是人为规范和设计的结果，相反，其植根于人的有限理性和市场本身的不确定性之中。

（四）专业化和社会分工推进的必然结果

随着市场经济向前发展，分工越来越细，专业化越来越深化，市场交易层次也越来越复杂，市场运行的交易成本相应就越来越高。现实当中，流通成本不断提升在一定程度上也是市场分工、市场交易和产品流通复杂化和多元化的结果。

分工的复杂化会带来交易成本的增加。诺斯（1994）认为"专业化的收益越高，生产的环节就越多，交易成本也就越高"②，经济社会的分工和专业化水平越高，那么市场交易就越会在相对没有关系的陌生人之间发生，由此，交易的完成就要求各个主体付出更多的搜寻成本③。不仅如此，杨小凯等（2003）也认为分工水平提高会增加交易成本，这包括外生的交易成本和内生的交易成本，外生的交易成本是交易之外就存在的成本，内生的交易成本是因为各种因素分工本身的利益不能被充分利用而产生的福利损失④。韦森（2002）也认为交易成本上升有着必然性，"交易成本……是交易和市场交换促进力量"⑤。

---

① 威廉姆森：《资本主义经济制度——论企业签约与市场签约》，段毅才、王伟译，商务印书馆2002年版。
② 诺斯：《经济史中的结构与变迁》，陈郁译，上海三联书店1994年版，第230页。
③ Wallis and North, 1986, Measuring the transaction sector in the American economy, 1870 - 1970, In Long - Term Factors in American Economic Growth, edited by Stanley L. Engerman and Robert E. Gallman. University of Chicago Press.
④ 杨小凯、张永生：《新兴古典经济学与超边际分析》，社会科学文献出版社2003年版，第169页。
⑤ 韦森：《难得糊涂的经济学家》，天津人民出版社2002年版，第162～184页。

（五）一种市场保障机制和促进力量

交易成本是市场摩擦的成本，但从另一个方面来说，也是这个市场持续运行的保障机制和促进力量。"交易成本……是交易和市场交换促进力量"，是一种对于交易运行的保障机制（韦森，2002）①。威廉姆森（1985/2002）也认为交易成本如同"经济世界中的摩擦力"一样，是一种为促进交易进行的必要付出，其保障了市场交易的有效运行和市场效益正常获得。因此，若要维持现行市场经济，并不在于消除交易成本而只是在一定程度上减小成本。

四、小结

从上述对流通成本的分析，我们可以得出以下几点启示：

第一，现实中我们仅仅注意流通成本高企的现实问题而往往低估了整个流通产业带来的市场功能和产出价值，低估了中间商给产品流通和经济体系带来的价值创造。

第二，流通成本是市场交易成本的表现，是市场运行客观存在，是产品价格的必要组成部分，并不仅仅是因为中间商或者中间环节。中间商等交易组织的出现反而是被当作为降低市场交易成本的重要手段，中间商的一些活动替代了原先属于生产者和消费者的活动，市场交易中总是存在间接交易市场均衡，这一中间商参与的间接交易是对直接交易的一个效率改进，能够降低交易成本，增进社会福利。

第三，从交易成本属性看，流通成本是客观存在的，其本质上是一定消耗的补偿，是市场运行的固有成本，是利用市场机制的成本，是现实市场运行的摩擦成本，其根植于人的有限理性和市场本身的不确定性之中。特别是随着社会分工越来越细，专业化越来越成熟，市场交易层次也越来越多，市场运行的交易成本就越高，流通成本的提升在一定程度上也是产品流通复杂化和多元化的结果，其保障了市场交易的有效运行和市场效益正常获得。

第四，农产品流通成本与生产成本结构比例关系已经发生了变化，流

---

① 韦森：《难得糊涂的经济学家》，天津人民出版社 2002 年版，第 162～184 页。

通成本在产品价格中的比重高于生产成本已成为流通发展的"新常态"，产品价值创造过程正日益从生产环节向流通领域转移，市场主体乃至政府机构需要适应这个流通发展的"新常态"。一方面，如果期望降低农产品终端零售价格，应更重视对农产品流通环节支持。另一方面，城市居民或许在未来很长一个时间段，需要接受并转变观念承担这个产品流通成本，如果期望如同过去一样享受低价产品，那也需要外部的财政和收入支持如政府对流通成本的承担和补贴等。

第四节　中间环节的价差分析

现实中，对流通成本和中间环节讨论的另外一个焦点则是中间环节之间价差的认识。从产品价格形成路径看，产品从生产到消费流通过程，在不同环节上形成不同的价格，价格也从初始的生产价格变为终端的零售价格（也即消费者支付的价格）。当前人们将流通问题的矛头指向中间商和中间环节，也即来源于对不同环节之间价差的认识，认为是这些中间环节使得产品的价差存在并持续扩大，并相信正是这个价差导致了消费终端产品价格上涨和社会福利的受损。因此，如何认识不同中间环节之间的价差，认识产品生产价格和零售价格的价差，分析整个产品价格传递路径，分析中间商在这个价格传递中的位置和角色，也成为认识中间商和市场微观结构重要内容之一。

一、整体价格形势：农产品价格非线性波动

产品从生产到消费环节上的价格变化，涉及多个主体包括生产者、各级中间商、消费者。很显然，各个环节上的价格上涨和波动会影响到这些主体利益，但这种影响对各个主体来说可能是不同的方向。

为了分析中间环节上的价格形成和传递路径，我们首先分析了不同中间环节上的价格波动情况，选取了中间环节上的生产环节、批发环节和零售环节上的价格指数，以展示各个环节上的价格变化情况。基于分析目的和数据可得性，农产品生产价格指数是根据中国人民银行公布的企业商品价格指数中的农产品生产价格数据整理计算，农产品批发价格指数则来自

农业部信息中心定期公布的价格指数数据，农产品零售价格数据则是以国家统计局公布居民消费价格指数中得到食品类价格数据计算整理而得。

从图4-3可知，2007年以来，我国农产品价格总体上波动频繁，呈非线性波动特征，整体上价格呈现上涨趋势。在这之中，不同环节的价格波动趋势不一样，农产品价格零售价格波动更为频繁、震荡幅度也更大，相对来说，生产价格指数和批发价格指数震荡幅度较小、价格变化敏感度小。

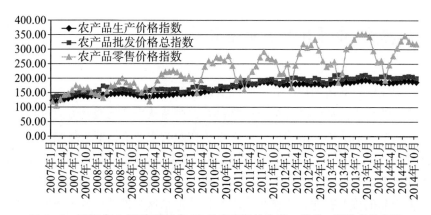

图4-3　2007年1月到2014年10月农产品的生产、批发、零售价格指数

注：农产品生产价格指数是根据中国人民银行公布的企业商品价格指数中的农产品生产价格数据整理计算，农产品批发价格指数则来自农业部信息中心定期公布的价格指数数据，农产品零售价格数据则是以国家统计局公布居民消费价格指数中得到食品类价格数据计算整理而得，价格数据均以2000年为定基期。

二、中间环节价格传递路径及价差

价格传递也即价格形成过程，是产品流通过程中一个环节主体为下一个环节主体制定转移价格的过程，也即每一个环节上的价格生成过程。从产品价格生成路径来看，在一个包含有批发商、零售商等中间性主体市场的微观结构中，价格传递大致经历了生产价格——批发价格——零售价格等环节（见图4-4）。产品生产者制定一个生产价格，以这个价格出售给批发商，批发商按生产价格获得产品之后则加成制定一个批发价格，并以这个价格将产品转移给零售商，零售商则按批发价格获得产品并加成后设定一个零售价格，并将这个价格转移给消费者，也即是消费者最终所需要支付的价格。

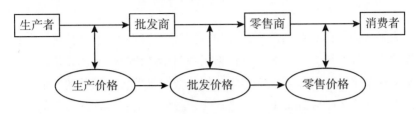

图4-4　产品价格生成和传递路径

　　从价格形成内容看，每一环节上的价格都由生产成本和本环节费用和利润构成，生产价格包括生产成本和生产者利润，批发市场价格则包括批发商收购价格和批发商成本与利润，零售市场价格则包括零售商批发价格和零售商成本与利润。所以，批发零售环节之间的价差也是产品从生产者到消费者流通体系的成本和利润，包括流通成本以及中间商自身利润。

　　从价差内容上看，产品流通过程中，商品价格在不同环节之间生成和传递，在每个流通环节中都会形成一个新的价格转移给下一个环节，最终形成一个商品零售价格并由消费者支付。这些不同环节价格之间的价差（Price spread）则反映不同环节流通过程、服务和价值创造以及各个主体之间利益分配的状态。

　　这个价差还可以细分为生产者批发商价差以及批发商零售价格价差，这也就将总的流通成本和利润分解为，批发商的成本和利润以及零售商的成本和利润。通常，我们关注三个价差指标：一是从生产环节到批发环节的批发价差，也即批发价格与生产价格的价差（有时候，因为流通环节包含有2个以上的批发环节，由此产生出多个批发价差）；二是从批发环节到零售价格的零售价差，也即零售与批发价格的价差；三是由生产环节传递到零售环节的生产零售价格，即零售与生产价格的价差。

　　而且，我们能够看到，这个价差对于消费者、生产者和中间商有显著影响。因为从价格生成的等式看，消费者零售价格＝生产价格＋批发零售价差，所以批发零售环节之间价差越高，消费者获得价格就越高。而生产者生产价格＝零售价格－批发零售价差，所以批发零售环节之间价差越高，生产者获得价格就越低，这也是环节之间价差受到广泛关注的原因所在。

三、中间环节价差的几个基本特征

为了认识我国农产品流通过程中不同环节之间价差变动情况，我们将批发和生产环节价差定义为批发价格指数与生产价格指数的差值，将零售和批发环节之间的价差定义为零售价格指数和批发价格指数的差值。具体数值上，选取了中间环节上的生产环节、批发环节和零售环节上的价格指数，以展示各个环节上价格变化情况。基于分析的目的和数据可得性，农产品生产价格指数是根据中国人民银行公布的企业商品价格指数中的农产品生产价格数据整理计算，农产品批发价格指数则来自农业部信息中心定期公布的价格指数数据，农产品零售价格数据则是以国家统计局公布居民消费价格指数中得到食品类价格数据计算整理而得。

（一）非线性震荡趋势

依据本书选取的 2007 年 1 月至 2014 年 10 月共计 94 个月的我国农产品生产价格指数、农产品批发价格指数和农产品零售价格指数，我们分别计算了 2007 年 1 月至 2014 年 10 月共 94 个月我国农产品批发生产价格指数价差和零售批发价格指数价差（见图 4-5）。

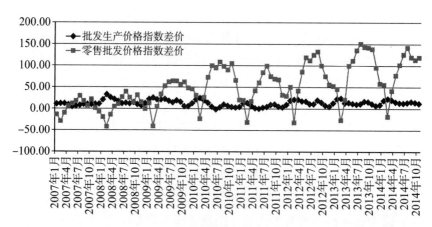

图 4-5 2007 年 1 月至 2014 年 10 月农产品生产、批发、零售价格指数差价

注：农产品批发生产价格指数的差价和零售批发价格指数差价分别依据各个流通环节的价格指数计算而得，其中，农产品生产价格指数是根据中国人民银行公布的企业商品价格指数中的农产品生产价格数据整理计算，农产品批发价格指数则来自农业部信息中心定期公布的价格指数数据，农产品零售价格数据则是以国家统计局公布的居民消费价格指数中得到食品类价格数据计算整理而得，价格数据均以 2000 年为定基期。

从计算结果可知，2007年1月至2014年10月共94个月农产品批发生产价格指数差价和零售批发价格指数差中，无论是批发生产差价，还是零售批发价差都呈现不规则的线性震荡趋势。零售批发环节差价最高值出现在2013年7月，达到149.39，最低点则是出现在2008年2月，为-42.43。批发生产环节差价最高值则出现在2008年2月，为33.10，最低点则出现在2010年6月，为-1.10。总体上看，我们看到农产品不同环节之间价差呈现出非线性波动特征，这也反映出近年来我国农产品价格的波动趋势。

（二）零售批发环节价差震荡幅度大于批发生产环节价差

从具体数值来看，在2007年1月至2014年10月共94个月中，我国农产品批发生产价格指数价差的月度均值为13.22，而零售批发价格指数价差的月度均值则为51.79。从中，我们能够看到，批发环节价差变动幅度相对较小，而零售环节价差波动幅度则远远大于批发环节。这从图4-5中我们也可以直观看出，相比于批发生产价格指数价差，零售批发价格指数价差的波动更为频繁，振幅更大。

批发环节价差的波动要小于零售环节的价差波动这与批发环节和零售环节各自的经营特征相关，因为批发环节更多是依靠大规模的销售量而不是价格来控制经营，批发商更多是通过数量大规模的交易而不是价格来竞争，零售环节则更多是依靠精细的价格控制和管理来经营，零售商对于价格更为依赖，也具有更强的价格调整能力；而且零售商的销售甚至具有区域的空间垄断性，能够有一定价格垄断势力，这些使得零售商对于价格极为敏感，也有着更强的价格调整和适应能力。由此，当生产价格或者其他因素导致农产品价格波动之后，批发环节对于价格的反映可能会出现迟滞，而零售价格为了应对市场的变化，往往能够迅速的调整价格，表现在价格的变化幅度上，我们就能够看到零售环节的价差振幅要高于批发环节。

（三）批发环节价差与零售环节价差变化呈现反向波动特征

从价差的变动方向上看，2007年以来，我国农产品流通的批发生产价差与零售批发价差呈现反向变动特征，一段时间内批发生产价差增加，则零售批发价差则减小，而批发生产价差减小，则零售批发价差增加。

这一特征从图4-5中也可以直观看出，往往批发生产价差达到一个峰值的时候，零售批发价差则达到一个谷底，特别是 2008 年 2 月，零售批发环节价差达到最高值，而批发生产环节的价差则达到最低点。具体绝对数值方面，从表 4 - 14 分时段的价差均值变化情况也可以看出，大致上批发环节和零售环节价差的均值都是呈现反向变动的方向发展。

表 4 - 14　　　　　分时段批发环节价差和零售环节价差均值及变化趋势

时间段	批发环节价差均值	趋势	零售环节价差均值	趋势
2007. 1 ~ 2007. 10	9. 7	减少	5. 72	增加
2007. 11 ~ 2008. 4	21. 00	增加	- 12. 19	减少
2008. 5 ~ 2009. 11	15. 44	减少	30. 71	增加
2009. 12 ~ 2010. 2	16. 03	增加	25. 34	减少
2010. 3 ~ 2010. 11	7. 11	减少	84. 51	增加
2010. 12 ~ 2011. 2	9. 81	增加	1. 91	减少
2011. 3 ~ 2012. 8	11. 02	增加	66. 92	增加
2012. 9 ~ 2013. 2	14. 94	增加	50. 74	减少
2012. 9 ~ 2013. 2	14. 94	增加	50. 74	减少
2013. 3 ~ 2013. 10	13. 38	不变	117. 75	增加
2013. 11 ~ 2014. 2	14. 88	增加	47. 50	减少
2014. 3 ~ 2014. 10	16. 27	减少	104. 92	增加

四、美国农产品生产价格和零售价格的价差

农产品流通的流通环节问题、流通成本问题、环节之间的价差问题，不仅仅是在中国存在，在美国同样存在有类似问题。美国早在 20 世纪初便已经出现了农产品流通的中间环节问题，并引起了社会的关注和讨论。1900 ~ 1930 年美国经历农产品大萧条，一些人认为是中间商利润的增加导致了农业的萧条①。沃伦和皮尔森（Warren and Pearson，1928）② 认为

① Henry I. Richards, Middlemen's Margins as a Cause of the Agricultural Depression [J]. Journal of Farm Economics, Vol. 12, No. 4 (Oct. , 1930), pp. 523 - 551.

② G. F. Warren and F. A. Pearson, Interrelationships of Supply and Price (Bul. 466, Cornell Univ. Agric. Exp. Sta. , Mar. , 1928).

美国农产品生产价格和零售价格之间过大的价差导致了农业 20 世纪 20 年代大萧条，也即农产品流通成本（market cost）增加导致了当时农业大萧条。但也有学者指出并不能认为流通成本相对高是导致农业大萧条的主要因素[①]。1921 年美国农业部，国会等机构便开始专门研究农产品流通环节问题，美国国会 1964 年成立全国农产品市场委员会（National Commission on Food Marketing）研究这一问题。

农产品流通环节之间的价差是农产品流通的共有特征。有关农产品生产价格和零售价格之间的价差，美国农业部（Department of Agriculture）有两套指标体系来表征，一是通过市场篮子（market basket）商品的价值测算，比较生产价格与零售价格的价差大小以及生产者获得的份额占整个终端消费支出的比例。二是农产品流通成本（food marketing bill），这是研究美国消费者在国内农产品上的消费支出与美国农民从这些农产品消费支出中获取的价值之间的差额，这一差额实际上代表农产品流通中间环节发生的成本，估算的是诸如交通运输、商品处理、批发和零售等的成本[②]。

从数据上看，由表 4 – 15 可知，美国农产品流通中的生产价格指数与零售价格指数之间的价差也是在持续扩大，1950 年仅为 25，1990 年升至 144。相应地，美国农民在农产品流通中所获得的价格份额占零售价格的比例也在逐年下降，1950 年农民平均能获得消费者最终支付的零售价格比例为 47% 左右，1976 年大约占 38%，而到 1993 年则仅有 26%。

表 4 –15　　　　美国农产品生产价格和零售价格价差指数

年份	零售环节价格指数	生产环节价格指数	生产价格和零售价格价差	农民获得的份额占零售价格比例（%）
1950	30	40	25	47
1951	33	46	26	49
1952	34	44	28	47

---

① Henry I. Richards, Middlemen's Margins as a Cause of the Agricultural Depression［J］. Journal of Farm Economics, Vol. 12, No. 4（Oct., 1930）, pp. 523 –551.

② Marketing and Transportation Situation, issued in February, May, August, and November by the U. S. Department of Agriculture.

年份	零售环节价格指数	生产环节价格指数	生产价格和零售价格价差	农民获得的份额占零售价格比例（%）
1953	32	41	28	45
1954	32	39	28	43
1955	21	36	29	41
1956	32	36	29	40
1957	33	37	30	40
1958	35	40	32	41
1959	34	37	32	39
1960	34	38	32	39
1961	34	37	33	39
1962	34	38	33	39
1963	34	36	33	38
1964	34	36	34	36
1965	35	40	33	38
1966	37	43	34	39
1967	37	40	35	39
1968	38	42	36	38
1969	40	46	37	39
1970	42	46	40	37
1971	43	46	41	37
1972	45	50	42	38
1973	52	68	45	44
1974	60	73	53	42
1975	64	76	58	40
1976	65	72	61	38
1977	66	72	63	37
1978	74	83	68	38
1979	82	92	77	38
1980	88	97	84	37

年份	零售环节价格指数	生产环节价格指数	生产价格和零售价格价差	农民获得的份额占零售价格比例（%）
1981	95	100	92	36
1982	98	99	98	35
1983	99	97	100	34
1984	103	104	103	35
1985	104	96	108	32
1986	106	95	112	31
1987	112	97	120	30
1988	116	100	125	30
1989	125	107	134	30
1990	134	113	144	30

注：前三个价格指数以 1982－1984＝100 为基础指数。

从产品分类来看，由表 4－17 可知，美国新鲜蔬菜类产品近年来的生产价格和零售价格之间的差价也是不断在扩大，两者的价差指数从 2001 年的 100％增长至 2012 年的 142％，而生产环节所占份额比例则有小幅下降，从 1997 年的 30％下降至 2012 年的 25％。新鲜水果同样如此，生产环节在整个流通过程中所占的份额也呈现下降趋势，而且其所占的比例更低，1992 年生产环节获得的份额所占比例为 29％，2011 年仅为 25％。相对来说，牛奶、牛肉、猪肉等产品生产环节所获得的份额更高一些，大致所占比例在 40％～50％，但是生产价格与零售价格之间价差依然较大。

因此，我们能够看到，美国农产品生产价格和零售价格之间价差不断扩大，流通成本不断增加，也引起各个市场相关主体的争论。一方面，农产品生产者认为高企的流通成本导致农产品生产价格处于较低水平；另一方面，消费者则认为如此高的流通成本导致了农产品终端零售环节的高价格。因为在他们看来，消费者所支付的零售价格＝（生产价格＋差价），所以差价越高，消费者获得的价格就越高；生产者的生产价格＝（零售价格－差价），所以差价越高，生产者获得的价格就越低。从其内容来看，这个价差包括产品从生产者到消费者流通过程所发生的成本以及中间商的利润。

表 4 – 16 美国一篮子商品中各类部分所占的比例 单位：%

年份	农产品生产价值增长率	生产价格与零售价格价差增长率	零售价格增长率	农民获得的份额占零售价格比例
1983	– 1. 7	2. 3	0. 9	34
1984	6. 3	2. 8	3. 9	35
1985	– 7. 1	5. 6	1. 2	32
1986	– 1. 4	3. 9	2. 1	31
1987	2. 3	6. 1	5. 0	30
1988	3. 8	4. 7	4. 4	30
1989	6. 5	7. 2	7. 0	30
1990	5. 7	7. 8	7. 1	30
1991	– 6. 2	6. 7	2. 9	27
1992	– 2. 7	2. 0	0. 7	26
1993	1. 6	2. 9	2. 6	26

资料来源：Denis Dunham, Food Costs：From Farm to Retail in 1993, Economic Research Service, Agriculture information Bulletin Number 669, April 1994.

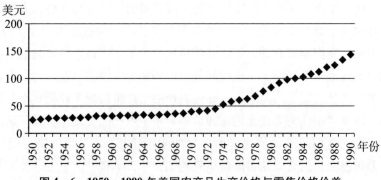

图 4 – 6 1950～1990 年美国农产品生产价格与零售价格价差

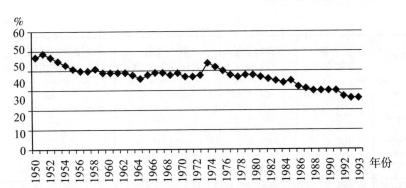

图 4-7 1950~1993 年美国农产品流通中农民获得的份额占零售价格的比例

表 4-17 美国农产品消费者支出流向 单位：10 亿美元，%

年份	消费者 食物支出	市场流通 成本	生产价值 （农民获得价值）	农民获得的份额占 消费者支出的比例
1950	44	26	18.0	41
1951	49.2	28.7	20.5	42
1952	50.9	30.5	20.4	40
1953	51	31.5	19.5	38
1954	51.1	32.3	18.8	37
1955	53.1	34.4	18.7	35
1956	55.5	36.3	19.2	35
1957	58.3	37.9	20.4	35
1958	61.0	39.6	21.4	35
1959	63.6	42.4	21.2	33
1960	66.9	44.6	22.3	33
1961	68.7	45.7	23	33
1962	71.3	47.6	23.7	33
1963	74.0	49.9	24.1	33
1964	77.5	52.6	24.9	32
1965	81.1	54	27.1	32
1966	86.9	57.1	29.8	34

年份	消费者食物支出	市场流通成本	生产价值（农民获得价值）	农民获得的份额占消费者支出的比例
1967	91.6	62.4	29.2	32
1968	96.8	65.9	30.9	32
1969	102.6	68.3	34.3	33
1970	110.6	75.1	35.5	32
1971	114.6	78.5	36.1	32
1972	122.2	82.4	39.8	33
1973	138.8	87.1	51.7	37
1974	154.6	98.2	56.4	36
1975	167	111.4	55.6	33
1980	264.4	182.7	81.7	31
1981	287.7	206	81.7	28
1982	298.9	217.5	81.4	27
1983	315	229.7	85.3	27
1984	332	242.2	89.8	27
1985	345.4	259	86.4	25
1986	359.6	270.8	88.8	25
1987	375.5	285.1	90.4	24
1988	398.8	301.9	96.8	24
1989	419.4	315.6	103.8	25
1990	449.8	343.6	106.2	24
1991	465.1	363.5	101.6	22
1992	474.5	369.4	105.1	22
1993	491.3	382.1	109.2	22

资料来源：Food Cost Review, 1990. By Denis Dunham, Commodity Economics Division, Economic Research Service, U. S. Department of Agriculture. Agricultural Economic Report No. 651. June 1991; Denis Dunham, Food Costs: From Farm to Retail in 1993, Economic Research Service, Agriculture information Bulletin Number 669, April 1994.

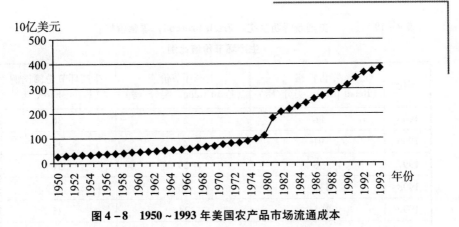

图 4-8 1950~1993 年美国农产品市场流通成本

表 4-18   美国新鲜蔬菜（Fresh vegetable）零售价格、
生产环节价值比例（2001 = 100）

年份	零售价格 （Retail price， 美分/磅）	生产环节价值 （Farm value， 美分/磅）	生产到零售间的差价 （Farm-to- retail spread）	生产环节 份额比例 （Farm share，%）
1997	84	90	82	30
1998	94	94	93	28
1999	91	85	93	26
2000	95	88	98	26
2001	100	100	100	28
2002	106	102	108	26
2003	109	101	111	26
2004	113	96	120	23
2005	118	108	122	25
2006	123	114	127	26
2007	127	112	133	24
2008	134	127	137	26
2009	130	117	135	25
2010	132	130	133	27
2011	140	127	145	25
2012	133	108	142	23

注：USDA Economic Research Service, using data from the Bureau of Labor Statistics and data on farm-gate prices published by USDA agencies.

表 4 - 19　　　　美国新鲜西兰花（Fresh broccoli）零售价格、

生产环节价值比例

年份	零售价格 （Retail price，美分/磅）	生产环节价值 （Farm value，美分/磅）	生产环节份额比例 （Farm share，%）
1995	86	29	36
1996	91	27	32
1997	98	29	31
1998	110	30	29
1999	101	24	25
2000	114	31	29
2001	98	28	30
2002	119	32	28
2003	120	34	30
2004	120	33	29
2005	132	30	24
2006	145	35	26
2007	159	38	25
2008	168	36	23
2009	160	41	27
2010	158	38	25
2011	170	42	26
2012	160	30	20

注：USDA Economic Research Service using data from the Bureau of Labor Statistics and data on farm-gate prices published by USDA agencies.

表 4 - 20　美国新鲜莴苣（Lettuce）零售价格、生产环节价值比例

年份	零售价格 （Retail price，美分/磅）	生产环节价值 （Farm value，美分/磅）	生产环节份额比例 （Farm share，%）
1992	58	13	23
1993	66	16	26
1994	61	16	28

年份	零售价格 （Retail price，美分/磅）	生产环节价值 （Farm value，美分/磅）	生产环节份额比例 （Farm share，%）
1995	80	21	28
1996	65	15	24
1997	69	19	29
1998	76	15	22
1999	67	14	22
2000	74	17	26
2001	79	19	26
2002	86	22	28
2003	82	21	27
2004	80	15	20
2005	87	16	19
2006	87	17	21
2007	93	22	25
2008	91	20	24
2009	91	25	29
2010	88	22	27
2011	99	24	26
2012	86	17	21

注：USDA Economic Research Service，using data from the Bureau of Labor Statistics and data on farm-gate prices published by USDA agencies.

表 4 – 21　　　　美国新鲜土豆（Fresh potatoes）零售价格、生产环节价值比例

年份	零售价格 （Retail price，美分/磅）	生产环节价值 （Farm value，美分/磅）	生产环节份额比例 （Farm share，%）
1992	30	5	17
1993	35	7	22
1994	37	7	21

年份	零售价格 （Retail price，美分/磅）	生产环节价值 （Farm value，美分/磅）	生产环节份额比例 （Farm share，%）
1995	38	8	21
1996	38	8	21
1997	36	6	16
1998	38	7	18
1999	39	8	20
2000	38	6	18
2001	39	8	21
2002	49	12	26
2003	46	8	18
2004	45	7	16
2005	47	8	19
2006	53	11	21
2007	53	10	19
2008	63	15	25
2009	62	10	18
2010	58	9	17
2011	68	15	23
2012	66	10	16

注：USDA Economic Research Service, using data from the Bureau of Labor Statistics and data on farm-gate prices published by USDA agencies.

表4－22　　　美国新鲜西红柿（Fresh tomatoes）零售价格、
生产环节价值比例

年份	零售价格 （Retail price，美分/磅）	生产环节价值 （Farm value，美分/磅）	生产环节份额比例 （Farm share，%）
1992	109	40	41
1993	108	34	34
1994	109	28	28

年份	零售价格 （Retail price，美分/磅）	生产环节价值 （Farm value，美分/磅）	生产环节份额比例 （Farm share，%）
1995	116	27	26
1996	121	33	31
1997	129	35	30
1998	148	36	27
1999	137	25	21
2000	138	31	25
2001	132	35	29
2002	132	34	28
2003	151	37	27
2004	161	44	30
2005	161	42	29
2006	173	41	26
2007	165	40	27
2008	174	46	29
2009	162	46	31
2010	169	56	37
2011	167	51	34
2012	146	35	27

注：USDA Economic Research Service, using data from the Bureau of Labor Statistics and data on farm-gate prices published by USDA agencies.

表 4 - 23　　　　美国新鲜水果（Fresh fruit）零售价格、
生产环节价值比例（2001 = 100）

年份	零售价格 （Retail price， 美分/磅）	生产环节价值 （Farm value， 美分/磅）	生产到零售间的差价 （Farm-to- retail spread）	生产环节 份额比例 （Farm share，%）
1997	88	94	85	30
1998	92	93	92	28
1999	102	105	100	29

年份	零售价格 （Retail price， 美分/磅）	生产环节价值 （Farm value， 美分/磅）	生产到零售间的差价 （Farm-to- retail spread）	生产环节 份额比例 （Farm share，%）
2000	97	90	100	26
2001	100	100	100	28
2002	102	107	101	29
2003	107	107	107	28
2004	111	99	115	25
2005	115	115	115	28
2006	122	130	119	30
2007	129	141	124	30
2008	132	128	133	27
2009	122	122	122	28
2010	123	129	120	29
2011	126	147	118	33

注：USDA Economic Research Service，using data from the Bureau of Labor Statistics and data on farm-gate prices published by USDA agencies.

表4-24 美国新鲜苹果（Fresh apple）零售价格、
生产环节价值比例

年份	零售价格 （Retail price，美分/磅）	生产环节价值 （Farm value，美分/磅）	生产环节份额比例 （Farm share，%）
1992	89	25	29
1993	83	18	23
1994	80	18	24
1995	83	22	28
1996	93	24	27
1997	91	19	22
1998	94	18	20
1999	90	18	20

年份	零售价格 （Retail price，美分/磅）	生产环节价值 （Farm value，美分/磅）	生产环节份额比例 （Farm share，%）
2000	92	19	22
2001	87	18	22
2002	95	24	26
2003	98	26	27
2004	104	26	26
2005	95	18	19
2006	107	28	27
2007	112	33	30
2008	132	39	31
2009	118	23	21
2010	122	26	22
2011	135	32	25

注：USDA Economic Research Service, using data from the Bureau of Labor Statistics and data on farm-gate prices published by USDA agencies.

表4－25　　　美国新鲜橘子（Fresh orange）零售价格、
生产环节价值比例

年份	零售价格 （Retail price，美分/磅）	生产环节价值 （Farm value，美分/磅）	生产环节份额比例 （Farm share，%）
1992/1993	58	12	21
1993/1994	57	11	20
1994/1995	61	12	20
1995/1996	66	14	22
1996/1997	62	12	20
1997/1998	61	11	18
1998/1999	87	24	28
1999/2000	66	8	12
2000/2001	62	11	19

年份	零售价格 （Retail price，美分/磅）	生产环节价值 （Farm value，美分/磅）	生产环节份额比例 （Farm share，%）
2001/2002	68	13	19
2002/2003	70	9	13
2003/2004	79	15	20
2004/2005	97	15	16
2005/2006	108	12	12
2006/2007	130	16	13
2007/2008	111	21	20
2008/2009	109	12	12
2009/2010	105	15	14
2010/2011	110	15	14

注：USDA Economic Research Service，using data from the Bureau of Labor Statistics and data on farm-gate prices published by USDA agencies.

表 4 - 26   美国新鲜葡萄（Fresh grapefruit）零售价格、
生产环节价值比例

年份	零售价格 （Retail price，美分/磅）	生产环节价值 （Farm value，美分/磅）	生产环节份额比例 （Farm share，%）
1992/1993	55	7	14
1993/1994	52	8	16
1994/1995	53	7	14
1995/1996	56	7	13
1996/1997	58	7	13
1997/1998	57	8	15
1998/1999	65	10	17
1999/2000	62	8	14
2000/2001	64	7	12
2001/2002	65	8	13
2002/2003	69	10	15

续表

年份	零售价格 （Retail price，美分/磅）	生产环节价值 （Farm value，美分/磅）	生产环节份额比例 （Farm share，%）
2003/2004	76	7	10
2004/2005	102	23	23
2005/2006	112	19	17
2006/2007	100	14	14
2007/2008	97	11	12
2008/2009	91	9	11
2009/2010	93	12	14
2010/2011	97	12	13
2011/2012	102	15	15

注：USDA Economic Research Service, using data from the Bureau of Labor Statistics and data on farm-gate prices published by USDA agencies.

表 4 - 27　　牛奶（whole milk）零售价格、生产环节价值比例

年份	零售价格 （Retail price，美元/加仑）	生产环节价值 （Farm value，美元/加仑）	生产环节份额比例 （Farm share，%）
2000	2.78	1.34	48
2001	2.88	1.56	54
2002	2.76	1.31	47
2003	2.76	1.34	49
2004	3.16	1.62	51
2005	3.19	1.58	50
2006	3.08	1.40	45
2007	3.50	1.95	56
2008	3.80	1.99	53
2009	3.11	1.43	46
2010	3.26	1.76	54
2011	3.57	2.08	58
2012	3.49	1.94	55

注：USDA Economic Research Service, using data on retail prices from the Bureau of Labor Statistics and data on farm-gate prices published by USDA agencies.

表4-28　　　美国精品牛肉（Choice beef）的流通环节的价格差

单位：美分/磅

年份	零售价值（Retail value）	批发价值（Wholesale value）	生产环节价值（Net farm value）	生产到零售价格差之和（Total）	批发到零售价格差（Whl. to retail）	生产到批发价格差（Farm to whl.）	农民获得的份额（Farmers' share，%）
2008	432.6	234.7	197.0	235.6	197.9	37.7	45.5
2009	425.8	217.2	181.0	244.8	208.6	36.2	42.5
2010	438.4	241.1	203.9	234.5	197.3	37.2	46.5
2011	480.7	275.7	240.8	239.9	205.0	34.9	50.1
2012	498.6	290.6	260.1	238.5	208.0	30.5	52.2
2013	528.9	298.3	265.9	263.0	230.6	32.4	50.3

注：USDA Economic Research Service, based on Bureau of Labor Statistics and USDA Agricultural Marketing Service Data.

表4-29　　　　美国猪肉（pork）的流通环节的价格差　　单位：美分/磅

年份	零售价值（Retail value）	批发价值（Wholesale value）	生产环节价值（Net farm value）	生产到零售价格差之和（Total）	批发到零售价格差（Whl. to retail）	生产到批发价格差（Farm to whl.）	农民获得的份额（Farmers' share，%）
2008	293.7	124.4	82.5	211.2	169.3	41.9	28.1
2009	292.0	111.3	71.5	220.5	180.7	39.8	24.5
2010	311.4	141.2	95.7	215.7	170.2	45.5	30.7
2011	343.4	158.8	114.0	229.4	184.6	44.8	33.2
2012	346.7	147.2	104.9	241.8	199.5	42.3	30.3
2013	364.4	157.5	110.2	254.2	206.9	47.3	30.2

注：USDA Economic Research Service, based on Bureau of Labor Statistics and USDA Agricultural Marketing Service Data.

五、中间环节价差的再认识

依据上述我们对美国农产品流通和中国农产品流通过程中的各个环

节之间的价差分析，我们发现，流通中间环节之间的价差是农产品流通的普遍问题，无论是美国还是中国农产品流通过程中都存在，且对于农产品的生产者、消费者和中间商都有显著影响，具体来说，对于中间环节价差我们可以得出以下几个认识。

（一）中间环节价差与零售终端环节相关

从我国农产品流通中间环节价差数据看，不同中间环节价差存在细微差异，中间环节价差与农产品流通的零售环节显著相关，零售环节价格波动更直接影响到产品的价格波动。

第一，零售环节价差幅度大且波动频繁，占据价格波动的主导地位。

从上述我们对 2007 年 1 月至 2014 年 10 月我国农产品价格的批发环节价差和零售环节价差分析得知，零售环节价差波动幅度则远远大于批发环节，价差主要发生于零售环节，零售环节对于价格有更强控制能力。零售商一方面可以压低批发市场的价格，另一方面也可以提高消费端的零售价格，这样整个零售差价也就相应扩大了。因此，零售环节对于价格更为敏感，在价格控制、调整和适应方面有更强的能力，由此在价差的增加方面作用空间较大，占据了一定的主导地位，表现出更强的价格波动性，也更直接影响到整体农产品价格的波动。

第二，产品价差大小与零售端类型相关，超市端批零差价率大于农贸市场。

不仅如此，农产品流通中生产价格和零售价格之间价差的大小也与零售终端类型相关，不同零售终端类型也会影响中间环节价差大小。在现实中，我们发现农贸市场和超市中农产品价格都要高于批发价格，而且超市中的农产品零售价格高于农贸市场价格，以超市为零售终端的环节之间的价差要高于以农贸市场为零售终端的环节之间的价差，而这主要是源于不同零售终端的差异。

为了验证我们的现实观察，我们在这一部分中，利用北京市价格监测中心提供的 2011 年 1 月至 2014 年 11 月北京蔬菜批发价格、农贸市场价格和超市端的价格数据来分析不同零售端的类型对农产品中间环节的价差影响。

图 4 - 9 和表 4 - 30 我们依据原始数据计算之后的 2011 年 1 月至 2014 年 11 月北京主要蔬菜批发和零售价差数据，从中我们可以看出以下几个特点。

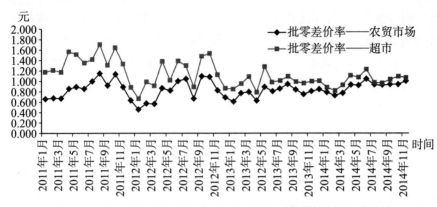

图4-9　2011年1月至2014年11月北京主要蔬菜批发和零售价差

注：依据北京价格监测中心公布的其监测的26种蔬菜价格数据计算整理而得，蔬菜统计数据来自8家批发市场，零售价格数据来自32家农贸市场和17家超市的平均零售价格。26种蔬菜种类为大白菜、土豆、葱头、圆白菜、芹菜、白萝卜、心里美萝卜、冬瓜、莴笋、菜花、西红柿、黄瓜、胡萝卜、圆茄子、豆角、青椒、菠菜、小白菜、韭菜、蒜苗、生菜、尖椒、平菇、苦瓜、生姜、油菜。

表4-30　　　2011年1月至2014年11月北京主要蔬菜批发和零售价差

时间	批发价格（元/500克）	零售价格（元/500克）		批零差价（元/500克）		批零差价率	
		农贸市场	超市	农贸市场	超市	农贸市场	超市
2011年1月	1.547	2.578	3.375	1.031	1.828	0.666	1.181
2011年2月	1.953	3.292	4.336	1.339	2.382	0.685	1.220
2011年3月	1.820	3.053	3.972	1.233	2.152	0.678	1.182
2011年4月	1.339	2.497	3.449	1.158	2.110	0.865	1.576
2011年5月	1.032	1.965	2.608	0.932	1.575	0.903	1.526
2011年6月	1.035	1.930	2.436	0.895	1.400	0.864	1.353
2011年7月	1.119	2.244	2.715	1.125	1.596	1.006	1.427
2011年8月	0.989	2.132	2.684	1.144	1.695	1.157	1.714
2011年9月	1.199	2.308	2.773	1.109	1.574	0.925	1.313
2011年10月	1.006	2.156	2.674	1.150	1.668	1.142	1.657
2011年11月	1.064	2.024	2.486	0.959	1.422	0.901	1.336
2011年12月	1.570	2.574	2.976	1.003	1.406	0.639	0.895
2012年1月	2.243	3.285	3.744	1.042	1.501	0.465	0.669

时间	批发价格 (元/500 克)	零售价格 (元/500 克)		批零差价 (元/500 克)		批零差价率	
		农贸市场	超市	农贸市场	超市	农贸市场	超市
2012 年 2 月	2.271	3.589	4.534	1.318	2.264	0.581	0.997
2012 年 3 月	2.303	3.612	4.422	1.309	2.119	0.568	0.920
2012 年 4 月	1.623	3.040	3.869	1.418	2.246	0.874	1.384
2012 年 5 月	1.489	2.723	3.021	1.234	1.532	0.829	1.029
2012 年 6 月	0.946	1.906	2.264	0.960	1.318	1.014	1.392
2012 年 7 月	0.939	1.927	2.168	0.988	1.230	1.052	1.310
2012 年 8 月	1.512	2.537	2.863	1.025	1.351	0.678	0.894
2012 年 9 月	1.070	2.248	2.659	1.178	1.588	1.101	1.484
2012 年 10 月	0.917	1.915	2.334	0.998	1.417	1.088	1.545
2012 年 11 月	1.167	2.142	2.488	0.975	1.321	0.835	1.131
2012 年 12 月	1.692	2.863	3.171	1.171	1.478	0.692	0.874
2013 年 1 月	2.075	3.360	3.855	1.285	1.780	0.619	0.858
2013 年 2 月	2.352	4.181	4.610	1.828	2.257	0.777	0.960
2013 年 3 月	1.659	2.992	3.466	1.332	1.807	0.803	1.089
2013 年 4 月	1.945	3.174	3.489	1.229	1.543	0.632	0.793
2013 年 5 月	1.303	2.472	2.985	1.168	1.681	0.896	1.290
2013 年 6 月	1.343	2.440	2.676	1.097	1.333	0.816	0.992
2013 年 7 月	1.273	2.371	2.572	1.098	1.299	0.863	1.021
2013 年 8 月	1.200	2.347	2.522	1.147	1.322	0.956	1.102
2013 年 9 月	1.445	2.665	2.883	1.220	1.438	0.844	0.995
2013 年 10 月	1.578	2.773	3.104	1.195	1.527	0.757	0.968
2013 年 11 月	1.604	2.916	3.223	1.312	1.618	0.818	1.009
2013 年 12 月	1.552	2.871	3.130	1.319	1.578	0.850	1.017
2014 年 1 月	1.837	3.288	3.471	1.452	1.634	0.790	0.890
2014 年 2 月	2.215	3.824	4.030	1.609	1.815	0.726	0.819
2014 年 3 月	1.900	3.389	3.673	1.490	1.773	0.784	0.934
2014 年 4 月	1.519	2.949	3.224	1.430	1.705	0.941	1.122

时间	批发价格 （元/500 克）	零售价格 （元/500 克）		批零差价 （元/500 克）		批零差价率	
		农贸市场	超市	农贸市场	超市	农贸市场	超市
2014 年 5 月	1.345	2.594	2.800	1.249	1.455	0.928	1.081
2014 年 6 月	1.118	2.297	2.495	1.178	1.377	1.054	1.231
2014 年 7 月	1.210	2.360	2.398	1.150	1.189	0.951	0.983
2014 年 8 月	1.220	2.367	2.408	1.147	1.188	0.940	0.974
2014 年 9 月	1.287	2.509	2.631	1.222	1.344	0.949	1.044
2014 年 10 月	1.413	2.749	2.973	1.336	1.560	0.946	1.104
2014 年 11 月	1.326	2.666	2.745	1.340	1.419	1.011	1.070

注：依据北京价格监测中心公布的其监测的 26 种蔬菜价格数据计算整理而得，蔬菜统计数据来自 8 家批发市场，零售价格数据来自 32 家农贸市场和 17 家超市的平均零售价格。26 种蔬菜种类为大白菜、土豆、葱头、圆白菜、芹菜、白萝卜、心里美萝卜、冬瓜、莴笋、菜花、西红柿、黄瓜、胡萝卜、圆茄子、豆角、青椒、菠菜、小白菜、韭菜、蒜苗、生菜、尖椒、平菇、苦瓜、生姜、油菜。

一是北京蔬菜总体批零价差率在 1 左右，市场流通效率相对较好。从数据计算结果来看，在批零价差率的数值大小方面，无论是哪一种零售终端，大部分的产品的批零价差率都在 1 左右，而从市场流通效率来看，通常认为批零价差率在 1 上下则是有效率的。所以，从数据上我们能够看到，当前的市场价差率总体是在 1 左右，少数种类产品的差价在 2 以上，这也从侧面反映了当前北京农产品流通的效率绩效。

二是北京蔬菜批零价差率呈现下降的趋势。无论是通过超市还是农贸市场销售，北京蔬菜的批零差价率都在呈现下降趋势，在 2011 年 8 月达到最大值后，一直呈现下降趋势。批零差价率在 2011 年 8 月达到最大值，其中超市零售端的批零差价率为 1.74，农贸市场的批零差价率达到 1.157。批零差价率在 2012 年 1 月达到最小值，其中超市零售端的批零差价率为 0.669，通过农贸市场端的批零差价率为 0.465。

三是价差率绝对数值方面，农贸市场零售端价差率要小于超市零售端的价差率。零售终端差异方面，从数据可知，蔬菜超市零售端的批零价差率都在 1 倍以上，2011 年 1 月至 2014 年 11 月平均为 1.135，农贸市场零售端的批零价差率在 1 倍以下，2011 年 1 月至 2014 年 11 月平均为

0.848，从中可看出二者的差异，农贸市场零售端的价差率要小于超市零售端的价差率。

四是价差率的波动幅度方面，2011年1月至2014年11月北京超市蔬菜批零差价波动频繁而且波动幅度要大于农贸市场。从中也可以看出，超市价格调整要比农贸市场价格的调整更为频繁，超市相对于其他零售端，有专门价格监测员和采购专员，能够收集市场价格信息并对价格进行相应调整，这显示出超市对于价格的掌控能力要强于农贸市场。

综合来看，2011年1月至2014年11月蔬菜流通过程超市端的批零差价率都要高于农贸市场零售端的批零差价率，反映出超市加价幅度要大于农贸市场。实际中，我们能够发现，超市蔬菜批发大都是从一级批发市场采购，甚至一些还是通过农超对接采购的，而农贸市场则大都是通过二级批发市场采购的，所以，我们能够看到农贸市场的采购实际上比超市的流通环节更多了一个中间环节和中间商主体，但从结果来看，我们发现，超市零售的批零差价依然会大于农贸市场加价幅度。从这我们也能够看到，流通中间环节的加价幅度，虽然与流通中间环节有相关关系，但可能很大程度上是与中间环节关系不大，更多是与最后的零售端相关，零售端的加价幅度提高了最终的零售价格。而零售端加价幅度高企，又不在于零售环节本身，而是在于一些外部对于零售环节，对于超市等强加成本所致。不仅如此，根据冯中越（2013）调查显示，2011年北京蔬菜的二级批发环节差价率较大，甚至少数也大于零售端的环节，一些品种也高于农贸市场零售环节。

具体分析来看，超市零售端的价差率高于农贸市场端的价差率主要是由于以下几个原因所致。首先，超市具有更好经营环境，能够提供"一站式"的服务，使得超市提供了更多的流通服务，带来了更多的附加价值，由此价格自然有增加。其次，不同零售终端价格形成机制也不一样，超市在一定区域范围内有一定垄断势力，此时的市场需求是相对缺少弹性，价格波动不会带来市场需求的太多变化，相对来说超市也有着更高的调控价格的能力，超市一般都有采价专员，以获取市场的价格信息来调整自身的价格，这使得超市能够适时调整价格，基于这些，当价格上涨或下降的时候，超市能够迅速地调整价格。相对来说，农贸市场的零售加价要稳定多了，农贸市场的价格主要是与批发价格相关，当批发价格高，则加价高，批发价格低则加价低。最后，农贸市场商户的经营规模小，以众多小商贩为主，各个商户主体间的竞争充分，价格的微小变化都会引起市场需求的波动。所以，对于这些小商贩来说，对于价格的控制力相对很低。

值得注意的是，从蔬菜种类具体的产品分类来看，北京蔬菜市场中的某些蔬菜种类的产品也呈现出不一样的特征，一些蔬菜品种的价格在超市的价格反而低于农贸市场，表现在加价幅度则是通过超市端小于农贸市场端。

在纳入监测的26种蔬菜产品中，少数种类在农贸市场的批零差价率也大于超市批零差价率，如自2013年6月之后，心里美萝卜、冬瓜、白萝卜、圆白菜、芹菜的农贸市场的批零差价率分别在2013年6月、7月、8月、9月、12月等节点开始大于超市，土豆和葱头、莴笋和菜花、大白菜的农贸市场的批零差价率则分别在2014年6月、7月和8月开始大于超市（见表4－31）。例如以2014年11月北京市蔬菜零售价格和批发价格的数据显示，根据北京市价格监测中心提供的数据计算得到，平均来看，北京蔬菜无论是通过农贸市场销售还是通过超市销售，其批零差价率均大致在1倍左右，而且通过超市端的蔬菜的批零价差率要高于通过农贸市场端的批零价差率。

表4－31　　　　2014年11月北京市主要蔬菜类产品的批零差价

品类	批发价格（元/500g）	零售价格（元/500g）		批零差价（元/500g）		批零差价率	
		农贸市场	超市	农贸市场	超市	农贸市场	超市
蔬菜类平均	1.33	2.67	2.75	1.34	1.42	1.01	1.07
农贸市场大于超市							
大白菜	0.32	0.64	0.57	0.32	0.25	1.00	0.78
土豆	0.8	1.71	1.56	0.91	0.76	1.14	0.95
葱头	0.55	1.64	1.6	1.09	1.05	1.98	1.91
圆白菜	0.45	1.02	0.95	0.57	0.5	1.27	1.11
芹菜	0.58	1.46	1.22	0.88	0.64	1.52	1.10
白萝卜	0.45	1.11	0.93	0.66	0.48	1.47	1.07
心里美萝卜	0.65	1.69	1.46	1.04	0.81	1.60	1.25

品类	批发价格（元/500g）	零售价格（元/500g）		批零差价（元/500g）		批零差价率	
		农贸市场	超市	农贸市场	超市	农贸市场	超市
冬瓜	0.36	1.18	0.96	0.82	0.6	2.28	1.67
莴笋	0.63	2.13	2.03	1.5	1.4	2.38	2.22
菜花	0.91	2.1	1.86	1.19	0.95	1.31	1.04
超市大于农贸市场							
西红柿	1.12	2.42	2.68	1.3	1.56	1.16	1.39
黄瓜	1.82	2.85	2.95	1.03	1.13	0.57	0.62
胡萝卜	0.52	1.33	1.38	0.81	0.86	1.56	1.65
圆茄子	1.34	2.55	2.9	1.21	1.56	0.90	1.16
豆角	2.7	3.65	4.11	0.95	1.41	0.35	0.52
青椒	0.98	2.24	2.25	1.26	1.27	1.29	1.30
菠菜	1.1	2.32	2.67	1.22	1.57	1.11	1.43
小白菜	0.58	1.73	2.06	1.15	1.48	1.98	2.55
韭菜	1.56	2.59	2.82	1.03	1.26	0.66	0.81
蒜苗	3.22	4.89	5.25	1.67	2.03	0.52	0.63
生菜	0.92	2.54	2.93	1.62	2.01	1.76	2.18
尖椒	1.12	2.31	2.37	1.19	1.25	1.06	1.12
平菇	2.97	4.59	4.86	1.62	1.89	0.55	0.64
苦瓜	2.43	4.34	4.54	1.91	2.11	0.79	0.87
生姜	5.49	12.26	12.28	6.77	6.79	1.23	1.24
油菜	0.9	2.03	2.18	1.13	1.28	1.26	1.42

　　而以最近的2014年11月的数据来看，大约有16种蔬菜品种通过超市的批零价差率大于通过农贸市场的。但我们能够看到，也有部分的超市零售价格，超市批零差价是低于农贸市场的，以2014年11月为例，大概有10种蔬菜。

表 4 – 32　　　　　　农贸市场批零差价率大于超市的时间节点

菜名	心里美萝卜	冬瓜	白萝卜	圆白菜	芹菜	葱头	土豆	菜花	莴笋	大白菜
时间	2013 年 6 月	2013 年 7 月	2013 年 8 月	2013 年 9 月	2013 年 12 月	2014 年 6 月	2014 年 6 月	2014 年 7 月	2014 年 7 月	2014 年 8 月

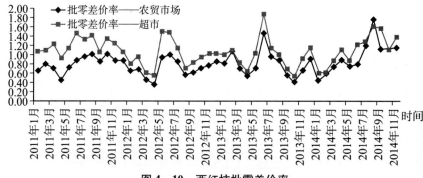

图 4 – 10　西红柿批零差价率

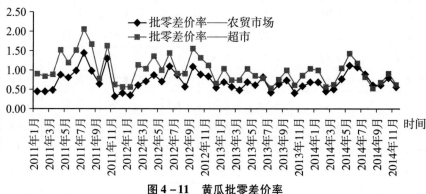

图 4 – 11　黄瓜批零差价率

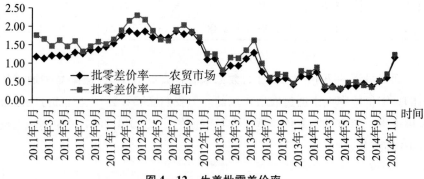

图 4 – 12　生姜批零差价率

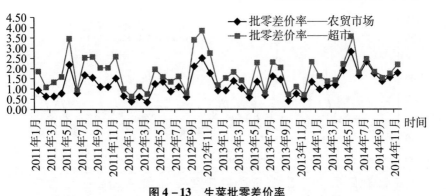

图 4 – 13　生菜批零差价率

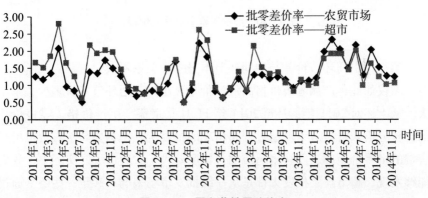

图 4 – 14　圆白菜批零差价率

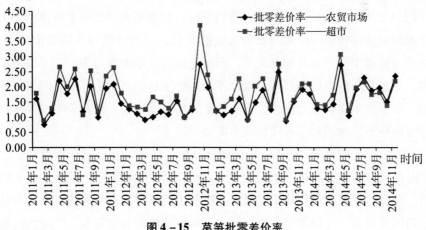

图 4 – 15　莴笋批零差价率

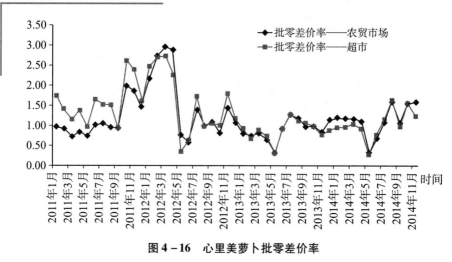

图 4－16　心里美萝卜批零差价率

第三，中间环节价差与中间环节本身多少关系不大。

不仅如此，产品零售价格高低、价差大小与流通环节本身多少关系不大。从上述对 2011 年 1 月至 2014 年 11 月北京蔬菜生产价格、零售价格的比较分析来看，蔬菜流通过程超市端的批零价差率都要高于农贸市场零售端的批零价差率，反映出超市加价幅度要大于农贸市场。实际中，我们能够发现，超市蔬菜批发大都是从一级批发市场采购，甚至一些还是通过农超对接采购，而农贸市场则大都是通过二级批发市场采购，所以，我们能够看到农贸市场的采购实际上比超市的流通环节更多了一个中间环节和中间商主体，但是从结果来看，我们发现，超市零售的批零差价依然会大于农贸市场加价幅度。从这我们也能够看到，流通中间环节的加价幅度，虽然与流通中间环节有相关关系，但可能很大程度上是与中间环节关系不大，更多是与最后的零售端相关，零售端的加价幅度提高了最终的零售价格。而零售端加价幅度高企，又不在于零售环节本身，而在于一些外部对于零售环节、对于超市等强加成本所致。

这也与冯中越等（2013）[①]的观察是相一致的，他经过调查发现，农产品流通过程中，经过一级批发商和经过二级批发商的价格价差是一样的，环节之间价格加价并不完全是与批发中间环节的多少有关，而是与其他的因素相关，比如零售终端的形式、零售终端的日常运营、产品的流通

---

① 冯中越等：《北京农产品流通体系与协调机制研究》，中国统计出版社 2013 年版，第 114 页。

数量规模以及产品终端的经营方式。比如农产品市场交易规模会影响环节间价差大小。以北京新发地批发市场为例，一些批发商采购量在 5 吨以上，销售对象是大客户、大超市，大型的超市有专门的采购部进而将商品分销到各个门店（占 10%），另外一些批发商采购量在 2 吨左右，销售对象一般是二级的批发商以及大型的企事业单位、政府等团体机构（占 40%），还有一些则是小批量的采购，每次采购量大致在 0.25 吨左右。相对来说，这些批发量较大的客户则能够获得更低的价格。

因此，我们能够看到，在农产品流通中，通过超市和农贸市场的两种流通中间环节相比，上游的流通环节并无实质性减少，但价差却是相差较大。流通环节并不是流通成本高企的根本原因，流通中间环节的多少取决于流通对象物流特征，农户经营规模和整体经济环境等诸多因素。即便整体经济和农业经济均高度发达且农户经营规模较大的欧美国家的农产品，的确可以实现农超对接的直接销售，但在很多发达国家，相当比例农产品的批发市场依然占据了核心位置，农产品很大比例的流通需要经过批发市场中间环节，尤其是在人口多、面积较大的城市，批发中间环节更是不可缺少。

（二）农产品流通服务不断增加使中间环节价差扩大

从前面所列出数据看，2007～2014 年我国农产品流通中，无论是批发生产环节价差还是零售批发环节价差都呈现增加趋势，相应地，我们也看到美国农产品流通过程中也呈现出类似特征。而事实上，农产品流通过程所产生的环节之间的价差本质上反映的是农产品流通服务的投入价格，生产价格和零售价格之间价差的增加，部分是流通服务内容不断增加所致。

随着经济社会和流通业的发展，每一单位农产品流通所需要的流通服务量在不断提高，产品流通需要更多的运输服务、更多的信用服务、更多的商品包装服务等。而市场流通服务需求增加主要是由于消费者需求变化，消费者要求有更多流通服务叠加在产品上。现实中，消费者所获得服务也确实是在日益增多，现时流通服务水平已经远高于过去，消费者在现代市场中已经能够获得更好的产品质量和服务标准，更方便的包装服务以及其他的加工处理服务，而这些服务的获得也都需要消费者付出一定成本，进而会反映在环节之间的价差上面。

特别是，随着城市化进程加快后，越来越多的人生活在大城市，农产品流通要求有更多运输服务，以完成从生产地到城市消费市场的转移过程，而且消费者对于产品卫生和安全服务的要求也不断提高，整个运输过程对于冷藏、冷冻和处理服务等服务的需求也相应增加，这也会提高商品流通成本。

所以，农产品流通的市场服务不断增加，甚至日益出现了许多新的流通服务，带来更多流通成本，并使得中间环节之间的价差拉大。因此，并不能将现实中观察到的流通成本增加都归结于农产品市场流通的无效率，至少这些流通成本增加的背后是市场流通服务种类和数量的增加，消费者也确实在商品流通过程中获得了更多实在的流通服务。而且，对于某项特定流通服务来说，现时需要有更多劳动和资本来提供，而这个阶段之下资本和劳动成本不断上升，要求获得更高的回报，进而市场流通服务的价格也相应提高，对应地，产品流通价差就不断增加了，因此，价差增加可能并不代表市场低效率，而是代表了市场流通服务和价格水平的增加。

从美国发展经验来看，我们也能够观察到，不同农产品所需要的流通服务也不同，其流通成本也不一样，生产环节获得的价值或者农产品流通中农民获得的份额也是不一样，这些也都是与产品的自然特征和体量相关。从表 4－18 至表 4－29 美国主要农产品流通的数据可知：

第一，一些农产品如果离开生产环节进入到最终消费者手中这个过程所需要时间越长，所要求产品价格处理工序越多，那么这个时候农民所获得份额就会较少，流通服务会更高，流通成本也会更多。

第二，一些农产品生产环节更接近于市场，比如鸡蛋在生产产出之后并不需要有过多市场加工处理和运输，因此农民所获份额会高于那些需要更多市场流通服务的产品。

第三，加工处理成本在不同农产品中的流通成本所占比例也不一样，一些农产品中加工处理成本占据主要成本，比如美国番茄酱和灌装西红柿一半成本是加工处理成本，而价格处理成本也占据人造黄油的 1/3 的零售价格。但另外一些产品，加工处理成本不足产品价格的 15%，如猪肉、鸡肉和鸡蛋以及液态牛奶，因为这些产品在离开生产地之后无须太多改变，因此农民所获份额会更高。对于新鲜水果和蔬菜，虽然在离开农场生产地之后也没有太多改变，但是评级、包装、打包以及相关的活动仍占零售价格 15%~20%，而且，对于水果蔬菜来说，交通成本是相对较高，因为蔬菜和水果要求有较高保鲜性，特别是那种长距离运输更是带来了更高运输成本，一些蔬菜长距离运输的成本占零售价格的比例达到15%左右。而另外一些产品如肉类、鸡蛋之类的产品运输成本占零售价格的比例不足2%。

中国农产品流通市场的情况同样如此。一方面，随着市场发展，消费者需求和选择日益多样化，比如在蔬菜消费方面，现时城市消费者，既可以获得本地蔬菜，也可以购买外地的蔬菜；既可以享受到应季蔬菜，也可以体验到反季节蔬菜，在农产品市场中既有大路菜，也有精细菜，蔬菜产品种类十分多样，消费者的选择范围也更为广阔。另一方面，受制于蔬菜等农产品自身的产品特性，保质期短、容易损坏、腐烂，由此，其产品流通过程要求能够在最短时间内进入消费领域，其流通渠道也就不同于那些物理特征能够长期保持一致的农产品，需要更多流通服务。因此，现代化大生产之后，对于市场流通需求增多，市场流通并不仅仅满足于现有需求，而且能够创造新需求，相应的服务成本中流通份额也在增加。

事实上，流通成本多少也是反映社会商业活动和经济活跃程度的指标，有时候流通成本增加了反而能够说明这个时候经济是活跃的。因为这些流通环节代表了流通服务密集度，反映了市场活跃程度。所以，很大程度上农产品价差增加或许主要是因为市场流通服务增加，而并非中间环节本身的原因。

(三) 农产品流通服务成本的增加

农产品流通过程中生产—零售价格的价差主要构成要素是流通成本，这些流通成本包括收集和采购成本、处理和包装产品、交通运输成本（包括从采购者、加工者到中间商，乃至到零售市场的运输成本）、批发或者仓储成本以及零售成本等。而正是这些流通服务成本的增加拉大了中间环节的价差。

从美国农产品流通情况来看，20世纪以来美国农产品流通成本也是增长迅速，从1953年的300亿美元增长至1967年的624亿美元，到1990年则达3342亿美元。而农产品流通成本构成，劳动成本是最主要支出，1992年大约1680亿美元，占消费者总支出35%；其次是包装成本，1992年大约390亿美元，占消费支出比例8%；交通运输支出210亿美元，所占比例 4.5%；能源支出 170 亿美元，所占比例 3.5%①。

从这些数据我们可以看出，美国农产品价差的增加主要在于流通服务成本增加。实际上，即使是对于同样数量和水平的流通服务，随着时间演进，这些流通服务成本也在增加，进而推高了市场流通成本。因为流通服务本身投入价格在增加，一方面是劳动工资水平增长，人工劳动成本是流通成本主要内容，人工成本所占比例高达 40% 以上，而随着劳动工资水平增加，在相同流通服务中需要支付更高劳动成本。另一方面，能源成本、包装成本、交通运输等物流成本上升，也都会推高市场流通成本。

对于中国来说，农产品价格不同环节之间的价差增加，同样有流通服务成本的因素：

一是物流成本高企。近年来，我国流通成本不断上升，特别是物流成本，其占流通成本中的比重不断上升，各类产品物价的 20% ～40% 属于物流成本②。从表 4－34 可知 2007～2013 年全社会总体成本占 GDP 的比重一直保持在较高的水平，大致 18% 左右，始终难以有效地降低。

表 4－33　　　　　　　　美国农产品流通成本构成　　　　单位：10 亿美元

年份	劳动成本	包装材料成本	交通运输成本	能源和电力成本	公司税前利润	其他成本	合计流通成本
1967	25.9	7.3	4.3		3.4	21.5	62.4
1968	28	7.6	4.5		3.6	22.2	65.9
1969	30.4	7.9	4.6		3.6	21.8	68.3
1970	32.2	8.2	5.2	2.2	3.6	23.7	75.1
1971	34.5	8.5	6	2.4	3.9	23.2	78.5
1972	36.6	8.9	6.1	2.5	4	24.3	82.4
1973	39.7	9.4	6.4	2.8	5.4	23.4	87.1
1974	44.3	11.8	7.5	3.7	6.1	24.8	98.2
1975	48.3	13.3	8.4	4.6	7.1	29.7	111.4
1976	53.8	14.5	9.1	5	7.7	34.9	125

---

① Denis Dunham, Food Costs. From Farm to Retail in 1993, Economic Research Service, Agriculture Information Bulletin, Number 698, April 1994.

② 叶檀：《稳定物价必须建立全国统一的大市场》，载于《东方早报》，2010 年 11 月 22 日。

续表

年份	劳动成本	包装材料成本	交通运输成本	能源和电力成本	公司税前利润	其他成本	合计流通成本
1977	58.3	15.1	9.7	6	8	35.6	132.7
1978	66.2	16.6	10.5	7.1	9.9	37.1	147.4
1979	75.2	18.6	11.8	8.2	10	42.3	166.1
1980	81.5	21	13	9	9.9	48.3	182.7
1981	91	22.6	14.3	10	9.7	58.4	206
1982	96.6	23.7	14.7	11	9.3	62.2	217.5
1983	102.4	24.7	15.4	11.7	9.6	65.9	229.7
1984	109.3	26.2	15.9	12.5	9.6	68.7	242.2
1985	115.6	26.9	16.5	13.1	10.4	76.5	259
1986	122.9	27.7	16.8	13.3	10.3	79.9	270.8
1987	130	29.9	17.2	13.6	11.1	83.3	285.1
1988	137.9	32.6	17.8	14.1	11.6	87.7	301.9
1989	145.1	35.2	18.6	15.3	11.8	89.6	315.6
1990	153.8	36.2	19.6	16.3	14.1	94.4	334.2

引自：Food Cost Review, 1990. By Denis Dunham, Commodity Economics Division, Economic Research Service, U. S. Department of Agriculture. Agricultural Economic Report No. 651. June 1991.

表4-34　　　2007~2013年全国物流运行情况　　　单位：%

年份	物流总费用占GDP比重	运输费用占物流费用比重	保管费用占物流费用比重	管理费用占物流费用比重
2007	18.4	54.4	32.9	12.7
2008	18.1	52.6	34.7	12.7
2009	18.1	55.3	32.9	11.8
2010	17.8	54.0	33.8	12.7
2011	17.8	52.8	35.0	12.2
2012	18.0	52.5	35.2	12.3
2013	18.0	52.5	35.0	12.5

资料来源：国家发展和改革委、国家统计局、中国物流与采购联合会2007~2013年全国物流运行情况通报。

二是劳动力成本因素。从整个行业来看,近年来劳动工资不断上升,劳动力成本逐年递增。批发和零售业、住宿和餐饮业等流通行业城镇单位就业人员的平均工资逐年上涨,批发和零售业、住宿和餐饮业等流通行业城镇单位就业人员的人年平均工资 2011 年分别为 40654 元和 27486 元。在城镇私营单位就业中,流通业工资水平同样呈现相同的增长特征。

而从城市最低工资水平来看,近年来城市的最低工资水平也不断增加。以北京市为例,北京市企业事业单位的最低工资水平从 2000 年的 400 元增加到 2014 年的 1560 元,增长了将近 3 倍。而且实际上,有不小比例的批发商都是个体户的,随着劳动成本的上升,他们自身的劳动力收益还没有算入成本,否则其成本将进一步增加。

表 4-35　　　　北京市各类企、事业单位历年最低工资标准

年份	最低工资标准 (元/月)	文件字号	适用时间
2014	1560	京人社劳发〔2014〕29 号	2014 年 4 月 1 日起
2013	1400	京人社劳发〔2012〕349 号	2013 年 1 月 1 日～ 2014 年 3 月 31 日
2012	1260	京人社劳发〔2011〕375 号	2012 年 1 月 1 日～ 2012 年 12 月 31 日
2011	1160	京人社劳发〔2010〕300 号	2011 年 1 月 1 日～ 2011 年 12 月 31 日
2010	960	京人社劳发〔2010〕139 号	2010 年 7 月 1 日～ 2010 年 12 月 31 日
2009	800	京劳社资发〔2008〕129 号	2008 年 7 月 1 日～ 2010 年 6 月 30 日
2008	730	京劳社资发〔2007〕111 号	2007 年 7 月 1 日～ 2008 年 6 月 30 日
2007	640	京劳社资发〔2006〕93 号	2006 年 7 月 1 日～ 2007 年 6 月 30 日
2006	580	京劳社资发〔2005〕86 号	2005 年 7 月 1 日～ 2006 年 6 月 30 日

年份	最低工资标准（元/月）	文件字号	适用时间
2005	545	京劳社资发〔2004〕82 号	2004 年 7 月 1 日 ~ 2005 年 6 月 30 日
2004	495	京劳社资发〔2003〕215 号	2003 年 7 月 1 日 ~ 2004 年 6 月 30 日
2003	465	京劳社资发〔2002〕86 号	2002 年 7 月 1 日 ~ 2003 年 6 月 30 日
2002	435	京劳社资发〔2001〕164 号	2001 年 7 月 1 日 ~ 2002 年 6 月 30 日
2001	412	京劳社资发〔2000〕117 号	2000 年 7 月 1 日 ~ 2001 年 6 月 30 日
2000	400	京劳社资发〔1999〕90 号	1999 年 9 月 1 日 ~ 2000 年 6 月 30 日
1999	320	京劳资发〔1999〕82 号	1999 年 5 月 1 日 ~ 1999 年 8 月 30 日
1998	310	京劳资发〔1998〕93 号	1998 年 7 月 1 日 ~ 1999 年 4 月 30 日
1997	290	京劳资发〔1997〕88 号	1997 年 6 月 1 日 ~ 1998 年 6 月 30 日
1996	270	京劳资发〔1996〕161 号	1996 年 7 月 1 日 ~ 1997 年 5 月 30 日
1995	240	京劳资发字〔1995〕597 号	1995 年 7 月 1 日 ~ 1996 年 6 月 30 日
1994	210	京 ZF〔1994〕25 号令	1994 年 12 月 1 日 ~ 1995 年 6 月 30 日

　　三是城市生活成本。在城市生活的中间商需要交纳运输费、摊位费、管理费等，另外，这些中间商生活成本也不断增加，城市化的快速发展更是推高了房地产价格，使得中间商的城市生活成本、人工成本也增长迅速，相应地，中间商的经营成本也日渐上升。

四是中间商本身商品经营成本。对于农产品流通来说，其中一项成本就在于包装成本。根据冯中越（2013）调查数据，在蔬菜流通中，批发环节蔬菜包装箱成本超过了租金、运输成本。因为在蔬菜流通中，蔬菜都必须经过包装箱包装，因此，批发商在采购产品的时候，必须连同包装箱一起采购，在计算蔬菜重量时，需要按照整箱称重，因此，将包装箱重量也计算在蔬菜重量之中，进而提高了整个蔬菜成本，而箱子重量也不是可忽略的，在实际流通中，批发商采购一箱 30 斤青椒，支付的却是 30 斤的青椒的价格，但是除去包装箱成本之外，实际仅仅获得了 27 斤青椒，一般青椒买进时候是 3 元每斤，那么就等于批发商需要至少加价 3.3 元每斤才能够基本保本①，而这个箱子成本很多时候又被转嫁给消费者承担，进而推高了成本，而从不同成本对于加价的影响来看，包装成本也是最大因素。

五是市场各项基础设施的改造增加了经营成本，近年来批发市场的升级改造、道路硬化、顶棚建设等也会带来成本增加，推高了批发价差。

表4-36　　2004~2011年全国各行业城镇单位就业人员人年平均工资　　单位：元

指标＼年份	2004	2005	2006	2007	2008	2009	2010	2011
交通运输、仓储和邮政业	18071	20911	24111	27903	32041	35315	40466	47078
批发和零售业	13012	15256	17796	21074	25818	29139	33635	40654
住宿和餐饮业	12618	13876	15236	17046	19321	20860	23382	27486

资料来源：国家统计局。

表4-37　　　　2009~2011年城镇私营单位就业人员平均工资

指标＼年份	2011	2010	2009
交通运输、仓储和邮政业城镇私营单位就业人员平均工资（元）	25949	21989	19634
批发和零售业城镇私营单位就业人员平均工资（元）	22791	19928	17775
住宿和餐饮业城镇私营单位就业人员平均工资（元）	20882	17531	15623

资料来源：国家统计局。

---

① 冯中越等：《北京农产品流通体系与协调机制研究》，中国统计出版社2013年版，第169页。

表 4 - 38　　　　不同的成本因素对于批发商造成的加价　　单位：元/斤

蔬菜类型	运输成本	市场租金	包装箱成本	二级批发商加价	二级批发商实际加价
茄子	0.025	0.04	0.088	0.274	0.121
西红柿	0.025	0.04	0.166	0.383	0.152
黄瓜	0.025	0.04	0.074	0.27	0.132
豆角	0.025	0.04	0.263	0.491	0.163
青椒	0.025	0.04	0.197	0.403	0.141

资料来源：冯中越（2013，129）。

表 4 - 39　　　　蔬菜流通中的包装箱重量（500g）

蔬菜类型	每一箱重量	箱子重量
茄子	60	4
西红柿	40	4
黄瓜	50	2.5
豆角	25	2.5
青椒	30	3

资料来源：冯中越（2013，128）。

（四）农产品"区域性生产、全国性消费"导致农产品流通区域扩大

近年来我国农产品流通成本的增加，很重要的一个原因还在于农产品生产和消费格局的变化，现时我国农产品日益呈现"区域性生产、全国性消费"特征，日益从本地生产本地消费向区域专业性生产转变，这带来了跨区域商品流通，增加了流通成本，也放大了价格波动。

一是农产品生产产地越来越集中，农业生产向西北部转移，东部发达地区自给能力显著下降。2010 年小麦、棉花、花生、油菜籽、甘蔗、甜菜、苹果、柑橘等品种区域产量占前十位所占比例总计超过 80%[1]。如粮食主要集中在黑龙江、内蒙古、吉林、河南、江西、安徽等。蔬菜主要集中在山东、河南、河北、四川、江苏、湖南、湖北等地，长江中上游、华

[1]　周伟等：《中国农产品流通产业现状、问题及发展趋势》，引自敬璇等：《中国农产品流通产业发展报告 2012》，社会科学文献出版社 2012 年版，第 73 页。

南基地，黄土高原、云贵高原基地，黄淮海、环渤海基地，沿海与沿边地区基地等优势产区。南菜北运、西菜东输成为蔬菜流通的基本格局。

水果也呈现南北大运输的格局。海南、两广地区等地为热带水果产区，苹果、梨和枣等则在北方省市。秋季则是北方的水果运往南方，夏季南方的水果运往北方。棉花产区则集中在长江流域、黄河流域、西北地区，生产集中度达到99%；油菜产区在长江流域，生产集中度达到85%；甘蔗则在滇西南、粤西琼、中南地区，生产集中度达到93%；生猪则在长江流域、东北、中原、两广地区，猪肉产量达到80%；水产品山东、广东、福建、辽宁、浙江等地，占全国的82%[①]。

二是农产品生产不仅呈现区域性，也表现出极强的季节性，收获季节同类产品集中短期供应，生产有季节性，但是消费是全年性的，产生了供需矛盾。秋粮上市季节是北边的粮食运往南方，而夏粮上市则是南方的粮食运往北方，这带来了大规模的物流运输。水果和蔬菜同样呈现季节性，11月至第二年的4月蔬菜由南方地区向中北部地区运输，而5～6月则是由中部地区向北方地区运输。

这种生产的区域性和季节性以蔬菜最为典型，20世纪80年代之前我国蔬菜是"就地生产，就地流通"，大城市的郊区是蔬菜的生产基地，20世纪80年代之后，城市化加速后，城市郊区蔬菜供应下降，蔬菜的生产向远郊地区和农区扩展，20世纪90年后，蔬菜生产以农区为主，之后也开始形成商品性蔬菜生产基地，包括长江中上游与华南冬春蔬菜基地，黄土高原与云贵高原夏秋蔬菜基地，沿海与沿边地区出口蔬菜基地，黄淮海和环渤海设施蔬菜基地等几个优势产区。1995年国家先后开通山东寿光到北京，海南到北京，海南到上海，寿光到哈尔滨的四条蔬菜运输的绿色通道。现时，"南菜北运，东菜西移，西菜东调，北菜南运"成为基本格局。

不仅如此，农产品供应非本地化，农产品消费地主要是大城市，大城市农产品自给率在下降，城市自身供给不足。长距离运输成为了一个基本事实特征。以北京市为例，北京蔬菜本地化供应不足10%[②]，北京市蔬菜也以来山东、河北乃至海南、两广地区的蔬菜供应。从季节上看，北京蔬

---

① 周伟等：《中国农产品流通产业现状、问题及发展趋势》，引自敬嫩等：《中国农产品流通产业发展报告2012》，社会科学文献出版社2013年版，第75页。

② 冯中越等：《北京农产品流通体系与协调机制研究》，中国统计出版社2013年版，第84～85页。

菜春季以北方设施菜和南方露地菜为主，春夏之交季节以北方露地菜为主，夏淡季以北方冷凉地区蔬菜为主布，秋季以北方秋茬露地菜为主。从区域空间来看，85.76%的蔬菜供给运输距离在100千米以上，26.89%的蔬菜运输距离在100~300千米，38.34%的蔬菜的运输距离在300~600千米，此外还有20.53%的蔬菜是来自600千米以上距离的地区（见表4-41）。

表4-40　　　　　　　　按季节时间分北京蔬菜供应区域

	山东	河北	南方四省	辽宁	其他省市	北京		
冬季	27.25	17.69	14.57	11.78	22.75	5.69		
	河北	山东	辽宁	南方四省	天津	其他省市	北京	
5~6月夏季	32.44	20.85	9.89	6.89	6	11.67	12.26	
	河北	山东	辽宁	内蒙古	天津	其他省市	北京	
夏淡季	37	20.92	7.46	5.67	4.9	8.54	15.51	
	山东	河北	内蒙古	辽宁	天津	甘肃	海南	其他省市	北京
10~11月	33.87	30.28	5.75	4.55	3.56	3.51	1.23	8.04	9.21

　　资料来源：赵友森、赵安平、王川：《北京市场蔬菜来源地分布的调查研究》，载于《中国食物与营》2011年第17期，第41~44页。

表4-41　　　　　　　　北京主要蔬菜供应区域

距离（千米）	累积所占比例（%）	主要省市	时间
<100	14.24	北京、天津	当天，叶菜类
100~300	41.13	河北	运输时间在1天内
300~600	79.47	山东、内蒙古、辽宁	运输时间在2天内
600~2500	100	湖北、甘肃、海南、云南、广东、广西	运输时间在3~4天

　　资料来源：郭华等：《大流通背景下北京外埠蔬菜供应时空格局及效应分析》，载于《经济地理》2012年第3期，第96~101页。

（五）商品率日渐提高

　　改革开放之后，我国几乎所有商品都进入到市场交易，农产品市场化比率不断增加。2007 年以来我国主要农产品的商品率程度都在不断增加，部分农副产品的商品化程度甚至达到了 100%，已经完全市场化了，而棉花、烤烟、甘蔗、甜菜、桑产茧农副产品，以及蔬菜、苹果等商品率也接近 100%，稻谷、小麦等商品率在 2012 年也增长至 85.14%，花生等商品率 2012 年也达到 82.04%，从这些数据能够看出，我国农产品的市场化、商品化程度已经达到了很高的水平，进入了一个新的阶段。而农产品商品率提高也增加了商品的流通程度，相应地，也会带来市场流通服务增加（见表 4 - 42）。

表 4 - 42 　　　　　　2007～2012 年主要农产品商品率　　　　单位：%

商品＼年份	2007	2008	2009	2010	2011	2012
三种粮食（稻谷、小麦、玉米）	67.50	70.80	74.27	77.94	80.86	85.14
稻谷	59.70	64.60	67.84	70.16	72.58	77.57
小麦	58.60	63.10	65.81	70.43	73.90	81.54
玉米	84.10	84.80	89.17	93.24	96.10	96.30
大豆	90.10	91.30	93.63	95.39	95.87	96.69
两种油料（花生油菜籽）	73.80	74.00	76.37	78.16	81.59	82.04
花生	71.50	71.00	73.72	77.88	81.49	83.13
油菜籽	76.10	77.00	79.02	78.43	81.69	80.95
棉花	98.60	98.20	98.40	99.26	99.26	99.41
烤烟	99.80	99.90	99.85	100.00	100.00	100.00
甘蔗	98.60	98.40	98.53	99.83	100.00	99.99
甜菜	100.00	100.00	100.00	100.00	100.00	100.00
桑蚕茧	100.00	99.80	99.96	99.99	99.99	99.97
苹果	97.00	96.30	97.41	98.41	98.88	99.18
蔬菜	96.30	96.70	97.05	97.66	99.47	99.58

资料来源：国家发展和改革委员会价格司：《全国农产品成本收益资料汇编2013》。

（六）价差是商业本质所在

通常，无论公众还是政府管理者都认为，农产品生产价格水平较低，而消费者所面对零售价格水平很高，造成这一现象主要源于市场流通服务不完全性和垄断竞争性，认为是那些中间商获取了剥削性利润，而生产者和消费者承受了较大成本和代价。因此，政府也倾向给农产品生产价格设定一个最低价格，而给消费者需要面对的零售消费价格设定一个最高价格上限，并通过政府性组织来代替传统市场流通组织以提高市场的流通效率。但事实正好与人们所想的不同，农产品是一个高度竞争性市场而且降低市场流通服务的成本也是极为困难。[①]

事实上，相对流通成本来说，流通行业中利润并不高。即使在农产品市场发达的美国市场，根据调查，美国流通行业利润实际上不高，1982年食品零售业的税后销售利润率仅为 0.8%，税后资产利润率也仅为3.6%[②]。因此，在整个流通过程中，中间商利润并不高，即使中间商利润的降低并不能带来整个流通成本降低（见表 4 - 43）。

表 4 - 43　　　　　　1976 ~ 1982 年美国食品零售业的税后利润率

年份	食品加工工业		食品零售业	
	税后销售利润率	税后资产利润率	税后销售利润率	税后资产利润率
1976	3.5	7.5	0.8	4.3
1977	3.1	6.7	0.8	4.5
1978	3.3	6.8	0.9	4.7
1979	3.3	7.2	0.9	4.2
1980	3.4	7.1	0.9	4.5
1981	3.1	6.5	1.0	4.7
1982	2.9	5.8	0.8	3.6

资料来源：Developments in Farm to Retail Price Spreads for Food Products in 1982，Agricultural Economic Report Number 500, Economic Research Service, United States Department of Agriculture. May 1983, By Denis Dunham, National Economics Division, Economic Research Service, U. S. Department of Agriculture. Agricultural Economic Report No. 500.

[①] L. S. Venkataramanan, Middlemen's Margin, Economic and Political Weekly, Vol. 6, No. 39 (Sep. 25, 1971), 2050 - 2051.

[②] Developments in Farm to Retail Price Spreads for Food Products in 1982, Agricultural Economic Report Number 500, Economic Research Service, United States Department of Agriculture. May 1983, By Denis Dunham, National Economics Division, Economic Research Service, U. S. Department of Agriculture. Agricultural Economic Report No. 500.

因此，要降低市场流通服务是不可能，消除中间商或经纪人也并不一定能够降低成本。相反，消除流通中间环节反而会带来相应成本增加。商品直接销售所带来的成本，可能与原来一样高甚至是更高。因为本质上是农产品附加值的增加导致了流通成本增加或者差价扩大，因为现实中消费者需求日益转向了那些有更多附加值的产品，而不是仅仅直接从农民手中购买原始产品了，进而要求有更多的服务才产生出更高的成本。

而且，如果农民自己生产产品，并将产品运输到市场上直接销售给消费者，那么在这个市场上，就不会存在农产品价格和零售价格之间任何差价了。很显然，这个时候产品流通市场效率并不是最高。所以，产品流通市场差价并非完全是越小市场流通效率越高。我们也能够发现，农民获得消费者价格份额并不是一个市场效率高低的评价指标，反而代表的是农民参与到这个市场流通活动程度的指标。如果农民完全参与到市场流通中，采取直接销售，那么这个差价就是0，农民能够获得消费者支付的全部。而随着这个市场程度的降低，差价就会出现，而农民获得这个市场份额所占的比例就会下降。

更为重要的是，商品不同环节价差本身是商业经济理论基本规律。零售商基本职能就是商品买卖以及为完成买卖而进行运输和储存等辅助活动，生产者为鼓励零售商帮助自己把产品转移至消费者手中，必须把一部分生产价值让渡分享给零售商，具体表现形式就是购销之间差价。只有当差价能够弥补中间商因完成产品流通而支付的流通费用，并带来一定利润，他才会承担这一中间商的角色和职能，实现商品向消费者手中转移（纪宝成等，1993）。

六、小结

产品从生产到消费流通过程，在不同环节上形成不同的价格，价格也从初始的生产价格变为终端的零售价格。从中间环节价差来看，2007年以来我国农产品价格总体上波动频繁，中间环节价差呈现非线性波动趋势，但中间环节价差并非源于中间环节，而是由其他外部因素所致，我们不能因为中间环节的价差而去消减中间环节，指责中间商，消除流通中间环节反而会带来相应成本增加。具体来说：

一是中间环节价差呈现以下几个基本特征：无论是批发生产差价还是

零售批发价差都呈现不规则的线性震荡趋势，农产品不同环节之间价差呈现出非线性波动特征；相比于批发生产价格指数价差，我国农产品零售批发价格指数价差的波动更为频繁，振幅更大；我国农产品流通的批发生产价差与零售批发价差呈现反向变动特征，一段时间内批发生产价差增加，则零售批发价差则减小，而批发生产价差减小，则零售批发价差增加。

二是流通中间环节价差是农产品流通的普遍问题，无论是美国还是中国农产品流通过程中都存在，并且对于农产品的生产者、消费者和中间商都有显著影响，农产品流通环节价差是农产品流通的共有特征。美国农产品流通中的生产价格指数与零售价格指数之间的价差也是在持续扩大，美国农民在农产品流通中所获得的价格份额占零售价格的比例也在逐年下降，美国农产品流通成本所占比例则不断增加，农产品流通成本增加也使得农产品流通成本占农产品消费者支出的比例逐年上升，农民在农产品消费支出中所获得的份额比例则逐年下降。

三是不同中间环节上价格差存在细微差异，中间环节价差与农产品流通的零售终端环节显著相关，零售环节价差波动幅度则远远大于批发环节，价差主要发生于零售环节，零售环节对于价格有更强控制能力，在价差的增加方面作用空间较大，占据一定主导地位，表现出更强的价格波动性，也更直接影响到整体农产品价格的波动。

四是不同零售终端类型也会影响中间环节价差大小，我们发现农贸市场和超市中农产品价格都要高于批发价格，而且超市中的农产品零售价格高于农贸市场价格，以超市为零售终端的环节之间的价差要高于以农贸市场为零售终端的环节之间的价差。

五是产品零售价格高低、中间环节价差大小与流通环节本身多少关系不大。现实中农贸市场的采购实际上比超市的流通环节更多了一个中间环节和中间商主体，但是从结果来看，我们发现，超市零售的批零差价依然会大于农贸市场加价幅度，流通中间环节的加价幅度，虽然与流通中间环节有相关关系，但可能很大程度上是与中间环节关系不大，更多是与最后的零售端相关，零售端的加价幅度提高了最终的零售价格。而零售端加价幅度高企，又不在于零售环节本身，而是在于一些外部对于零售环节，对于超市等强加成本所致。因此，流通环节并不是流通成本高企的根本原因，流通中间环节的多少取决于流通对象物流特征，农户经营规模和整体经济环境等诸多因素。

六是农产品流通过程所产生的环节之间的价差本质上反映的是农产品流通服务的投入价格，生产价格和零售价格之间价差的增加，部分是流通服务内容增加所致。因此，并不能将现实中观察到的流通成本增加归结于农产品市场流通无效率，至少这些流通成本增加背后是市场流通服务种类和数量增加，消费者确实在商品流通过程中获得了更多实在的流通服务。

七是从美国发展经验来看，我们也能够观察到，不同农产品所需要的流通服务也不同，其流通成本也不一样，生产环节获得的价值或者农产品流通中农民获得的份额也是不一样，这些也都是与产品的自然特征和体量相关。

八是流通成本多少也是反映社会商业活动和经济活跃程度指标，有时候流通成本增加了反而能够说明这个时候经济是活跃的。因为这些流通环节代表了流通服务密集度，也反映了市场活跃程度。所以，很大程度上农产品价差增加或许主要是因为市场流通服务增加，而并非中间环节本身的原因。

九是农产品流通过程中生产零售价格的价差主要构成要素是流通成本，正是这些流通服务成本的增加拉大了中间环节的价差。这些流通成本包括收集和采购成本、处理和包装产品、交通运输成本（包括从采购者、加工者到中间商，乃至到零售市场的运输成本）、批发或者仓储成本以及零售成本等，具体是物流成本、劳动力成本、城市生活成本、中间商经营成本以及批发市场的改造成本等因素叠加造成价差的拉大。

十是现时我国农产品日益呈现"区域性生产、全国性消费"特征，从本地生产本地消费向区域专业性生产转变，这带来了跨区域商品流通，增加了流通成本，也放大了价格波动。

十一是农产品市场化程度进入了一个新阶段，农产品商品率提高也增加了商品的流通程度，相应地，也会带来市场流通服务增加和价差的增大。

十二是不同环节之间价差本身是商业经济理论的一个基本规律。零售商基本职能就是商品买卖以及为完成买卖而进行运输和储存等辅助活动，生产者为了鼓励零售商帮助自己把产品转移至消费者手中，必须把一部分生产价值让渡分享给零售商，具体表现为购销之间差价。

十三是农民获得消费者价格份额并不是一个市场效率高低的评价指标，代表的是农民参与到这个市场流通活动程度的指标。如果农民完全参与到市场流通中，采取直接销售，那么这个差价就是 0，农民能够获得消费者支付的全部。而随着这个市场程度的降低，差价就会出现，而农民获得这个市场份额所占的比例就会下降。

第五节　中间环节利润再审视以及利润分配问题

有关中间环节讨论，最终还应回归到利益分配问题，尽管中间商总是被指责，但实际上，中间环节实际上并没有获取超额利润，一方面中间商利润并不高，另一方面中间商获得利润大多是正常的劳动和资本的回报，其或许只是充当市场流通成本高企的"替罪羊"。

一、中间商利润的调查

从现实调查来看，并不是所有中间环节都获取了超额利润。本文以两个实际调查案例来说明。

一是根据钱贵霞等（2013）所做有关牛奶的流通环节利润分配调查，牛奶产业链包括生产环节的奶农、集中环节的奶站、加工环节的乳品加工企业、销售环节的零售商（超市），超市利润率高达236.3%的高额利润率，而奶农利润率仅为6.24%[1]。而根据钱（Qian）等（2011）的分析奶业的大部分利润集中在零售环节、加工企业和奶站环节，养殖环节的成本利润率相对是最小的[2]。二是曾维炯、徐立成（2014）对于高端有机大米"五常大米"进行调查，发现其价格在最后零售环节中上涨明显，从价格加价比例看，非有机大米加价环节主要集中在生产环节，加价比例大约为90.91%，非礼品有机大米加价环节也主要是在生产环节，加价比例大约72%，但是销售环节的加价比例也达到20%，更高端的礼品有机大米加价环节则主要是在销售环节，加价比例大约是82%[3]。

---

[1]　钱贵霞、张一品、吴迪：《液态奶产业链利润分配研究》，载于《农业经济问题》2013年第7期，第41~49页。

[2]　Qian G. X, X. C. Guo, J. J. Guo, J. G. Wu. China's dairy crisis: impacts, causes and policy implications for sustainable dairy industry. International Journal of Sustainable Development & World Ecology. 2011 (5), 434 –441.

[3]　曾维炯、徐立成：《高端农产品价格的最后一公里与产业链的失衡发展》，载于《中国农村观察》2014年第2期，第84~91页。

可以看出，不同产品类型，因为所需要流通服务类型的不同，其加价环节也不一样，对于低端普通大米，生产之后并不需要太多流通加工，所以其成本主要集中在生产环节。而对于高端有机礼品大米，这在生产环节之后，还需要更多加工、包装、运输等流通服务。由此，其主要的加价比例也都集中在销售环节。因此，产品越高端，其在销售环节加价比例也越大。

在利润分配方面却是另外一个景象，普通非有机大米的生产环节农户所占的利润比例达到 79.7%，这是与其投入产出的成本相一致的，但是在有机大米方面，生产环节所占比例却在下降，销售环节利润占据较大比例，非礼品有机大米生产环节利润所占比例下降至 54.28%，而有机大米礼品更是仅为 6.71%，相应地在零售环节，非礼品有机大米和有机大米礼品利润所占比例则分别为 27.68% 和 87.97%[①]。

由此，我们可以看到，产品越是高端，其所需要流通服务越多，在利润分配方面则越是向零售环节倾斜，零售环节所获得利润就越高。

所以，从实际调查可以看到，成本、利润在产品流通不同环节分配是不一样的，产品越是高端，越是在生产环节之后所需要流通服务增加之后，其生产环节所获得的比例就越低，而销售环节所得利润比例越高，这在对农产品流通中间环节价差分析中得出的结论是相吻合的。

另外一些调查也显示，中间商的利润并不高。如以北京蔬菜批发市场为例，二级批发市场一个摊位每天纯利润有 300 元左右，纯利润一年大约10 万元，而每一个摊位至少需要 2 个人经营，因此单个摊位利润在 5 万元左右，相对北京市整体收入水平和经济发展程度，并不是超级暴利。而对于零售市场中间商来说，农贸市场一个摊位每一天利润大约 220 元，一年收入大约在 8 万元，而每一个摊位至少需要 2 个人经营，因此单个摊位的收入在 4 万元，对比来看，利润也不是很高[②]。

因此，相对于流通成本来说，流通行业中利润相对较小。即使是美国也是如此。根据美国农业部的调查，美国流通行业的利润实际上不高，

---

① 曾维炯、徐立成：《高端农产品价格的最后一公里与产业链的失衡发展》，载于《中国农村观察》2014 年第 2 期，第 84 ~ 91 页。

② 冯中越等：《北京农产品流通体系与协调机制研究》，中国统计出版社 2013 年版。

1982 年食品零售业的税后销售利润率仅为 0.8%，税后资产利润率也仅为 3.6%[①]。因此，在整个流通过程中，中间商利润并不高，即使中间商利润的降低并不能带来整个流通成本的降低。

表 4 - 44　　　　呼和浩特市牛奶价格形成过程及各环节成本利润

单位：元/每千克

环节	奶牛养殖环节	牛奶加工环节	牛奶销售环节
总成本	1.31	2.966	0.11
总利益	1.41	3.05	0.37
利润	0.1	0.084	0.26
各环节价格	1.41	2.57	3.05

资料来源：钱贵霞等：《液态奶产业链利润分配研究》，载于《农业经济问题》（月刊）2013 年第 7 期，第 41~49 页。

表 4 - 45　　　　"五常大米"不同环节上的价格加价　单位：元/每千克

环节	生产环节价格	加工环节价格	销售环节价格	生产环节价格	加工环节加价	销售环节加价
非有机大米	7.28	8	7.28	7.28	0.72	0
加价比例				90.91%	9.09%	0
非礼品有机大米	14.54	16	20	14.54	1.46	2
加价比例				72.73%	7.27%	20%
有机大米礼品	14.54	20	112	14.54	5.46	46
加价比例				12.99%	4.87%	82.14%

资料来源：曾维炯、徐立成：《高端农产品价格的最后一公里与产业链的失衡发展》，载于《中国农村观察》2014 年第 2 期，第 84~91 页。

[①] Developments in Farm to Retail Price Spreads for Food Products in 1982, Agricultural Economic Report Number 500, Economic Research Service, United States Department of Agriculture. May 1983, By Denis Dunham, National Economics Division, Economic Research Service, U. S. Department of Agriculture. Agricultural Economic Report No. 500.

表 4 - 46   "五常大米"各个环节成本分摊

类型	农户成本	加工商成本	经销商成本	生产环节成本	价格环节附加成本	销售环节附加成本	总成本
非有机大米	4.04	7.68	8	4.04	0.42	0	4.46
所占比例				90.7%	9.3%	0	100%
非礼品有机大米	8	14.96	16.46	8	0.42	0.46	8.88
所占比例				90.15%	4.66%	5.28%	100%
有机礼品米	8	15.74	20.46	8	1.2	0.46	9.66
所占比例				82.87%	12.37%	4.76%	100%

资料来源：曾维炯、徐立成：《高端农产品价格的最后一公里与产业链的失衡发展》，载于《中国农村观察》2014 年第 2 期，第 84 ~ 91 页。

表 4 - 47   "五常大米"不同环节的利润

类型	农户收益	加工商收益	经销商收益	农户利润	加工商利润	经销商利润	总利润
非有机大米	7.50	9.28	8	3.46	0.88	0	4.34
所占比例				79.7%	20.3%	0	100%
非礼品有机大米	14.98	17.28	20	6.98	2.32	3.54	12.84
所占比例				54.28%	18.04%	27.68%	100%
有机礼品米	14.98	21.28	112	6.98	5.54	91.54	104.06
所占比例				6.71%	5.32%	87.97%	100%

资料来源：曾维炯、徐立成：《高端农产品价格的最后一公里与产业链的失衡发展》，载于《中国农村观察》2014 年第 2 期，第 84 ~ 91 页。

表 4 - 48   1976 ~ 1982 年美国食品零售业的税后利润率

年份	食品加工工业		食品零售业	
	税后销售利润率	税后资产利润率	税后销售利润率	税后资产利润率
1976	3.5	7.5	0.8	4.3
1977	3.1	6.7	0.8	4.5
1978	3.3	6.8	0.9	4.7
1979	3.3	7.2	0.9	4.2

年份	食品加工工业		食品零售业	
	税后销售利润率	税后资产利润率	税后销售利润率	税后资产利润率
1980	3.4	7.1	0.9	4.5
1981	3.1	6.5	1.0	4.7
1982	2.9	5.8	0.8	3.6

资料来源：Developments in Farm to Retail Price Spreads for Food Products in 1982, Agricultural Economic Report Number 500, Economic Research Service, United States Department of Agriculture. May 1983, By Denis Dunham, National Economics Division, Economic Research Service, U. S. Department of Agriculture. Agricultural Economic Report No. 500.

二、中间商生存状况调查

事实上，对于现实中很多批发商和零售商来说，他们自身经营也并不理想，并非是如社会公众、媒体乃至一些学者所想象的一样获取了暴利。特别是对于那些城市批发市场中小规模经营的中间商来说，这些中间商也大都是来自农村务工农民工（如北京新发地批发市场中，北京本地的批发商极少，大多是来自安徽的、湖北的、江苏的、河北的、河南等外地人），为了生计而从事这种商业贩卖活动，不仅经营活动辛苦，早出晚归，而且一些批发商的经营时间常常是在深夜 11 点到凌晨 4 点钟（如北京新发地的猪肉批发商是在深夜 11：30 到凌晨 3 点左右），需要付出超出常人体力和汗水，而且本身生活条件差，生活成本也较高。

在这些商品市场上，我们经常能够看到一些批发商抱着被子睡在装菜的大车里，甚至一些人直接睡在土豆这些农产品上。对于这些批发商来说，除了缴纳市场租金之外，还得支付房租、小孩上学和老人看病等费用。因此，这种市场中间商能够获得多大利润，即使是市场上这些菜价翻倍上涨，对于他们同样是微利，而且也是其承受了更多的辛苦经营的回报。当我们将菜价的矛头指向这些中间商和中间环节的时候，或许是值得再思考。

根据中国社会科学农村发展研究所（2009）的调查，新发地批发市场中的商户家庭平均人口 4 人，两个孩子居多，个别有 3 个孩子的，大部分商户也都没有一户在北京购买了住房，都是商铺里吃、住和做买卖，有些商户是长期定居在北京，所租的房屋也都在附近的小平房，面积在 10 平方米左右，每月租金大概是 500 元①。

在这里，我们进一步引用北京工商大学学生 2011 年的调研日记，来看看这些中间商的日常经营生活状况，在批发市场中，有一位做批发土豆的陈女士，她说：

"我今年 35 岁，大女儿 10 岁，小女儿 7 岁，丈夫 38 岁，我们四口就住在附近的地下室，十几平方米，屋里一张床"，她和丈夫"每天凌晨 3 点起床，不到 10 点就开着货车到安庄菜市场卖土豆，4～6 点是批发高峰，基本没有停歇，7～9 点是零售高峰，买几斤土豆的顾客零零散散不断，之后，夫妻俩才有间歇到小摊上买个炒面或者包子做早餐。从 10 点到下午 4 点，是相对空闲的时间，这个时候夫妻两个才能轮流在铺着旧毛毯的地上睡一会儿，一个人睡一个人看着摊。4 点多之后又要开始忙碌了，下午顾客基本是零买，一直到下午 7 点多才能回到租房。陈女士负责照顾孩子，烧饭等，丈夫则开车到地里运第二天需要卖的土豆。晚上 11 点多再上床睡上三四个小时，第二天凌晨 3 点又开始新一轮的生活循环了"。他们也给我们算了一笔账，"一斤土豆卖一块，挣 0.5 元每斤，一天平均卖 500 斤，一个月挣 7500 元，成本是地租每月 600 元，房租每月 1600 元，交通运输费 1000 元，书店费 200 元，生活费 1500 元，总共 4300 元，一年仅 38400 元，这些钱需要供养 2 个小孩上学，家里父母需要赡养"②。

所以，我们能够看到，农产品流通中间商中，除了极少数个别大户之外，大部分中间商都是一些小规模经营者，也都是社会弱势群体，而随着城市生活、经营成本上涨，他们经营更艰难，并非是人们所想象中获得超额利润。

三、中间环节利润来源的再认识③

事实上，我们很难在市场上看到中间商获得垄断利润。即使中间商是

① 廖永松：《新发地农产品批发市场商户经营现状调查研究》，2009 年。
② 徐振宇：《中国鲜活农产品流通体系演化研究》，经济科学出版社 2014 年版，第 140～144 页。
③ 本部分内容参考作者之前发表论文，廖斌：《中间商在商品流通过程中地位与作用的再认识》，载于《商业时代》2014 年第 6 期。

一个垄断商，他也不可能完全获得剥削性垄断利润。因为如果中间商对生产者索取的服务费用多于生产者直接交易的费用的话，生产者可能就会选择直接交易。所以，中间商所提供的服务面临的是一个有弹性的需求曲线，他至多可以获得其提供的有效率的服务，但不能超过这些。在市场刚刚开始的时候可能存在垄断中间商，因为这个时候的市场交易量并不能吸引更多竞争性中间商进入，但是随着市场交易量增加，如果没有人为进入障碍，越来越多竞争性中间商就会进入市场，进而将其利润水平拉低至市场平均水平。因此，中间环节很难获得超额利润，现实中部分中间商反而经营生存困难。从价值链的角度看，中间环节位于"微笑曲线"的中部，从理论上看起来是价值创造的高地，可现实却是另外一番景象，因此，或许问题的关键在于流通产业链上的利益分配问题。

实际上，中间商利润也并不仅仅是通常认为的是来源于简单的商品买卖的价差，中间商利润在某种程度上是其流通服务的价格反映，反映出的是中间商流通服务增值活动，对于中间商来说，其经济活动包括一部分纯粹交易服务的活动，一部分则是本身产品增值活动。

即使通常我们理解的流通成本，无论是从马克思政治经济学还是从西方经济学角度看都应是价格合理且重要的组成部分。庞春（2008）认为中间商收取的佣金费反映了其提供的交易服务的价格，加价中间商的利润则来自于商品价差，不仅是其交易服务的价格，也反映了其通过买卖产品所获得的价值增加[1]，向佐谊、童乙伦、曾明星（2013）认为流通中间商的价差实质是其为生产者和消费者节约成本而分享的收益[2]。

不仅如此，作为市场经济主体，中间商参与市场也是必须能够从中获得市场利益。中间商通过大量商品买进和卖出，借助于产品中间差价以及相应增值服务来获取利润，这种回报和利润并非如人们所认为的是一种道德上不公平的剥削性回报，而是来自中间商专业技能、专业服务以及自身营运模式创新等，具体来说包括以下几个方面。

---

① 庞春：《专业中间商的出现：基于西方经济史与超边际经济的解释》，载于《制度经济学研究》2008 年第 4 期，第 49~63 页。
② 向佐谊、童乙伦、曾明星：《基于社会分工视角的流通产业演进机理与定位研究》，载于《财经论丛》2013 年第 3 期，第 98~103 页。

(一) 源于中间商对市场判断

中间商在市场经营中所获得的收益和利润，依靠的是对充满不确定市场的预期和判断，是来源于中间商购买商品的价格和中间商将商品在未来出售时候的卖出价格之间的差价，因此，中间商的利润更多是来源于中间商对于商品的市场趋势的专业判断，来源于某个特定的时间段内市场中的一些其他中间商没有能够预期到的供求变化，进而能够给中间商带来利润（事实上，中间商对市场判断的正确与否也决定了其所获利润的大小，甚至是否能够获得利润还是亏损）。

因此，中间商要想生存和获得利益，就必须依靠专业知识来计算和预测市场供求关系。中间商本身对于市场的专业判断能力，对于市场的分析，对于市场预期的把控能力决定了中间商的市场盈利能力甚至是其在市场生存下来的可能性。

而且更进一步，中间商从商品买进价格和卖出价格的差价获得的利润也不是来自消费者和生产者利益的损害，更多是来自其他中间商的决策失误。当市场中其他的中间商因为自身决策的失误，对于市场状况的判断失误，进而在其产品的买进和卖出的数量和价格上判断失误，由此造成了相应的损失，而相应的其他的中间商则可以因自身对市场的正确判断而获得利润。所以，从这个角度来看，中间商并非是一个市场的掠夺者，其获得的利润也只不过是在市场中竞争中获取正常利润。

(二) 源于中间商的专业服务

在市场交易过程中，中间商能够获得价差和利润，也是源于中间商作为专业的交易专家的专业能力，源于其为市场交易和其他主体提供的各类专业服务。

第一，借助于大规模的产品购买和产品转售活动，尤其是其专业的库存和存货管理能力，中间商能够增加市场的交易机会，促进更多的市场交易完成和实现，由此中间商能够从这些交易中获得其相应的专业服务的价差和利润。

第二，中间商参与市场交易，其集中市场交易，面对大量的生产者和消费者，其能够获得一定的市场优势，既能够降低产品卖者的保留价值，也能够提高产品买者的愿意支付的价格，由此也能够增加产品生产者和消费者之间的交易可能性，促进市场交易的实现，而在这个撮合交易完成的过程中，中间商相应地索取了一个价差作为回报，也就是说中间商的市场利润也可以看成是为促进市场交易的达成的回报。

第三，中间商也能够为市场提供一个多样性选择服务，因为中间商通过拥有库存，能够大量买进多样化的商品，为消费者提供多样化的产品选择并使其在任何时候都能够获得产品。

第四，中间商参与到市场交易中，能够减少市场直接交易时候的市场摩擦因素带来的各类搜寻成本，降低市场交易主体为寻找交易对象而付出的时间和信息成本，消费者由此也不需要直接搜寻生产者，生产者也不需要直接搜寻消费者，中间商也从中获得相应回报。

第五，中间商在参与市场交易过程中，凭借其专业的交易技能和在市场的信息收集活动，能够及时地向市场各个主体披露、传递各类市场信息，有效地缓解市场的信息不对称问题，从这个角度看，中间商在市场上的回报也是对其交易技能和市场信息活动的正面反馈。

(三) 源于市场风险的溢价

不仅如此，中间商在市场中能够获得市场利润还源于中间商，集中和分散了市场交易风险，承担了相应的市场交易风险。中间商将大量的交易活动集中在一起，其大规模地买进和卖出产品，能够平滑市场供求的波动性和各种外部不确定性，相应地减少了市场交易中其他主体面临的交易风险，以及为了应对市场变化而需要的预防性的生产和销售活动，由此，市场交易的风险更多地是转移到中间商那里了，所以，中间商的市场利润一定程度上也是其承担的市场风险的溢价。

(四) 源于规模经济和范围经济

与此同时，中间商的市场利润也是源于其市场交易活动中获得的规模经济和范围经济。作为专业的交易商，中间商进行的往往是大量的集中的商品交易活动，由此其能够在产品交易规模和交易范围方面获得市场利润空间。一方面，中间商这一大规模的产品买进和转售活动带来的巨额的市场交易量使其能够获得规模经济。另一方面，中间商也大都经营了多种多样的产品类型，通过这种产品的组合也能够实现市场交易的范围经济。

所以，流通成本高企问题，并不能简单地归结为中间商的市场势力以及中间环节的过度，简单地削减流通环节是不够的。市场流通过程产生的差价是中间商提供的市场服务的一个经济租金。当前农产品流通中存在的环节利润分配的问题，与我国制造业的代工模式极为相似。中国沿海工厂的代工模式 OEM，与中国农产品农户的生产者的地位和情况相似，其所处位置和最终福利的分配结构是一样的，生产者最后都是获利较低的一方。

按照"微笑曲线"概念，流通环节应是一个高附加值环节。但是，我们会发现，流通环节并没有按照"微笑曲线"来走，而成为一个低附加值环节。这样看起来，似乎在农产品流通的价值链中出现反向"微笑曲线"，中间环节反而利润大，这与制造业"微笑曲线"正好相反，这些也在提醒我们流通的发展不是过多而是滞后了。

四、中间商结构与市场信息对利润分配的影响

尽管我们强调中间商在农产品流通市场微观结构中的位置，但也需要注意，在当前中国，中间商与单个农户间仍然存在着不对称的优势。而中间商的这种市场优势，很重要的一个原因是中间商对农产品市场有着更为充分信息，相对于生产者农民来说，处于信息优势地位，而分散农户往往很难有效地获取市场信息，也难以应对市场风险，造成在信息上处于劣势。而且在某一个产地，在某一时间，中间商的数量是有限，价格也基本一致，农户如果选择不与中间商交易，继续寻找出价更高的中间商也会增加交易费用。

因此，如果能提高农民对于农产品的市场信息水平，也就能够提高农民所获得的市场价格，进而增加农民的收入，甚至帮助农民更好安排生产经营活动。信息之所以能够使得农民获得利益，其机制在于在农民与中间商的博弈过程中，一方面，如果中间商的市场结构是竞争性的，在农产市场上存在着许多不同的中间商，在农民具备较充分的市场信息后，便可在不同的中间商之间进行转换以选择更有利的中间商。不仅如此，农民甚至自己舍弃所有的中间商，前往市场销售农产品，只不过农民需要面临诸如交通运输成本的权衡。另一方面，现实中中间商是如此多样和有差异，有一些是有充分信息，有一些是没有充分信息，他们对于公平交易的理念也不相同，中间商之间的市场竞争程度和结构也是不一样。

因此，考察中间商利润，分析市场信息对农民能够从中间商与农民的

博弈关系中获利的大小，既需要考虑市场信息内容，也应该进一步地分析和考虑中间商的市场结构对之的影响。

（一）市场信息对于农产品流通市场的影响

信息是一种十分重要的资源。在农产品流通市场中，随着市场化程度提高，产品市场竞争和市场波动日益增强，信息对各个市场主体的重要性也日益突出。相应的在农产品流通市场中，信息也日益成为一个重要的问题。不同主体所拥有的信息是不一样的，既包括私人信息，也包括公共信息，各个主体拥有的信息程度不同也会影响到主体在市场中的行为和福利。

一方面，一些学者从信息不对称角度来研究农产品的质量问题以及与之相关的市场逆向选择问题[1]，认为这种信息不对称，会影响到农产品市场的运作效率[2]。也有学者着重分析了农民信息获取的问题[3]。另一方面，现有研究也从宏观的层面来分析农村的信息化水平和建设问题，研究农村和农民的信息化水平的问题[4]，指出农产品市场信息的不畅，在宏观层面会引起市场的供求的不平衡，产品的生产和市场的供求不一致，产品销售困难[5]。另外有学者注意到农民在市场经济中的信息弱势问题[6]，农民在与相关企业、中间商之间的交易过程中，信息流通的产品收购方会压低市场价格，使得信息闭塞的农民利益受损[7]。在国外，科嘉－奥东戈（Ikoja－Odongo）（2002）[8] 通过调查发现，82% 的农民生产者认为

---

① 刘冬梅、绍砾群：《农产品市场信息不对称问题及解决思路》，载于《农村经济》2005年第2期，第112~113页。

② 聂祖东、王芳、朱述斌：《农产品市场中信息不对称下的消费者剩余及行为选择》，载于《江西农业大学学报》（社会科学版）2008年第7期，第10~18页。

③ 谭英、张峥、王悠悠、杨小兰、凌莲莲：《农民市场信息获取与发布的不对称性分析与对策》，载于《农业经济问题》2008年第6期，第68~72页。

④ 魏秀芬：《我国农村市场信息服务和市场信息需求利用分析》，载于《中国农村经济》2005年第5期，第54~62页。

⑤ 郭冬乐、申恩威：《农产品市场亟需解决：信息不灵流通不畅》，载于《中国商贸》1998年第22期，第11页。

⑥ 李君甫：《论中国农民在生产经营中的信息弱势地位》，载于《西北农林科技大学学报》（社会科学版）2003年第3期，第39~44页。

⑦ 张峰：《信息不对称与农民在市场博弈中的弱势地位》，载于《理论学刊》2004年第5期，第62~63页。

⑧ Ikoja－Odongo JR. Insights into the information needs of women in the informal sector of Uganda [J]. South African Journal of Library & Information Science, 2002, 68 (1)：39.

通过获取信息能更有效地定位市场、掌握市场价格，扩大经营规模化，增加收入。斯文森（Svensson）和柳泽（Yanagizawa）①（2009）则发现在乌干达，农民通过无线电台获得关于市场信息能够有助于农产品价格上升15%。与此相对，莫洛尼（Molony）（2008）②则利用坦桑尼亚的数据发现，生产者利用市场信息的能力受到两个方面因素的影响和限制，一是生产者与某一特定的中间商之间本身存在着一定的紧密联系，二是生产者也依赖于中间商的贷款和资金，对生产者来说，尽管他们不满意这一价格，也并不能选择与其他中间商合作和交易。因此，即使生产者获得了关于市场的价格信息，但也无法帮助他们获得更高价格。

从这些研究来看，在农产品市场价格中，产品的形成机制是面临着市场的供求关系以及生产者与流通中间商之间的博弈力量，信息充分的一方在价格制定上有优势。而通常，农民对于产品的市场价格和市场供求关系掌握的信息并不充分，相对来说，农产品的流通中间商则有着更为充分的信息，进而在整个市场交易过程中其能够占据主动的交易，农民很多时候只能被动地接受价格。信息的不充分制约了其谈判和要价能力。因此，信息对于农民的利益是十分重要的，但这种重要性是随着市场的竞争环境和市场结构特征而呈现不同的影响结果。农民能否通过市场信息获得利益依赖于农民在市场中是否有其他可供选择的交易自由。

（二）中间商市场结构对利润分配的影响

在农产品市场中，中间商往往比农民对于市场状况有着更充分的信息，农户如果选择自己进入市场销售，则面临着较高的交通运输成本。且由于市场存在着各种各样的摩擦因素，农民在市场中从一个中间商转向另外一个中间商并与之交易是存在着较高成本。因此，农民掌握的信息的充分程度对于农民的利益是十分重要的。在这部分中，本文参考了塔拉

---

① Svensson, Jakob and David Yanagizawa, Getting Prices Right: the impact of the market information service in Uganda [J]. Journal of the European Economic Association, 2009, 7 (2-3): 435-45.

② Molony, Thomas, Running Out of Credit: The Limitations of Mobile Phone Telephony in a Tanzanian Agricultural Marketing System [J]. Journal of Modern African Studies, 2008, 46 (4): 637-58.

(Tara，2011)[1] 关于市场价格信息的博弈模型来分析中间商的市场结构如何影响到流通利润的分配。

假定在一个理想市场中，只有农产品生产者农民和中间商，他们分别进行两阶段的交易。其中中间商掌握市场价格信息，而农民仅知道价格的分布并不了解市场价格的真实信息。市场上有两种类型的中间商，第一类中间商 A，他们更关心平等，更希望能与农民平等地分配交易所带来的利润。第二类中间商 B，他们采取的是策略性的行为，目的是使其在两阶段交易中的获益最大化。

在第一阶段交易开始的时候，一个农民和中间商人相匹配并且有机会达成交易。农民有可能获得一个市场价格 p，p 处于高价格和低价格之间，即 $p \in \{p_L, P_H\}$，$p_H > p_L$，$P_r = (p = p_H) = \lambda$，即市场价格为高价格 p_H 的概率为 λ。中间商能够观察到市场中每一个阶段 t 的价格 p_t，但是农民并不知道这个价格而仅仅知道市场价格 p 的一个分布。当中间商向农民提供一个价格 x_t，农民可以接受这个中间商的报价，也可以自己前往市场中销售产品但是必须承担相应的运输成本 τ。而与此同时，中间商的运输成本被假设为零，因为只有当中间商的运输成本低于农民的运输成本的时候，中间商的贸易利润才存在。

假设市场中间商 i 有两种类型，第一类中间商 A 和第二类中间商 B，其中，$i \in \{A, B\}$，$P_r(i = B) = q$，中间商 i 是第二类中间商 B 类型的概率为 q。但农民并不知道任一个给定的中间商是属于哪种类型，但知道他属于第二类中间商 B 类型的概率为 q。我们假定第一类中间商 A 总会与农民平等地分配从贸易中获得的利润，因此他会提供的价格为 $P_t - \left(\frac{1}{2}\tau\right)$，而第二类中间商 B 则是会表现出策略性行动，选择一个价格 x 以使得他预期的收益最大化。

我们假设市场交易是分两个阶段进行，在交易的第一阶段结束后，农民可以选择在第二阶段继续保持与这个中间商的交易关系，也可以选择支付一个转换成本 k 从而转向另外一个新的中间商。与此同时，农民在第二阶段交易过程中新选择的中间商也是与第一阶段的中间商一样在类型方面

① Tara Mitchell，Middlemen，Bargaining and Price Information：Is Knowledge Power?，November 25，2011，LSE，Working paper.

服从一个独立同分布，既可能是属于第一类中间商类型也可能是第二类中间商。而在第二个阶段，如果农民决定选择转向另外一个新的中间商，那么第一个中间商在第二个阶段的所获得的收益则为零，而第二阶段的中间商也能够观察到市场的价格 p_2，并向农民提供一个价格 x_2，农民同样可以选择接受或者拒绝。

在市场中，农民和中间商人也都是想从两个阶段的交易中使他们的总利润最大化。在这个两阶段的交易当中：第一，农民需要决定是否接受中间商的报价或者是自己前往市场销售；第二，农民需要决定是继续在第二个阶段仍然与第一阶段的中间商交易，还是承担转换成本 k 与另外一个新的中间商交易。农民的第一阶段的交易决定仅仅依靠中间商的报价是否大于农民自己前往市场销售的预期收益。而农民的第二阶段的决定则依赖农民对于中间商类型的信念和判断，而这个信念来自他对第一阶段中间商的报价的信息。

在市场交易过程中，农民总是会更偏好选择与第一类的中间商 A 交易，因为相对于和第二类中间商 B 交易，与第一类的中间商 A 交易农民更有利，后者总是倾向于平等地分配交易利润。为此，我们假设：$\tau > 2\lambda(p_H - p_L)$，因为农民总是希望在第二阶段能够与第一类中间商 A 交易，因此，对于第二类的中间商 B 来说，在第一阶段他也要尽量做出一个良好的印象以免在第二阶段失去与农民交易的机会。因此，第二类中间商 B 会选择一个价格 x_1 以使他能从两个阶段中获得收益之和最大化，也即：

$$\max_{x_1} \rho(x_1)(p_1 - x_1) + \sigma(x_1)\rho(x_2)(E(p_2) - x_2);$$

在这里 $\rho(x)$ 是农民接受中间商报价的概率，而 $\sigma(x)$ 则是给定中间商在第一阶段的报价后，农民在第二阶段并不转向另外一个新的中间商依然继续与之交易的概率。我们也假设农民自己前往市场销售产品的运输成本 $\tau > 2\lambda(p_H - p_L)$，这意味着中间商总有可能选择一个农民能够接受的报价（也即 $p_L > [\lambda p_H + (1 - \lambda)p_L - \tau]$）。

具体来看，我们假设在交易的第二阶段过程中，第二类中间商 B 关心的是农民是接受还是拒绝他的报价。只要中间商的报价大于或等于农民基于对于市场价格的信息而产生的期望的其他选择收益，那么对于农民来说，最好的选择便是接受中间商的报价。这时候第二类的中间商 B 总会提供报价 $x_2^* = \lambda p_H + (1 - \lambda)P_L - \tau$，由此农民的战略为：

$$\rho^*(x_2) = \begin{cases} 1 & x_2 \geq \lambda_{PH} + (1-\lambda)P_L - \tau \\ 0 & x_2 < \lambda_{PH} + (1-\lambda)P_L - \tau \end{cases}$$

如果在第二阶段的交易中农民是与第二类的中间商 B 交易，那么农民的期望收益为 E(P) − τ，则第一类的中间商 A 会报价 $P_2 - \left(\dfrac{1}{2}\tau\right)$，第二阶段中农民与第一类的中间商 A 而不是第二类的中间商 B 交易时农民的期望收益则为 $\dfrac{1}{2}\tau$。对于第二类的中间商 B 来说，如果农民继续与之交易，那么中间商在第二阶段的预期收益为 τ。令 μ_x 代表在给定 x_1 之下，农民认为当前的中间商是第二类的中间商 B 的信念，那么当满足 $(\mu_x - q)\dfrac{1}{2}\tau > k$ 时候，农民便会在第二阶段转向新的中间商。

而在第一阶段交易过程中，第一类的中间商 A 会提供的报价为 $x_L = p_L - \dfrac{1}{2}\tau$ 或者 $x_H = p_H - \dfrac{1}{2}\tau$。因此，可以假设对于任何一个农民 x 认为中间商为第一类 A 类型的概率为零。基于此，对于第二类中间商 B 存在三种可能的均衡战略：x_L、x_H 或者 x_B，其中 $x_B = \lambda p_H + (1-\lambda)p_L - \tau$。对于给定的任何报价来说，如果不是 x_L 或者 x_H，那么农民都会认为这个中间商是第二类 B 类型中间商的概率为 1，也即都会认为这个中间商是属于第二类中间商。因此 x_B 对于其他的任何报价 $x(x \in /\{x_L, x_H\})$ 都是占优的。如果中间商提供的报价 $x > x_B$，那么当没有改变农民认为将在第二阶段继续与之交易的概率的话，中间商的收益在第一阶段会更低。如果中间商的报价 $x < x_B$，那么农民则会拒绝他的报价并且转向自己亲自前往市场销售。

在交易的第一阶段中，中间商主要关心以下两个方面的问题，一是农民是否会接受中间商在这一阶段提出的报价，二是农民是否会在第二阶段继续与之交易。因此，中间商必须比较这一阶段提供一个较低的报价所获得的额外收益，与农民认为其是一个第二类的中间商 B 并转向其他中间商进而失去与农民之间交易的概率。如果农民的转换成本越高，那么中间商就越不用担心他自己所需要伪装的类型，因为尽管农民认为该中间商是第二类的中间商 B 的可能性很大，但是农民仍然不愿意去承担高额的转换成本。更加极端一点，当农民的转换成本足够高的时候，中间商甚至可以直接显示他自己真实的类型，而农民也不会转向另外一个新的中间商。

由此我们知道农民对于市场和中间商的信息程度与判断会影响到其在

市场上两个阶段的行为和市场福利，不同中间商市场结构下这种影响程度也会呈现差异。

当中间商之间的市场竞争程度较低，甚至市场存在着垄断的单一的中间商，则这时候农民从一个中间商转向另外一个中间商的成本很高，也即当 $k > (1-q)\frac{1}{2}\tau$，那么第二类的中间商 B 甚至都不需要隐藏他自己的是第二类的属性。在这种情况下，即使提高农民对于市场价格的信息水平，即使农民具有十分充分的信息，但也不会增加农民在第一阶段所获得的预期的价格。因为如果 $k > (1-q)\frac{1}{2}\tau$，对于农民来说，转向另外一个中间商的成本太高，即使农民能够知道与之交易的是第二类的中间商 B，农民也只能接受中间商的报价。在这种情况下，即使是第二类的中间商 B 也没有动力去假装自己是一个第一类的中间商 A 而可以选择提供一个最低的价格，而这个价格农民也只能接受，也即为 x_B。既然第二类的中间商 B 已经揭示了自己的类型，因此即使农民获得了对于市场价格的充分而准确的市场信息也并不能够帮助农民获得一个较高的价格。而如果 $k < (1-q)\frac{1}{2}\tau$，中间商则必须尽力去隐藏自己的真实类型。当市场价格处于较高水平（$p = p_H$）而且农民并不知道这一市场价格的时候（也即农民获得的市场信息是不充分的时候），中间商还是可以装成是一个第一类的中间商 A，并提供一个价格 x_L。相应地，当农民转向另外一个中间商的转移成本 k 是足够高，当农民可以获得一个 x_L 报价时，农民就不会转向其他的中间商，因为中间商可能是第一类的中间商 A 而且 $p = p_L$ 这一情形也仍然存在。

当市场上中间商的数量不断增多，他们之间的竞争程度日渐增加至一个中等水平市场的时候，也即农民转向另外一个中间商的转化成本 k 满足如下条件的时候：$(1-q)\frac{1}{2}\tau > k > \frac{\lambda q(1-q)}{q+(1-q)(1-\lambda)}\frac{1}{2}\tau$；在这个时候，第二类的中间商 B 则需要竭力隐藏自己的真实类型，否则的话农民则会在第二阶段转向另外一个新的中间商。对于这一中间商的市场竞争水平，农民在第一阶段获得的期望的价格水平会因为价格信息的获得而提高。因为当 $k < (1-q)\frac{1}{2}\tau$，如果农民能够很确定地知道中间商的类型是第二类

的中间商 B，那么他就会在第二阶段转向另外一个中间商。所以中间商就不能报价 x_B，否则的话他就会在交易的第二阶段失去与农民的交易机会。但如果 k 足够高的话，尽管坏的类型的中间商总是会报价 x_L，农民也不会转向其他中间商，因为一个中间商是第一类的中间商 A 并且会提供的一个较低价格的概率也相对较大，以至于农民不想支付这一转换成本。但是另一方面，如果农民有充分的市场信息并知道价格本应该是很高的，那么第二类的中间商 B 提供一个较低的价格就会暴露出他所属的类型。因此当产品的市场价格是高类型的时候，第二类的中间商 B 就必须提供一个 x_H 的高报价，所以，我们看到，当农民对于市场价格有着更为充分的信息的时候，农民能够获得的期望的价格就会更高。

而且，随着中间商之间的市场竞争程度日渐提高，本身市场结构程度会影响这个时候的市场价格和利润分配。当中间商之间的竞争程度不断提升时，相应农民在市场中有了更多的选择，在不同中间商之间的转化成本 k 也会不断下降，也即满足 $k < \dfrac{\lambda q(1-q)}{q+(1-q)(1-\lambda)}\dfrac{1}{2}\tau$ 时，如果这个时候第二类的中间商 B 的策略总是提供一个 x_L 的报价，而且这时农民得到的也是一个较低价格，那么农民就会选择转向另外一个中间商。因此，为了维持交易的可能性，中间商有时候必须提供一个 x_H 的高价格，以使得农民能够认为对于继续与中间商交易和转向另外一个中间商变得无差异。当农民以概率 $\sigma^*(x_L)$ 获得 x_L 的价格时，农民便会选择继续与中间商保持交易关系，这使中间商在提供报价 x_H 和 x_L 之间变得无差异。当产品真实市场价格是很高的时候，第二类的中间商 B 提供一个较低报价 x_L 的概率（γ_H），这个概率则会随着转化成本 k 的减小而降低。因此，由上述这些分析，我们可知：

第一，信息能够显著地影响到农民的利益。充分的市场信息能够给农民在与市场中间商之间的交易中带来更多的利益。尽管农民转向另外一个中间商或者是选择与哪个中间商交易，会受到转换成本等诸多限制，但农民如果获知更多的市场信息则会使他们有更多选择和更容易转向其他的中间商，进而改善他们的市场交易利益。如果农民没有充分市场信息，对于市场价格等信息不知情，市场中相对有策略性行为的第二类中间商 B 则会给出一个较低的价格报价。当农民有充分的信息，中间商就必须要给出一个相对较高的价格报价，以防止农民会转向另外一个中间商。所以，给予农民更加充分的市场信息能够避免或者消除这个市场中间商较低的报价，使得农民获得与市场价格相一致的较为公平的价格，也改善市场交易结果和利润分配状况。

第二，中间商的市场结构特征影响到市场信息价值大小。中间商的市场结构特征也会影响到农民从增加市场信息中获得的利益大小。从上面分析来看，在关于中间商市场结构特征的不同情形中，决定农民获得的期望收益的是当真实的市场价格是属于较高类型时中间商能够提供较高的价格 x_H 报价的概率。

当市场竞争程度很低的时候，中间商的数量很少竞争不充分，无论农民是否能够获得市场价格信息，中间商能够提供较高的价格 x_H 报价的概率也为 0，因为这时的中间商根本就不需要去隐藏他自己的类型，可以直接报出较低的市场价格，因为农民没有其他的选择和转向。

当市场竞争程度有所提升，中间商的数量有所增加使得中间商之间具备一定的竞争程度时，如果农民对于市场价格的信息完全不知情时，市场中第二类的中间商 B 在市场价格为高类型的时候提供一个高的价格 x_H 报价的概率也为 0，但是当农民对于市场价格有着完全信息的时候，第二类的中间商 B 在市场价格为高的类型的时候提供一个高的价格 x_H 报价的概率就为 1。因此，在这种市场结构之下，信息对于农民来说就是最有价值的了，农民可以因此获得更高的市场价格。

随着市场竞争程度的不断提高，中间商的数量不断增加，农民在不同中间商的转换成本 k 在不断减小，竞争程度日益提升，即使农民在并不知道真实市场价格信息的时候，中间商提供的一个高的 x_H 报价概率也会相应提高，在这种情况下，农民仍然能够获得较高的报价。

因此，中间商的市场竞争程度能够影响到市场利润的分配状况，影响到农民获得利益的大小，影响到信息的增加带来的价值大小，我们既需要关注信息的充分性，也需要注重市场中间商竞争程度的改善。

第三，中间商的类型和性质会影响到利润分配状况。不仅如此，市场中间商的类型和性质也会影响到利润分配状况。从上述分析我们知道市场是有两种中间商类型，一种 A 类型是能够公平地与各个主体分配利润，一种是 B 类型往往有着更强的策略性行为。在一个农产品市场中，第二类的中间商 B 的概率的大小，也即这个市场中有多少第二类的中间商 B 的大小是影响到市场利润分配的关键因素。

在交易过程中，农民从获得市场价格信息中得到利益完全来自第一阶段的报价，市场价格信息并不会导致第二类 B 类型的中间商被驱逐出市场，它只是迫使中间商在第一阶段交易中需要如同一个第一类中间商 A 一样报价。农民从信息中获得的利益是随着转换成本 k 和第二类中间商 B 在总体市场中的概率 q 的变化而变化。当市场中第二类的中间商 B 增多时，信息价值的大小的临界点就会降低，因为当市场中有更多的第二类的中间商 B 时，农民更不会转向其他的中间商。与此相对，在中间的转化成本高于农民愿意转向其他中间商的 k 的范围内，当市场中的第二类的中间商 B 的比例越高，信息就更加重要。而只要农民的转换中间商的成本足够低的话，第二类的中间商 B 就必须尽力去伪装成是第一类的中间商 A 来给出市场价格的报价。价格信息的公开使得第二类的中间商 B 总是需要去像一个第一类的中间商 A 一样行动，以获得如同在转换成本 k 为零的时候所获取的结果。

所以，在农产品市场中，为了改善市场利润分配状况，增进市场交易福利，既可以提高农民对于市场信息化水平，也可以构建一个有着更好的中间商类型的市场结构。如同本书前面所论述一般，中间商构成了市场的微观结构。中间商的结构类型影响到中间商的市场势力，我们需要的是更多竞争性的中间商类型，需要培育的是更多的好的中间商的类型，现实中往往这些中间商不是太多了而是太少了，在一个给定的市场份额中间商越多，中间商之间的竞争性就越大，人们能够获得的市场福利更多，市场交易也会更加有效。当前我国农产品流通中，很多的流通困局可能就在于中间商数量的不足，农民所面临的选择很少甚至不足。

五、小结

从上述对中间环节利润的调查、分析和反思来看，我们可以得出如下几点启示：

第一，中间环节实际并没有获取超额利润。中间商利润并不高，也不可能完全获得剥削性垄断利润，中间商利润大多是正常的劳动和资本的回报。很多时候，中间商或许只是充当市场流通成本高企的"替罪羊"。

第二，现实中很多中间商自身经营也并不理想，大部分中间商特别是城市中小规模经营的中间商也都是社会弱势群体，随着城市生活、经营成本上涨，他们经营更艰难，并非人们所想象中获得超额利润。

第三，现实中我们观察到的中间商获得利润较高份额的情况往往这类产品也有着更多的流通服务，产品越是高端，越是在生产环节之后所需要流通服务增加之后，其生产环节所获得的比例就越低，而销售环节所得利润比例越高，相应地，我们也能够看到在流通环节有更多的利润停留。

第四，中间商的利润在某种程度上是流通服务的价格反映，反映出的也是中间商流通服务增值活动，这种回报和利润并非如人们所认为的是一种道德上不公平的剥削性回报，而是来自对市场的判断，来自中间商的专业能力和专业服务，来自风险溢价，来自规模经济和范围经济，来自中间商自身的经营创新。

第五，信息的充分性能够改善市场利润分配状况，中间商的市场结构特征、竞争性程度以及构成类型也会影响到农民从增加市场信息程度中获得的利益的大小，影响到市场利润的分配状况。当市场中有着更充分竞争的中间商，有着更多具有公平理念的好的中间商，那么生产者能够获得更多的信息价值，流通的利润分配状况也会趋于改善。

第六节　市场微观结构中政府"城市偏向"政策考察

政府是市场微观结构形成的重要主体。农产品特别是鲜活农产品，具有自身特殊性，其关系到居民日常基本生活，一边连接着农户，一边连接着消费者。因此，农产品流通涉及城市居民以及农村居民之间利益平衡，流通中间环节也关系到如何平衡城市居民和农村居民利益。本书将中间环节配置问题，嵌入到城乡分割背景之下，嵌入到城市居民和农村居民这样一个二元的利益主体之间关系来看待，发现现时的流通困局问题反映出政府"城市偏向"的政策。

农产品流通成本问题反映出中国城市偏向政策以及农民、农村和农业弱势地位。对于农产品流通市场过程的研究，对于农产品价格的波动影响，实际上不仅仅是对于中间环节的自身问题研究，背后还涉及在这个农产品流通市场结构中的政府作用。对于流通成本权衡，实际上是对不同利益群体考量，取决于天平放在哪边，关键在于两者谁的利益更需要保障。

从流通成本角度看，农产品流通中所产生的流通成本是客观存在的，总是需要一定主体来消化，并给予这些流通主体相应生存和利润，或者是由批发商承担，或者是由政府承担，或者是由消费者承担，这取决于考量谁的利益。当政府希望保障民生，降低终端的零售价格实惠，那么不可避免的需要政府的财政对之进行补贴，通过各种政府公益性的投入来保障整个产品价格的稳定和低价。

而且，农产品流通联系着生产和消费，农产品价格的波动影响到城市居民和农村居民。当农产品价格较低则会影响到农民收入，而农产品价格太高则会提高城市居民生活成本。面对这个困境，我们能够看到国家的城市偏向政策，政府总是担心农产品价格高而不是害怕农产品价格下跌。所以，我们能够看到，当农产品价格稍微有 1～2 毛钱上涨时，政府就会迅速干预，使农产品价格得到控制，而当农产品价格出现下跌时，政府反映总是相对滞后。在这个一快一慢中，我们能够看到政府对于城市居民利益的偏向政策。

由此，人们如此关注农产品流通成本问题，如此关注流通中间环节，这背后的基本逻辑，在于对城市居民利益的关注，而并非对农产品流通市场的关注。不可否认，在城市居民中也有部分低收入群体，但对这部分人群的补贴不能通过对农产品价格的控制来实现，而应要通过有针对性使用一些其他补助措施而不是价格措施，比如发放一些食品券，由此才不会因为对于价格的管控使得农产品价格处于持续低水平状态。

所以，一方面，农业本身的分散性、边缘性造成了农村和农民在市场中的弱势地位。中国农村人口的分散性，既使得其消费条件、消费成本远高于城市，农村市场乏力也使得农民在市场上、在政治上和政策上的谈判能力疲软。另一方面，农产品价格上涨往往被社会所关注，但是农产品价格下跌却往往不被社会所重视。农产品价格上涨，影响城市消费者利益，而农产品价格的下跌却直接影响到本就处于弱势地位的农民的利益。

回顾经济发展历程，我们能够看到，这种城市偏向的政策并非是现在才有，只不过是政策延续而已。实际上，通常我们理解的城市偏向政策（urban biased Policies）是国家大的经济发展政策方面，特别是在发展中国家，在发展初期为了实现经济起飞的目的，大都采用利于城市居民的偏向政策（杨和蔡）（Yang and Cai，2000）[1]，将农业的剩余转移至城市部门。这种政策是在强势的城市居民与弱势的农民之间的非均衡选择的战略结果[2]。

现实我们在流通领域的城市偏向政策有着悠久历史，而且我们的城市偏向政策走得更远，有着更长持续性和影响力。早在在 20 世纪 50 年代后，在重工业优先和城市优先战略主导下，政府通过农产品价格的"剪刀差"从农业部门掠取了至少 5430 亿元[3]（李伟，1993），农产品价格被人为压低，城市居民生活成本也被压低，城市工业品和农产品价格之间始终不是一个良性价格生成过程。此后多项政策则一直在固化这种城市偏向政策。

所以，一旦农产品价格上涨之后，城市生活成本相应提高，那些长久以来享受这些特殊利益的群体便会做出各种压力性反映，以获得对于他们来说更有利的政策安排。例如 1978 年改革开放之后，政府提升了农产品的收购价格，相应地，政府对于城市居民的价格补贴也从 1978 年的 11.4 亿元上升至 1979 年的 79.12 亿元，1998 年更是达到 712 亿元。所以，能够看到，城市居民一直是享受着这种隐形的福利。在利益的分配顺序之后，农民总是被后置了，也承担了整个社会的最后风险。我们也能够读到在大饥荒时候，在农村中出现了大量因饥饿而死亡的历史资料，而并非是在城市。

具体来说，之所以发展中的政府会持有政策偏向的政策是源于以下几个方面：一是传统发展经济学一直将工业化、城市化作为现代化的基本内容和唯一的路径，而将农业视为落后的传统部门；二是马克思理论家们也认为小农是必然会走向消亡的生产方式，马克思、列宁、斯大林、毛泽东等实践者也都力图要改造小农，列宁也说"小农的自然经济……绝对不会有什么繁荣"[4]，而在中国的社会主义建设实践中同样是走了一条改造

---

[1] Dennis Tao Yang and Cai Fang，The Political Economy of China's Rural – Urban Divide，Working Paper of center for research on economic development and policy reform，Stanford Univertsity，2000，No. 62.

[2] 武立永：《城乡阶层结构、政府的合法性与城市偏向制度》，载于《经济体制改革》2014 年第 3 期，第 74～79 页。

[3] 李伟：《农业剩余与工业化资本积累》，云南人民出版社 1993 年版。

[4] 列宁：《土地问题和"马克思的批评家"》，引自《列宁全集》第 13 卷，人民出版社 1959 年版。

小农的道路，毛泽东说"我们在立法上要讲阶级不平等"①，所以，我们能够看到，农民总是被社会所歧视、剥削和改造，三是农业本身是一个收益率较低行业，难以受到政府和社会重视，进而农民自身政治力量薄弱，处于弱势地位的农民只能够被动接受不利安排，而政府也都向强势城市居民靠拢，城市居民有着更大的政治和社会影响力，政府成员组成也大都来自于城市阶层，也更为集中，易对政府形成压力，而农民大多分散在乡村地区，即使是那些从农村走出来的精益群体，在城市获得身份转变之后，其自身的偏向也发生了相应的变化，在某种层面上看，政府实际是和城市居民的利益是极大地相互重合②。

其实不仅是政府，学者、社会公众也都是在关注农产品价格的上涨，关注流通中间环节的加价，但都忽略了农产品价格的下降。事实上，农产品价格上涨不一定会导致整个市场价格的上涨或者是生活成本的提高。胡冰川（2010）研究我国消费价格指数同农产品价格波动之间的关系，指出并非食品价格上涨导致整体物价水平上涨③，而且农产品的价格的传递和波动有非对称性，在价格下降时，农产品的波动远远大于农产品价格上涨时的波动，价格上涨时传递到生产环节的速度和幅度要小，而价格下跌时则会迅速地影响到农产品收购价格的下跌，这使得价格波动的不利大都由农户所承担了。

因此，农产品流通涉及城市居民以及农村居民之间的关系和利益平衡，流通中间环节关系到如何平衡城市居民和农村居民利益。对于流通成本的权衡是对不同利益群体考量，取决于天平放在哪边，关键在于两者谁的利益更需要保障。现时流通环节和中间商问题反映出城市偏向政策以及农民、农村和农业弱势地位。农产品价格上涨往往被社会所关注，但农产品价格下跌却往往不被社会所重视，政府、学者、社会公众也都是在关注农产品价格的上涨，关注流通中间环节的加价忽略了农产品价格的下降。城市居民一直享受着这种低价格的隐形福利，在利益的分配顺序之中农民总是被后置了，也承担了整个社会的最后风险。因此，如何权衡这个流通

---

① 中共中央文献研究室：《毛泽东年谱》（下），人民出版社1993年版，第281页。

② 谭秋成：《农民为什么容易受政策歧视》，载于《中国农村观察》2010年第1期，第2～15页。

③ 胡冰川：《消费价格指数、农产品价格与货币政策——基于2001～2009年的经验数据》，载于《中国农村经济》2010年第12期，第37～45页。

成本还有待于整个国家在流通领域内城市偏向政策转向，这可能是破解现有农产品流通困局的一个重要视角和路径。

第七节　中间商自生自发的演进过程

市场微观结构生成是一个不断演化的过程，其呈现出一个自我调整和调试的过程。

一、中间商的自我调适：互联网带来的变革

商品流通过程中，中间商链条上不断会有新的中间商产生。面对外部环境的变化和挑战，中间商能够不断地自我调整和适应，中间商链条上产生自我解构和重构，市场能够产生出新的中间商，中间商也能够在新的环境和市场之下重新找到新的位置，承担起新的市场功能。

近年来互联网给流通产业带来深刻变革，电子商务强势崛起。2014年电子商务交易额达 13 万亿元左右，其中网络零售交易额大约 2.8 万亿元[①]。实体线下企业涉足线上交易，国美、苏宁、王府井百货等不同业态的知名零售企业均已开通了网上商城，表现在农产品领域内，农产品在线销售也发展迅速。根据阿里巴巴研究院的数据，2013 年阿里巴巴的平台上共有 39.4 万个涉及农产品交易的电商平台，其在淘宝网上有 37.79 万个，相应地，其销售额也增长迅速，同比达到 112%，涉及的农产品的包裹数量增长至 1.26 亿件[②]。顺丰优选、我买网、一号生鲜、菜管家、沱沱工社、优菜网、本地生活网、青年菜君等也日益发展起来，天猫和京东也开始发展生鲜业务，而根据国家商务部电子商务和信息化司的数据，与涉及农产品的电子商务平台已经超过了 3 万家，而纯粹的农产品平台就已经有 3000 多家。互联网、电子商务的发展，革新了传统农产品流通市场，给传统中间商生存和发展带来了冲击，带来了对中间环节的变革，一定程度上引起了关于"去中间化"的讨论。

---

① 数据来源于：商务部 2015 年 1 月 21 日例行发布会公布的数据。
② 阿里研究院：《阿里农产品电子商务白皮书（2013）》，2014 年 3 月。

不可否认的是，互联网的发展在时间和空间方面都给流通产业带来了深刻变革，对流通环节的产销供需衔接有简化的功能，能够极大地减少一些环节便利市场主体之间的交易，甚至产生出一些直接交易的市场模式，这主要源自于互联网带来的便捷性优势，一是互联网带来了充分的市场信息能够减少消费者搜寻成本，使得直接对接具备了更好的条件；二是电子商务的出现使得消费者的购买时间可以得到无限扩展，创造了新的盈利点；三是电子商务的发展，也使得市场主体的经营市场范围可以得到扩展，不再局限于传统实体的某一区域范围的市场，能够扩展到全国各地甚至世界各地，这同样能够带来新的盈利空间；四是网络时代之下虚拟化的经营模式和空间也可以突破传统中间面临的货架空间、仓储空间、租金及营业时间限制，这对于商业经济来说也有着极大的吸引力。

尽管如此，我们也能够看到，互联网并没有根本改变商品流通的本质，也没有取消流通中间环节的市场化本质。互联网发展带来的线上和线下的区别不仅仅是中间环节的缩减，减少环节并不能完全支撑其成本的减少，一些看起来是直接流通的模式也未必能够带来更多的成本节约，固有的成本乃至新增的成本依然存在，即使看起来的成本节约也只不过是成本费用转移。电子商务带来的成本节约可能是传统经营中的线下租赁成本、人工成本、仓储成本、广告成本，但是线上商业依然需要承担诸如仓储、分拣和包装费用及运输和终端配送费用，以及网站建设及维护费、服务器及宽带费用、产品及系统研发费用等经营费用以及物流费用等新增成本，如大型网络购物平台1号店仓储配送的投资占30%～40%，IT投资占30%。而且新型的在线电子商务交易模式也会产生网络平台使用费用，如腾讯商城实行了"平台使用费＋交易佣金"的收费模式，其他淘宝、京东商城、1号店等也是类似模式。因此，在成本方面，电子商务虽然能够降低一些线下运营成本，但实际上也面临了其他运营成本增加。

而且，我们能够看到，互联网的出现确实能够减少一些中间环节，使消费者和生产者能够消除实体交易场所而完成交易，但也会带来了额外的中间环节比重增加，比如电子商务模式就特别依赖快递物流中间环节，依赖于快递这一新型的中间商的服务。

不仅如此，互联网发展带来冲击的同时，市场也衍生出一些新的中间商。萨卡尔等（Sarkar et al. , 1998）① 就认为新的网络中间商"*cyber-medi-aries*"会重新出现。卡尔（Carr，2000）② 认为在信息技术之下，会产生出更加复杂更加多样的超级中间商（hypermediation），这既包括传统上的批发商、零售商，也涉及提供商网络服务的市场主体。这些新型中间商，可能不是以一种传统交易型形态出现，更多是为整个市场交易提供其他功能性服务，以一种综合型服务商的形式出现，比如为市场交易提供信息服务，提供物流配送服务，提供交易平台服务，从这些综合型的服务来获取利益。

我们也能够看到，即使是面临现代技术的冲击，中间商也仍然保有自己的优势，比如零售商基于与消费者的良好接触这一专业优势能够直接与生产者联系，批发商基于与生产者的良好关系这一专业优势直接与各自消费者联系。生活中，我们已经越来越离不开各类中间商。

因此，即使面对外部事物冲击，中间商也能不断自我调整和适应，互联网、电子商务的发展极大地简化了现有中间环节，冲击了传统中间商，但并不会完全消除中间商，也不可能改变和取消流通环节的市场化本质，只是将一类中间商转变为另一类中间商，仅仅是在流通过程中实现了中间商的结构重组，不同中间环节的比重的重组，流通成本在不同环节上的重新分配，在一定程度上反映出中间商链条上的自我解构和重构，整个商品流通过程仍依赖各类中间商承担的功能，市场依然会演进出新的中间商。

二、中间商的多样性

中间商演进过程中，其生成方式也是多样的。现实中，农产品流通是通过多种方式来进行，多种多样市场微观结构会同时存在，呈现出多样性特征。既有传统集市贸易结构，也有以批发市场为核心的交易结构，也有以超市等零售企业为核心的流通结构，还有产业化龙头企业、专业合作社，农村专业合作组织、家庭农场，乃至如1号店、我买网、顺丰优选等以电子商务企业为核心利用第三方物流或自建物流将农产品从生产地流向

---

① Sarkar M. Butler B. Steinfield C. Cybermediaries in electronic marketspace：toward theory building［J］. Journal of Business Research, 41（1998），215 –21.

② Carr, G. N. Hypermediation：commerce as clickstream［J］. Harvard Business Review, January – February, 2000, 46 –47.

消费端的市场流通模式。

所以，我们能够看到各种各样的中间商和中间组织在农产品流通中发挥了重要的作用，比如农产品经纪人、批发商、快递运输商等。

目前我国农产品流通市场的微观主体主要是农产品经纪人、产品运销户、批发商以及零售商贩等。农产品经纪人主要是从事农产品的购销、储藏、加工、运输等流通服务，已成为我国农产品流通的重要组织形式之一。我国大约有600多万的农产品经纪人[①]，宁夏、浙江、甘肃、青海等地的蔬菜、水果等农产品大部分都由农产品经纪人来完成市场流通过程[②]。具体说来，经纪人在产品流通中发挥了以下作用：一是将分散农户产品集中起来，实现批量交易，提高农户谈判地位；二是农产品经纪人拥有更多市场供求信息，能缓解信息不足，降低信息不对称问题；三是能够保障市场的交易关系的稳定性，农产品经纪人等中间商的存在，能够联系农户与市场其他主体，使得交易关系更加稳定，降低各种交易违约的风险。

除了农产品经纪人之外，批发商同样在农产品流通中有着不可替代的作用。批发市场作为一种市场微观结构主体构成，其看起来很低端、很低效，可是却有着极强的稳定性和适应性。如同张群群（1999）[③]所说"由于存在特定的制度背景，某些看似无效的交易规制结构或市场存在形式却具有超常规的稳定性"。很大程度上，是因为现实的以批发市场为核心的农产品流通市场结构能够适应整个中国现实的市场交易特征和发展模式。而在这之下，市场中也会存在多样的中间商，多种类型的市场微观结构，如同"在欧洲的经济发展的各个历史时段，存在着多种多样交换方式和市场形势，而且不同层次交换与市场存在此消彼长关系"[④]。

可是，一直以来批发商、中间商、中间环节都是被严重忽视，是被很多人所遗忘的事物。人们更多是在关注农产品价格上涨，对批发环节或批发商批评，认为批发环节和批发商推高了流通费用，增加了成本。几乎很少有人对批发商对中国农产品流通的贡献有深入的研究和考察。以北京蔬

---

① 贾敬墩等：《中国农产品流通产业发展报告2012》，社会科学文献出版社2012年版，第200页。

② 贾敬墩等：《中国农产品流通产业发展报告2012》，社会科学文献出版社2012年版，第288页。

③ 张群群：《论交易组织及其生成和演变》，中国人民大学出版社1999年版，第151页。

④ 布罗代尔：《15～18世纪的物质文明、经济和资本主义》（第3卷），顾良、施康强译，生活·读书·新知三联书店1992年版。

菜批发市场为例，批发商在整个蔬菜的流通中有着极为重要的作用①。北京蔬菜批发商分为一级批发商和二级批发商，一级批发商多数只经营一种蔬菜，通过租借或者借助自己的交通工具从外地批发蔬菜；二级批发商经营在室内，通常是家庭集体经营，二级批发商在凌晨的时候去一级批发市场采购蔬菜，多数二级批发商有固定的客户订单。从现实的农产品流通情况来看，批发商在农产品流通中发挥了以下几个作用：一是批发商能够将商品化整为零，使产品分销至消费市场，因为一级批发商每一次的批发量都相对较大，每一次他们的批发量大概都在 10 吨以上，农贸市场、社区菜店等其销售量相对较小，销售量每天都在 0.25 吨以下，要完成蔬菜向这些零售终端的流通，必须通过中间批发商的分销才能完成；二是产品从批发市场运至零售终端也都有较长的距离，由此农产品的流通更多要依靠批发商的活动，因为大量的小型的零售商前往市场采购需要付出较高的成本；三是批发商可以节省零售商时间和成本，一级批发市场中同一个品种蔬菜量很多，集中在一起，但不同品种蔬菜却距离相隔较远，而在批发商那里则是有更为丰富蔬菜品种。

实际上，农产品在每一个环节都离不开农产品批发商的作用。现代社会，这些环节或者职能呈现出交叉融合的趋势。例如一些大型零售商将农产品流通的采购、物流、运输、配送等职能都纳入到企业集团内部来运行，在一定程度上实现了批发和零售职能的综合与转移，但无论如何的变化，对于大部分的小型零售者或者是商户，都依赖于批发商等专业中间商的活动，事实上，即使是融合之后的大型零售商其部分的采购活动也是交由中间商来完成的②。

除了这些传统批发商和零售商的中间商之外，电子商务快速发展后，快递运输商也迅速崛起。网络购物的发展，消除了传统的中间商之外，也增加了一大批的快递运输商。据国家邮政局统计，2006 年我国快递业务量仅为 10 亿件，2013 年则增长至 92 亿件，成为全球第二大快递市场国，而如此巨额的快递业务也都是依赖于快递运输商的工作，我国已经发展形成了"申通快递"、"韵达快递"等为代表的快递企业，而服务于期间的快递

---

① 冯中越等：《北京农产品流通体系与协调机制研究》，中国统计出版社 2013 年版，第 114 页。

② 贾敬墩等：《中国农产品流通产业发展报告 2012》，社会科学文献出版社 2012 年版，第 294 页。

人员则达到上千万，这些也是现代商业社会运转不可获取的中间商，特别是在电子商务时代之下，我们已经越来越离不开快递这一类型的中间商了。

因此，如此多样的中间商能够给整个市场和产业的上下游带来更多信息的传递和共享，既能够与那些农产品生产者之间进行信息的交流，也有助于消费者的采购，满足其市场需求，进而促进整个产品流通和市场发展。

三、小结

市场微观结构的生成是一个不断演进的过程。面对外部环境的变化和挑战，中间商总是能够不断地自我调整，自我适应，适应外部社会环境的变化，在中间商链条上会演进出新的中间商。我们看到，当下在互联网、电子商务的发展极大地简化了现有中间环节，但并不会完全消除中间商，也不可能改变和取消流通环节的市场化本质，仅仅是在流通过程中实现了中间商的结构重组，不同中间环节的比重重组，流通成本在不同环节上的重新分配，在一定程度上反映出中间商链条上的自我解构和重构，整个商品流通过程仍依赖各类中间商承担的功能，中间商依然能够不断演进。

正是在这样的动力机制之下，我们看到中间商生成方式也是多样的。现实中，农产品的流通通过多种方式来进行，多种多样的市场微观结构是会同时存在的，呈现出多样性特征。这些各种类型的中间商都在农产品流通市场中发挥了重要的作用。在本部分内容的最后，我们列举和回顾了农产品经纪人、批发商和快递运输商在农产品流通市场中的作用，就是想说明即使是这些从现代视角看起来比较落后的中间商的组织形式，其依然在现实市场中发挥了重要的作用，对于产品流通是至关重要的。除了这些中间商外，还有许许多多的其他形式和领域的中间商，既有现代的形式，也有传统形式，都是完成产品流通关键力量所在。

第八节　本章小结

市场微观结构的生成过程是一个中间商不断产生、演进过程，以实现中间商资源的合理配置和中间环节的合理结构，市场经济也是由中间商配置资源的经济，中间商能够有效降低市场交易成本。现实中我们发现，流通环节并没有引起流通成本的上升，现有中间环节本身是市场的理性选择。良好有效的市场微观运行，要求有一定数量的中间环节和中间商存在。即使面对外部环境的变化和挑战，中间商能够不断地自我调整、适应和演进，不断地进行自我解构和重构，演进出新的中间商，这些多种多样的中间商在农产品流通中发挥了重要作用。

第一，市场微观结构的生成过程是一个中间商不断产生、演进的过程，是一个持续动态过程，在不断竞争合作过程中实现合理化，以实现中间商资源的合理配置和中间环节的合理结构。市场交易中中间商数量增多，中间环节的复杂化，会改变市场交易结构，促使市场从直接交易走向间接交易，甚至是更复杂的交易关系结构。流通中间环节内部本身包含有中间商结构演进和中间商自身链条解构和重构的过程。

第二，市场微观结构的本质内容是市场交易关系。市场交易复杂化推动了交易关系中间化，使市场需要一个新的中间主体来协调市场交易，产生出新的交易结构。市场交易性质、交易主体和交易结构也都会影响市场微观结构和流通中间环节的数量，乃至市场治理机制的选择。市场交易结构分为直接交易市场结构、中间商存在的间接交易市场结构、拍卖市场结构，不同的市场有不同的市场交易结构，不同的市场交易结构的市场价格形成机制也是不同的。无论是何种交易结构，都越来越离不开中间商的参与。

第三，不同交易机制在不同市场结构上也是各有其优势。我国农产品流通中主要交易方式包括有传统对手交易、连锁配送交易、拍卖交易以及新兴电子商务交易，这些不同交易方式对应中间商结构也是不同的。我国农产品流通仍以传统的对手交易方式为主，一些看起来传统的交易方式依然能够适应这个社会和市场的需求。

第四，现实中我们仅仅注意流通成本高企的现实问题而往往低估了整个流通产业带来的市场功能和产出价值，低估了中间商给产品流通和经济体系带来的价值创造。

第五，流通成本是市场交易成本的表现，是市场运行客观存在，是产品价格的必要组成部分。中间商等交易组织的出现反而是被当作为降低市场交易成本的重要手段，中间商的一些活动替代了原先属于生产者和消费者的活动，市场交易中总是存在间接交易市场均衡，这一中间商参与的间接交易是对直接交易的一个效率改进，能够降低交易成本，增进社会福利。

第六，从交易成本属性来看，流通成本是客观存在的，其本质上是一定消耗的补偿，是市场运行的固有成本，是利用市场机制的成本，是现实市场运行的摩擦成本，其根植于人的有限理性和市场本身的不确定性之中。特别是随着社会分工越来越细，专业化越来越成熟，市场交易的层次也越来越多，市场运行的交易成本就越高，流通成本的提升在一定程度上也是当前产品流通的复杂化和多元化的结果。交易成本反而是能够促进和保障市场交易的顺利进行。

第七，农产品流通成本与生产成本结构比例关系已经发生了变化，流通成本在产品价格中的比重高于生产成本已成为流通发展的"新常态"，产品价值创造过程正日益从生产环节向流通领域转移，市场主体乃至政府机构需要适应这个流通发展的"新常态"。一方面，如果期望降低农产品终端零售价格，应更重视对农产品流通环节支持；另一方面，城市居民或许在未来很长一个时间段，需要接受并转变观念承担这个产品流通成本，如果期望如同过去一样享受低价产品价格，那也需要外部的财政和收入支持如政府对流通成本的承担和补贴等。

第八，产品从生产到消费流通过程，在不同环节上形成不同的价格。2007年以来我国农产品价格总体上波动频繁，农产品价格不同环节之间的价差确实存在且无论是批发生产差价还是零售批发差价都呈现出不规则的线性震荡趋势，但并不是流通中间环节使价差存在并持续扩大，而是由其他外部因素所致，我们不能因为中间环节的价差而去消减中间环节，指责中间商，消除流通中间环节反而会带来相应成本增加。

第九，现时我国农产品流通中间环节价差呈现以下几个基本特征：无论是批发生产差价，还是零售批发价差都呈现不规则的线性震荡趋势，农产品不同环节之间价差呈现出非线性波动特征；相比于批发生产价格指数价差，我国农产品零售批发价格指数价差的波动更为频繁，振幅更大；我国农产品流通的批发生产价差与零售批发价差呈现反向变动特征，一段时间内批发生产价差增加，则零售批发价差则减小，而批发生产价差减小，则零售批发价差增加。

第十，流通中间环节价差是农产品流通的普遍问题，无论是美国还是中国农产品流通过程中都存在，是农产品流通的共有特征。美国农产品流通中的生产价格指数与零售价格指数之间的价差也是在持续扩大，美国农民在农产品流通中所获得的价格份额占零售价格的比例也在逐年下降，美国农产品流通成本所占比例则不断增加，占农产品消费者支出的比例逐年上升，农民在农产品消费支出中所获得的份额比例则逐年下降。

第十一，不同中间环节上价格差存在细微差异，中间环节价差与农产品流通的零售终端环节显著相关，零售环节价差波动幅度则远远大于批发环节，价差主要发生于零售环节，零售环节对于价格有更强控制能力，表现出更强的价格波动性，也更直接影响到整体农产品价格的波动。而且不同零售终端类型也会影响中间环节价差大小，我们发现农贸市场和超市中农产品价格都要高于批发价格，而且超市中的农产品零售价格高于农贸市场价格，以超市为零售终端的环节之间的价差要高于以农贸市场为零售终端的环节之间的价差。

第十二，产品零售价格高低、中间环节价差大小与流通环节本身多少关系不大。现实中农贸市场的采购实际上比超市流通环节更多一个中间环节和中间商主体，但是从结果来看，超市零售的批零差价依然会大于农贸市场加价幅度，流通中间环节的加价幅度，虽然与流通中间环节有相关关系，但可能很大程度上是与中间环节关系不大，更多是与最后的零售端相关，零售端的加价幅度提高了最终的零售价格。而零售端加价幅度高企，又不在于零售环节本身，而是在于一些外部对于零售环节强加成本所致。

第十三，农产品流通过程所产生的环节之间的价差本质上反映的是农产品流通服务的投入价格，生产价格和零售价格之间价差的增加，部分是流通服务内容不断增加所致。因此，并不能将现实中观察到的流通成本增加都归结于农产品市场流通的无效率，至少这些流通成本增加的背后是市场流通服务种类和数量的增加，消费者也确实在商品流通过程中获得了更多实在的流通服务。从美国发展经验来看，不同农产品所需要的流通服务也不同，其流通成本也不一样，生产环节获得的价值或者农产品流通中农民获得的份额也是不一样的，这些也都是与产品的自然特征和体量相关。这些流通环节多少也反映社会商业活动和经济活跃程度指标，代表了流通服务密集度，也反映了市场活跃程度。

第十四，农产品价格价差还来自于其他因素，这包括：一是农产品流通服务成本增加造成了价差增加，即使是对于同样的流通服务，现时成本也在日益增加，进而推高市场流通成本，这些成本包括物流成本、劳动力成本、城市生活成本、经营成本以及其他基础设施成本；二是农产品"区域性生产、全国性消费"和农产品商品率的提高，令到农产品区域流通扩大，带来了跨区域的产品长途流通，这增加了流通成本，也放大了价格波动；三是产品流通价差是商业的本质所在，商品不同环节之间价差的获得，本身就是商业经济理论一个基本规律，消除环节并不能够带来成本的降低。

第十五，从利润角度看，流通中间环节实际上并没有获取超额的利润。一方面，相对流通成本来说，在流通过程中中间商利润并不高，部分中间商反而生存困难，特别是对于那些城市批发市场中的小规模经营的中间商本身是社会弱势群体，面临诸多经营困难。另一方面，中间的利润大多是正常劳动和资本回报，其只是充当了市场流通成本高企的"替罪羊"。现实中我们观察到的中间商获得较高份额的利润情况往往这类产品也有着更多流通服务，产品越是高端越是在生产环节后所需要流通服务越多，其中间环节所获得的比例也越高。中间商的利润在某种程度上是其流通服务的价格，反映出中间商流通服务增值活动，这种回报和利润并非如人们所认为的是道德上不公平的剥削性的回报，而是来自中间商的专业技能、专业服务，来源于其对市场的判断、成本的节约、所承担的风险溢价以及自身营运模式创新等。

第十六，信息和中间商结构会影响到市场主体利润获得和利润分配状况。充分的市场信息，更充分竞争的中间商结构，更多具有公平理念的好的中间商类型，能够显著地改善生产者农民在市场中的利润获得水平，流通的利润分配状况会趋于改善。因此，我们既需要提高农民对于市场的信息化水平，也需培育更多中间商，培育和改善中间商的结构和竞争程度。

第十七，农产品流通涉及城市居民以及农村居民之间的关系和利益平衡，流通的中间环节关系到如何平衡城市居民和农村居民利益。对流通成本权衡是对不同利益群体考量，取决于天平放在哪边，关键在于两者谁的利益更需要保障。现时流通环节和中间商问题反映出城市偏向政策以及农民、农村和农业弱势地位。农产品价格上涨往往被社会所关注，但农产品价格下跌却往往不被社会所重视，政府、学者、社会公众也都是在关注农产品价格的上涨，关注流通中间环节的加价忽略了农产品价格的下降。城市居民一直享受着这种低价格的隐形福利在利益的分配顺序之中农民总是被后置了，也承担了整个社会最后风险。因此，如何权衡这个流通成本还有待于整个国家在流通领域内城市偏向政策转向，这可能是破解现有农产品流通困局的一个重要视角和路径。

第十八，市场微观结构的生成演进是一个不断演化的过程。面对外部环境的变化和挑战，中间商总是能够不断地自我调整，自我适应，适应外部社会环境的变化，在中间商链条上会演进出新的中间商。我们看到，当下在互联网、电子商务的发展极大地简化了现有中间环节，但并不会完全消除中间商，也不可能改变和取消流通环节的市场化本质，仅仅是在流通过程中实现了中间商的结构重组，不同中间环节的比重重组，流通成本在不同环节上的重新分配，在一定程度上反映出中间商链条上的自我解构和重构，整个商品流通过程仍依赖各类中间商承担的功能，中间商依然能够不断演进。正是在这样的动力机制之下，我们看到中间商生成方式也是多样的。现实中，农产品的流通通过多种方式来进行，多种多样的市场微观结构是会同时存在的，呈现出多样性特征。这些各种类型的中间商都在农产品流通市场中发挥了重要的作用，既有现代的形式，也有传统形式，都是完成产品流通关键力量所在。

第五章　市场微观结构的演变趋势：中间环节的最优配置

　　在市场微观结构理论看来，中间商是市场微观结构的核心主体，不同市场微观结构对应有不同中间商结构和中间环节，借助于中间商、中间环节配置，通过市场微观结构改变，能够带来市场交易成本的降低，提高市场效率。本部分内容是在前述对市场微观结构理论和现实观察分析基础上，重点转向流通中间环节的配置问题，探讨一个有效率的产品流通过程需要什么样的流通中间环节，流通中间环节的配置受到哪些因素影响和制约，以增进对流通中间环节形成、配置机理的认识。

　　流通中间环节的问题涉及中间商的构成问题，中间商位于每一个交易环节节点上，一个中间环节对应与之相关的一个或一组中间商，不同中间商组合链条形成了不同中间环节类型，不同中间环节之下也有不同中间商结构。对中间商研究也是对中间环节的研究，对流通环节的考察，也在于对中间商运作机制和合理性问题的认识。流通中间环节较长也意味着流通环节中有多层次中间商。因此，研究中间环节配置问题也即是探讨中间商合理数量规模及合理环节层次问题，也即是研究一个市场微观结构问题。

第一节　中间环节的基本规律：多样性、动态性、适应性

　　流通中间环节是商品流通过程自然形成的商品流通路径。与之对应的概念是商品流通渠道，也即商品从生产到消费运动过程，商品流通过程也是由一系列流通环节上下连接而组成。流通中间环节配置所关心的问题是商品流通过程中形成多少个节点，选择多少个中间商层次、数量，什么样

的中间商能够进入产品流通过程以及不同环节主体之间相互联系。流通中间环节大致呈现以下几个特征：

一是流通中间环节呈现多样性特征。中间环节或者中间商出现，是完成商品流通的需要，是市场交易变革和调整的结果，也是在特定历史条件之下生成的。所以，我们能够看到，中间环节生成方式是多样的，不同地区、不同产品流通环节呈现出不一样结构，这提示我们，中间环节是一个复杂的生态系统，不同情形之下有不同的环节结构。

二是流通中间环节是动态变化的。中间商是经济学意义上的稀缺资源，中间环节配置也是动态化的。商品流通过程会随着市场变化、需求演变、职能演进要求有新的环节与之匹配，进而演进出不同中间环节结构。所有市场类型的市场微观结构都在经历显著变化，农产品流通市场也不例外。市场交易速度加快，市场交易量增加，交换制度、交易方式不断演进，这些使得市场微观结构也都在不断变化，特别是信息化推进，网络技术、交易电子化发展，更是带来了商品流通中间环节变革。

三是中间环节的适应性特征。流通中间环节具有一定的"韧性"，以适应环境变化，并在不同的条件之下生存下来。

四是中间商数量和类型也会影响到中间环节配置。中间商是流通中间环节节点上的主体，中间商数量增多之后，中间环节节点个数也会增加，也即流通中间环节也会相应变长。

总体上看，流通中间环节呈现多样性特征，其长与短、多与少是相对的、动态的，是由产品自然属性、自然特点和市场配置资源等多种客观需要决定，流通中间环节的配置需要考虑多个方面因素来选择。

第二节　中间环节配置的影响因素

对于一个产品流通市场来说，考虑市场微观结构和中间环节配置问题，涉及以下问题：一是流通中间环节长度是多长，也即在市场交易结构中，需要设置多少个流通节点，需要选择多少层级的中间商；二是每一个中间环节节点上需要设置多少个中间商，也即如何确定每个层级上的最优中间商数量；三是在流通市场微观结构中需要什么类型中间商如批发商、零售、配送商、信息服务商等不同类型的中间商。

总体上看，流通中间环节是在其他客观因素决定下不断演进，流通中间环节的设置，流通环节长短是受诸多外部因素影响，具体来说，影响流通中间环节的主要因素包括以下几个。

一、分工水平

中间环节多少与产品分工程度和专业化水平相关。一个专业化程度很高的产品类型，产品中间环节越多。诺斯（1994）就认为"专业化的收益越高，生产过程的环节就越多"[①]，社会产品分工的深化会产生新的交易环节。尽管交易环节增多会带来相应的交易成本，但产品流通市场发展中总是能够形成一个稳定的均衡的中间环节结构，因为分工增加和环节增多带来的收益将与其所产生的交易成本形成一个均衡，使得中间环节并不会无限制的扩展，社会最优的中间环节会在其收益和成本之间自动形成或者是找到一个最优的理想环节结构（杨小凯，2003）[②]。

而且，不同产品市场的最优环节的层次数也不一样，其与产品流通过程的市场主体的数目相关，最优环节层级结构的效率会随着市场主体的数目增加而提高，不同层次上流通中间商相对规模也遵循效率原则，由此，产品流通中间环节有效率层级次数和中间商主体规模也都取决于与之相关的技术参数和分工水平，中间环节的层级与社会分工水平之间的有时滞的相互推动会使得流通中间环节向越来越复杂的网络演进，产生出新的中间商，演进出新的市场微观结构。而对于流通中间商如何在社会分工演进之下内生出来，本书在第三章已有论述。

二、交易成本因素

流通中间环节长短选择，流通渠道演变，很重要的一个因素是不同环节结构和渠道类型的交易成本比较。交易成本包括谈判成本、信息成本、监督成本、运输成本、执行成本。流通中间环节设置的核心因素也就在于

---

① 诺斯：《经济史中的结构与变迁》，陈郁译，上海三联书店 1994 年版，第 230 页。
② 杨小凯、张永生：《新兴古典经济学与超边际分析》，社会科学文献出版社 2003 年版，第 169 页。

交易成本的考量，也即在一定的环节结构之下能否以最低的成本来完成商品流通目的。不同流通中间环节间的竞争，不同市场结构之间的竞争在于能否寻找到一个最小化的流通成本。

对此，巴莱（Baligh）和理查兹（Richartz, 1964）就曾将交易中的契约成本和沟通成本作为确定中间商的最优数量和层级的影响因素[①]。巴克林（Bucklin, 1970）也认为成本是决定商品流通中间环节结构的主要因素[②]。安德森和施密特雷恩（Anderson & Schmittlein, 1984）也用交易成本理论来解释生产商采用一体化的直接渠道与使用中间商的间接渠道的选择[③]。弗兰克和亨德森（Frank & Henderson, 1992）也认为交易成本对选择销售渠道有决定性影响，不同农产品由于性质不同，衍生出的交易成本也不同[④]。国内学者罗必良等（2000）认为流通环节是否成功取决于能不能以较低的交易成本来完成流通功能[⑤]。马中东（2005）也指出是否选择中间商来完成商品流通取决于成本和收益比较[⑥]。黄祖辉（2008）[⑦]则分析了交易成本对农户选择不同渠道的影响，其中信息成本、谈判成本、执行成本的交易成本影响显著。与交易成本相关一个理论则是科兰（Coughlan, 2001）[⑧]提出的"零基渠道理论"，指出流通环节的多少核心在于是否能够在最小的交易成本之下提供流通服务完成产品的流通过程。

事实上，中间环节的变革会带来收益和成本的双重增加，现实中市场也总是会自动走向采取流通成本最低的流通方式，形成最优流通中间环

① Balighh, H., RichartzI. L. E. An Analysis of Vertical Market Structure. Management of Science [J]. 1964. 10, 667 – 689.

② Louis P. Bucklin. National income accounting and distributive trade cost [J]. Journal of Marketing. 1970, Vol. 34, No. 2, 14 – 22.

③ Anderson, E. and Schmittlein, D. Integration of the sales force: an empirical examination [J]. Rand journal of economics, 1984, 15: 385 – 95.

④ Stuart D Frank, Dennis R Henderson. Transaction Costs as Determinants of Vertical Coordination in the U. S. Food Industries [J]. American Journal of Agricultural Economics, 1992, 74 (1): 941 – 95.

⑤ 罗必良、王玉蓉、王京安：《农产品流通组织制度的效率决定：一个分析框架》，载于《农业经济问题》2000 年第 8 期，第 26～31 页。

⑥ 马中东：《交易费用、中间性组织与产业集群》，载于《山东财政学院学报》2005 年第 6 期，第 20～24 页。

⑦ 黄祖辉、张静、Kevin Chen：《交易费用与农户契约选择——来自浙冀两省 15 县 30 个村梨农调查的经验证据》，载于《管理世界》2008 年第 9 期，第 76～81 页。

⑧ Anne T. Coughlan, Erin Anderson, Louis W. Stern, Adel I. El – Ansary：《市场营销渠道》，赵平等译，清华大学出版社 2001 年版。

节。因为在竞争市场中，如果产品流通中间环节较多时，相对来说市场内的企业规模会较小，中间商的规模也会较小，由于存在规模经济的诱惑，生产企业会进一步扩大规模，将商品流通服务纳入到企业内部，进而中间商的数量会相应减少，流通中间环节也会相应减少。而当流通中间环节较少时，相应这时候市场的生产企业的规模会处于较大规模，其产生的内部管理协调成本会相应地高于市场交易成本，为了成本考虑，这时生产企业会减小规模，而将商品流通功能交予中间商，为适应市场变化，相应中间商的数量也会增加，流通中间环节也就会相应增加。

现实中，产品流通过程的交易成本大小也受到其他外部因素影响。比如市场需求专用性。如果产品需求专用性越强，这时候交易成本很高且很难通过第三方机构来降低，因为往往经济主体对商品专用性进行投资之后，很难在其他地方获得使用和回报，在这样的商品流通中，生产者和消费者之间就会直接交易或者倾向于专业一体化。

此外，市场生产者和消费者的人数的多少也会影响交易成本的大小。在参与交易的生产者和消费者人数相对很少的市场中，中间商没有参与市场交易的空间，因为这时人们可以相互交易，这对于中间商来说，交易成本极高。如果在某一种商品市场中有大量生产者和消费者，这时中间商就可以介入并能够有效降低交易成本，如果 m 个生产者和 n 个消费者直接交易，则交易次数是 m×n，如果中间商介入，交易次数是 m+n，由此交易成本得到显著降低。

不仅如此，生产者和消费者之间沟通协调障碍越大，中间商参与市场交易重要性就越大，这也越能够降低交易成本。例如，如果生产者消费者之间面临较大的距离分割，人们之间的语言和习俗不一样，相互之间缺少信任，那么这之间交易就会面临很高机会成本，由此，中间商可以作为是沟通交易的专家来协调各个主体之间的关系。

因此，我们能够看到，中间环节设置受到市场交易成本的影响，市场会随着成本和收益的均衡找到一个稳定的中间环节结构，而本身市场交易成本的大小也会受到其他外部因素的制约。

三、中间环节配置与流通服务功能替代

流通中间环节配置涉及中间环节上中间商的类型结构问题，而这又关

系到中间商所承担的市场功能问题，也即流通中间环节配置是与中间商服务功能配置问题相关。随着产品流通过程不同流通服务功能的转变和替代，需要不同流通中间商加入到流通过程，进而形成新的流通中间环节①。

事实上，中间商能够存在于市场，很重要的一个理由就在于中间商能够承担生产企业所需要承担的商品流通服务功能。中间商作为专业交易专家，在专门承担这些流通服务功能具有成本优势，使其能够替代生产企业的流通服务，协助生产企业完成产品的流通。对市场中企业来说，在市场发展初期，企业刚进入一个市场，每一个企业在市场中交易量都不大，而处理每一次交易，完成每一次产品的流通服务也都需要耗费一定成本。因此，一个专业中间商因为可以将这些企业少量市场交易服务组合在一起，进而能够获得较低成本。由此，中间商提供专门流通服务就能够在市场获得生存空间，其能够替代这些企业已有的流通服务。

具体来说，市场中的每一个企业都承担着许多种类的功能，产品的流通服务功能仅是企业所承担的这些众多功能的一种。市场中的企业承担的任何一项功能和服务都需要付出一定的成本，企业平均成本曲线也就是由企业所有的功能成本曲线组合在一起构成。不仅如此，每一项市场功能的成本曲线在不同的企业中也都是不一样。对企业来说，这些市场功能的成本曲线大致呈 U 形形态，其成本大小随着市场交易数量的变化而变化。当企业市场交易数量处于较小范围时，企业所承担的流通服务功能成本会随着交易量增加而减少，但是在达到某一个交易量临界点后，流通服务所带来的成本则会随着交易增加而上升。

中间商存在于市场之中主要是用来完成商品流通服务功能，因此，我们能够看到，中间商的存在与市场交易量相关。在不同市场发展阶段，市场交易量不一样也会影响到中间商自身的成本大小。在一个市场刚刚建立时，市场中可能没有中间商介入，整个市场的流通服务功能可能都由生产企业完成，这个时候的中间环节也就是极短了。因为在市场初创期，市场中并没有足够多的企业，每一个企业的交易量也不大，这就无法提供足够多的市场交易量给中间商，因此中间商往往无法获得足够的市场交易规模，也难以在市场中得到足够市场利润。之后，随着市场产业的兴起，市

---

① Bruce Mallen. Selecting channels of distribution: a multi-stage process [J]. International Journal of Physical Distribution & Logistics Management, Vol. 26, No. 5, 1996, 5–21.

场不断扩展，越来越多的新企业进入，企业业务规模不断扩大，市场交易量也相应不断增加，当这些生产企业将产品流通服务转移给中间商的时候，中间商能够获得足够的生存利润，而且这个时候市场的成长空间也会刺激中间商主动介入到市场流通服务中来，中间商也就会越来越多。

相应地，我们也能够发现，当这个产业走向衰弱的时候，市场规模相应地也会进一步萎缩，市场交易量不断减少，这时候的交易规模将不再能够支撑中间商的利润。由此，参与市场交易的中间商的数量会减少，部分中间商甚至会退出这个专业市场（见图5-1）。

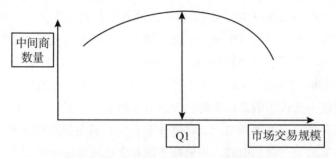

图5-1　市场交易规模与中间商数量

因此，我们能够看到，中间商介入到产品流通过程，是对于生产企业的流通服务功能的替代，而中间商是否能够扩展则受到了市场规模大小的限制。

不仅如此，不同中间商承担流通服务功能也是不一样的，市场上中间商类型也由市场中这些流通服务功能所决定。因为市场中生产企业所转移的流通服务功能类型不同，就会衍生出不同流通中间商，进而产品流通中间环节的构成也会不一样。比如当市场上的生产企业将所有商品买卖活动都交给中间商，那么就产生出批发商这样的综合型的流通服务商，而如果生产企业只是委托销售，那么就会产生出代理服务商，如果将市场营销功能转移，那么市场可能就会出现专业的广告商。此外，中间商承担的流通服务功能进一步细化也会促进中间商内部不同层次结构形成。随着市场交易量增加，一个给定市场的流通服务功能可能会出现新的细化和重构，会分解成为几个次一级的功能，其中一些可能由现有中间商将之分包给其他更小的专业化市场中间商。由此，这些不同层次和不同类型中间商就会加入进这个市场结构的重新安排，中间环节结构也会发生新的变化。

具体我们从某一个特定流通服务功能来看，当市场中某一些流通功能服务成本是一个 U 形曲线时（见图 5 - 2），如前所述，如果这项流通服务成本随着市场交易量增加而出现下降，中间商就会介入并参与到市场交易中来，市场中其他企业也会将市场流通功能外包转移给中间商。如图 5 - 2 中所示，当市场交易量从初始位置增加到 Q1 位置时，市场流通服务成本是在下降，这个时候市场会产生出专业中间商，市场中其他企业也会将流通服务转移给中间商；当市场交易量在 Q1 和 Q2 之间时，对市场中企业来说，自己从事流通服务和将这个服务转移给中间商所获得经济效益是一样的。而当市场交易量增长至 Q2 以后，随着交易量的增加，市场流通服务功能成本在上升，所以中间商就需要有更多市场交易量其才能够匹配这个时候的成本进而获得足够利润，这个时候原有中间商并不能获得足够利益来抵消成本的增加。由此，市场就会需求一些具有更小规模的更低成本的中间商进入到市场中来承担这一流通服务功能，或者说这些原有中间商就会分解自身的流通服务功能，将部分专业性的流通服务功能再一次转移给其他小型的中间商，由此，中间商才能在完成流通服务功能的同时获得足够的利润。另一方面，交易规模的扩展，流通服务功能的成本上升之后，对市场中的生产企业来说，其自行承担流通服务功能的收益也会增加，甚至能够抵消带来的成本，由此，这些生产性企业就会重新将部分的流通服务功能纳入企业之内。所以，在现实中我们看到，产品的直接销售和使用中间商的流通方式是同时并存的。

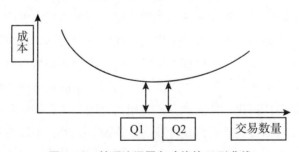

图 5 - 2　某项流通服务功能的 U 形曲线

与此同时，特别需要提醒注意的是，我们之前都是假设市场中某一些流通功能服务成本是 U 形曲线，即会存在一个流通服务成本临界点，超过这个临界点后流通服务成本会上升，可是也有一些情况产品流通服务成本并不是如前所述的U形曲线，而是呈现一个L形（见图5-3），也即这一市场流通服务功能成本是随着市场交易量增加出现持续下降，即使到了之前我们提到成本临界点后，其仍然会有小幅下降。对于这一类市场流通服务功能，市场中间商和中间环节的结构就会不一样。因为这个时候，市场上大量的企业会被吸引到进入并专门承担这一市场流通服务功能，换句话说，这个时候中间商在市场中会大量产生出来，中间商的规模也会日渐扩大，一些大型流通中间商企业也在这个市场中生长出来。因为随着市场交易量增加，中间商本身能够承担更多市场交易，并且能够获得更多收益。

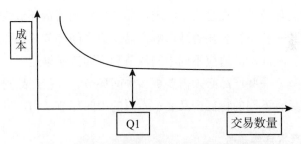

图5-3 某项流通服务功能成本的L形曲线

对于这一类流通服务市场，我们能够看到，流通服务成本总体是在不断下降，而这一成本下降又必然会带来商品市场价格下降，在市场需求是有弹性时，这反过来又会促进整个市场交易量不断增加，进而又带来了一个循环累积因素。由此，我们能够发现，在这个时候，市场中的流通企业和流通产业也会因此成长起来。

所以，对一个流通市场来说，中间商和中间环节的演进代表的是生产企业流通服务功能的替代和转移，而中间商数量、中间商规模也在很大程度上受到市场流通服务功能的成本曲线影响。市场中间商或者是市场微观结构会随着不同成本曲线而自我演进。而且不同市场的不同流通服务功能的成本曲线是不一样的，这样也就使得市场中会产生出不同数量和不同类型的中间商，由此，也与我们现实观察一致，我们在现实中也能看到多种多样的中间商以及不同类型的流通中间环节。

不仅如此，中间商自身效率也会影响中间商数量。如果中间商有更高效率，那么生产者就会将流通服务功能转移给中间商，而且随着交易量增加，中间商可以获得持续经济性或成本节约，那么中间商就会变得越来越大。

从这我们也可以知道，对流通中间环节来说，每一个环节都代表了一定的流通服务功能。增加或者减少一个环节并不是在增加或减少这些必要功能，也仅仅是在这些不同主体成员之间重新排列组合这些功能而已，这些功能是必须的。当这些功能通过重新排列组合之后能够得到更有效地实现，那么这些环节的增加或减少才会出现。

四、产品特征

流通中间环节的存在是为了实现产品从生产到消费环节快速流通。因此，产品自身一些特征会显著地影响产品流通中间环节长短和使用中间商的层级数量。不同产品适应不同中间环节和不同流通渠道，一些产品能够容纳更多环节，一些产品必须需要更多中间环节，一些产品则不需要太多中间环节。具有不同的特征产品要求不同的中间环节结构。

(一) 产品自然属性

产品自然属性是影响流通环节结构的重要因素之一，主要包括产品物理特性、产品季节性、交易周期、产品体量、产品单位价值大小、产品质量鉴定难易度。

一是产品物理特性会影响到产品流通中间环节设置。产品物理特性会决定产品离开生产环节之后，需要多少流通服务，进而决定在流通过程中需要多少中间商加入，形成多长的产品流通中间环节。不同产品在离开生产环节之后所需要的流通服务不同，流通中间环节的长度也不一样。

对于新鲜水果、蔬菜，新鲜的肉类、水产品，这些产品保鲜时间较短，容易变质、腐烂、损耗，有极强的时间要求。因此，在离开生产环节之后，往往需要有更多的流通服务才能保障其在达到消费端时产品性质保持不变，比如需要更便捷交通运输服务，需要有冷冻车、冷藏储存等配套冷链设施，这些都是产品生产环节之后中间商提供的服务，由此，在这个过程中也就需要有多个中间商主体来共同保障产品流通。如同马克思所指出的一样"一种商品越容易变坏，生产出来越要赶快消费，赶快卖掉"①。

不仅如此，一些产品在离开生产环节之后，产品形式或者形状发生了一定程度改变，则其所需求的流通服务就会较高，相应流通中间环节也会较长，流通成本也会较高。如一些包装或灌装的蔬菜和水果，要求有更多加工处理环节，而这些服务也都依赖于中间商服务提供。

二是产品生产季节性以及产品交易周期也会影响中间环节设置。如果产品生产季节性较为明显，在时间上有较大分散性，这会使产品市场面临更多不确定性和波动性，但农产品市场消费需求总是全年性。因此，为了能够满足市场需求，往往需要更多储存服务，这些都无法通过生产与消费直接销售来完成，而是依赖于中间商的中转供应和服务，进而这一类产品也就会产生出更多中间商。例如蔬菜、水果这一类季节性较为明显的产品，就需要更多储存、处理、包装和运输服务以延长其交易周期，此外，一些反季节性蔬菜，其产品流通的中间环节就更多了，因为本来是夏季才有的蔬菜而在冬季供应，这需要从更远地方运输过来或者是通过其他储存设施和技术以完成生产。对于一些粮食、油料产品来说，其产品虽然有季节性但是周期性很长，能够有很好保质储存期，相应地并不需要太多中间服务。

三是产品体量大小以及产品单位价值大小。产品体量越大，产品单位运输成本越大，相应地在流通过程中可能需要付出更高流通成本和更多中间商参与。产品单位价值越小，产品流通环节可能会越短，甚至很多会选择直接销售环节，因为这个时候产品价值可能会无法支撑中间商的利润，难以保障产品流通过程利润创造实现，中间商也难以在这类商品过程中演进出来。

四是产品质量鉴定难度。当产品质量难以鉴定，如对于一些经验性或者体验性产品，或者是需要有专门技能才能鉴定或者是只有消费者体验之后才能获得产品质量信息，那么产品流通市场就越可能会产生出中间商。因为当产品流通市场中产品质量存在差异，产品质量鉴定需要有专门技能和服务时，就需要有一个专门的交易专家来协助完成商品交易和流通，如果缺少专业中间商介入而产品质量又难以鉴定最终会使得市场运行面临困境。中间商作为一个专业的市场交易专家，购买物品量大于普通买者，他

---

① 马克思、恩格斯：《马克思恩格斯全集》第24卷，人民出版社1972年版，第145页。

们也有动力去投资产品质量鉴定等专业技能，进而具备鉴别商品质量能力，他们长期活跃于市场也有动力去传递产品高质量信号，因此，中间商参与市场交易能够显著地降低市场不确定性，增加市场福利，这也就是我们常说的中间商有助于解决"柠檬市场"问题。所以，我们能够看到，在这样的产品市场中，中间商能够有较大生存和发展空间，产品的流通环节会有更多的中间商介入。

（二）产品生产特征

除了产品自身自然特征会影响到流通中间环节设置外，产品的生产特征也会影响产品流通中间环节的多少，这些生产特征包括产品生产方式、产品标准化程度、产品资产专用性程度以及商品化率等。

一是产品生产方式。产品生产方式不同会影响到产品流通的中间环节，不同的生产方式对应有不同流通组织与之相适应。在小农经济时代，是以分散经营为主的生产方式，产品流通方式大多以集市贸易为主，这种方式很多也都是生产者自产自销，市场交易规模不大，流通中间环节也较短，事实上，这样一种流通方式在当前中国某些边远的农村地区依然存在。当农业生产中出现了小规模的合作经营之后，农业生产呈现一定的集中化，这个时候农产品的流通以批发市场为核心，产品的流通中间环节在延长，在整个流通市场结构中会演进出众多批发商和购销商等主体。当农业生产出现了大规模农场基地经营时，生产规模进一步集中和扩大，这个时候的产品流通则可能呈现出"农超对接"（以超市等零售为核心），甚至是生产与销售之间的直接对接。

所以，我们能够看到，随着不同生产方式的演进，农产品的流通中间环节呈现出短—长—短发展趋势，农产品的生产规模越大，生产集中化程度越高，农产品流通所需要的中间商数量会减少但规模会增大，相应地流通中间环节也会有缩短趋势。

二是产品标准化程度。如果产品标准化程度较高，则产品流通过程中可能更不需要过多的中间商参与。产品流通市场中，产品标准化程度会影响到在市场搜寻过程中是买方在市场中搜寻卖方的相关信息难易程度和耗费的成本更大，还是由卖方在市场中搜寻买方的相关信息难易程度和成本更大。如果产品标准化程度较低，那么由买方在市场中搜寻产品相关信息的成本就会很高，而且往往也很难实现。如果产品的标准化程度较高，那么由买者在市场中搜寻产品相关信息成本就会较低，而且也相对容易实现，这个时候甚至都可能实现生产者与消费者直接交易不需要中间商和中间环节，而当产品的标准化程度较低的时候，为了传递信息和完成市场流通服务则往往需要中间商的介入。

三是产品资产专用性程度和专业技术知识高低。如果产品生产和销售需要有较多资产专用性的投入，如人力、技术和场地等专用设施的投入，而且销售过程中需要有专门技术知识的投入，这个时候产品的流通过程会倾向于使用中间商，以借助于中间商资产投入和专业技术知识来降低流通过程风险系数，保障产品流通的畅通。

因为如果产品需求专用性越强，这时候交易成本很高且很难通过第三方机构来降低，经济主体对商品专用性进行投资之后，很难在其他的地方获得使用和回报。在这样的商品流通中，没有中间商的生存空间，生产者和消费者之间就会直接交易或者倾向于专业一体化。也就是说，产品越是没有专用性，交易中间商就越可以介入并降低交易成本，也更容易产生出中间商。

四是产品商品化率程度。随着产品市场化程度提高，产品更多地进入专业化市场流通，这个时候的生产者会选择自行前往市场销售，而不是借助中间商来完成销售，倾向于将市场服务功能纳入进来，以获得更多市场收益，由此，产品的流通中间环节也相对较少。从我国农产品流通发展的历程来看，市场化进程之后流通环节也相对在缩减。

五、产品市场性质

产品流通市场性质和运行状态也会影响流通中间环节数量的多少。莎玛（Sharma）和多明格斯（Dominguez，2005）[①] 和李飞（2003）都认为市场变量是决定产品流通渠道结构的重要因素，赵晓飞和李崇光（2012）也认为顾客购买模式变化会影响产品流通中间环节设计。具体来说：

一是产品市场消费需求、消费群体特征等会影响到市场中所需要的流通服务量多少，进而影响到流通过程中间商层级的多少和中间环节长短。

---

① Sharma A, Dominguez L V. Channel Evolution: A Framework for Analysis [J]. Journal of the Academy of Marketing Science, 1992, 20 (1): 1–15.

首先，消费者需求流通服务的多少会影响到产品流通中间环节长短。消费者对产品有更多服务要求，这会要求有更多中间商参与以满足其需求。在现代社会中，消费者需求日益多样化和个性化，对产品需求不再局限于质量而要求有更好时间便利度、产品新鲜度、更多样化选择机会，更高产品品牌价值，更个性化物流服务，所有这些服务都要求有相应中间商来保障。由此，我们能够看到，现时农产品流通环节中绝不是单纯生产者自身能够满足这些需求，而是要与众多中间商结合在一起构成一个流通环节。

其次，消费群体结构。如果消费群体是高收入群体，则会对产品质量和服务有更高要求，对价格可能并不是很敏感，由此，这些消费群体所组成的市场就可以承担并支付更多市场流通服务，相对地，低收入群体可能对价格较为敏感，在产品购买中可能并不会需要过多包装、流通服务，不希望有太多中间商提供服务。

最后，如果消费群体较为分散，就需要依赖专业中间商来维护这些市场群体，相应地，可能会选择更多中间商参与到这个产品流通过程。因为市场越分散，产品流通成本越高，消耗服务时间就越多，在向市场销售产品时选择使用中间商可减少相应成本费用。

二是市场规模大小。产品市场规模越大，市场可能越需要中间商参与才能完成产品流通。

当市场规模相对较小时，参与市场交易主体无论是生产者还是消费者人数都相对较少，而且市场交易量也不大，参与主体之间为达成交易所需要搜寻成本较低，市场所需中间商少，甚至可以实现买者与卖者之间直接交易。当市场规模较大时，参与市场交易主体增多，市场交易量增加，市场交易信息更为复杂，这些都使得生产者要单独完成市场交易和产品流通需要付出更多成本，更依赖于中间商专业化能力来搜集相关市场信息，交易完成需要中间商参与才能最终实现，由此在这个市场商品流通便会产生出相应的中间商。

六、产品流通外部环境和经济发展阶段

流通中间环节也受到社会经济发展外部条件制约，不同经济发展阶段产品流通环节长短和构成也不一样，因为产品流通中间环节是会受到经济发展程度、交通技术条件、信息通信技术、交易技术以及其他外部制度因素影响。对此，莎玛和多明格斯（1992）①也认为流通环节的长短结构与其所处的经济发展阶段是相关的，经济发展之后流通中间环节也会呈现缩短特征。

所以，我们能够看到，在原始社会时期，生产力发展水平较低，这个时候农产品流通都是以直接交易为主，农民生产之后直接进入市场进行交易，这个时候市场中没有中间商参与，流通环节也是最短。进入到封建社会，生产力进步和分工深化，这个时候产品流通则开始出现专业中间商（行商和坐商）了，有些则通过长途贩运来完成产品流通，这个阶段产品流通过程则依赖于一个专业中间商来完成。现代工业社会后，大生产时代到来，整个商品流通环节则更是一个多元化多层级结构了，产生出批发商、零售商、物流商等多个中间商主体，出现了短环节和长环节共存流通结构，特别是在现代信息技术的变革下，农产品流通的环节也呈现缩减的态势。

七、流通技术

技术深刻地变革了农产品流通产业，导致了不同中间商的生成和演进，影响到产品流通中间环节构成，进而也改变了产品流通市场微观结构。这些技术包括信息通信技术、物流技术、冷藏保鲜技术、流通专有设备技术以及产品市场交易技术等。

一方面，流通技术创新发展影响市场交易主体信息收集和传递能力；另一方面，技术的出现也会影响到市场交易契约签订和执行成本、交易资金流转和信用方式，提升交易效率。此外，技术出现也影响到产品本身实体转移路径，转移方式和流转速度，如交通运输技术变革，能够显著地提高商品流通速度，也能够扩大市场范围，推动市场流通发展，这些都直接带来流通中间环节的变革。

早期工业革命时代，蒸汽技术、交通技术和电力技术发展，使社会分工日益深化，中间商内部也不断细分，产生出日益专业化的中间商，整个流通环节也被延伸扩展。而现代互联网、信息通信技术出现，电子商务发

---

① Sharma, A. and Dominguez, L. Channel evolution: a framework for analysis [J]. Journal of the Academy of Marketing Science, 1992, Vol. 20, No. 1, 1 – 15.

展，直接冲击了传统产品流通中间环节，对于流通环节产销供需衔接有极大简化功能，越来越多的产销对接成为可能，短环节流通也成为现代流通发展的新态势。

另外，这种新技术发展也能够创造新的中间商，比如在信息时代也出现了网络中间商、信息服务中间商等新的中间商类型。所以，技术对于中间环节的影响并不一定完全是负向，其带来的变革并非简单地消除，而是一个重构和解构的过程，传统的中间环节会变革而新的中间环节和中间商也会再生出来。

八、流通距离

流通中间环节的本质目标在于实现产品在空间区位上的移动，因此，产品生产地和消费市场之间的空间距离因素会显著影响到中间环节长短。产品流通距离越大则越需要中间商介入，产品流通中间环节也会相对延长。

随着产品流通距离的增加，产品流通范围在扩大，产品流通的运输时间也在增加，需要跨区域产品周转和流通，更需要多个中间商方才能够完成商品流通，由此，无论是在空间上还是在时间上，农产品的流通中间环节相应地也增加了。

而且农产品流通距离增加，也使得生产者本身对于消费市场信息了解更少，消费者对于农产品的相关信息了解也更少，进而使得双方之间交易的市场风险加大，为了促成产品的流通和交易就更需要依赖于专业中间商来化解这一市场信息的不足和风险，由此，会有多级的中间商介入到产品流通中，产品的中间环节也会相对延伸。

更重要的是，流通成本也取决于产品生产产地和消费者之间的距离，如果消费者就在产品生产所在地，那么生产者甚至都可以直接销售给消费者而无需经过任何中间商，而如果消费者和生产者在附近周边城市，那么整个商品流通则可能需要一个中间商，而随着城市距离扩大，商品供应范围扩展，流通商品体系扩大，则会需要更多中间商介入来实现商品扩展。因此，空间距离是影响农产品流通中间环节的一个重要因素。

有关空间距离的认识，实际上我国古代商人很早就认识了，所谓

"百里不贩樵，千里不贩籴"[1]，所指向的也是产品流通的空间距离因素。亦如高涤陈、陶琲（1991）所指出的，商品流通渠道核心在于如何能够以最小成本和最少时间实现商品周转，其受到商品市场区域范围、交通运输条件影响，商品如果从生产到消费路程越远，商品流通过程中所需要的中间环节就会越多。

九、市场组织化程度

产品市场组织化程度也会影响到中间环节设置，市场组织化程度和流通中间环节之间存在一个简单的替代关系。如果农产品流通市场的组织化程度相对较低，产品流通中间环节就会相对越长，因为当产品市场组织化程度不高时，农产品流通所需要的服务更多是要靠某一个单独的中间商来完成，由此，在产品流通链条中会出现一个一个的中间商，这些独立的市场主体之间相应地建立一系列市场交易关系，形成一个产品流通交易关系，表现出来的也就是我们所称的中间环节，并以此来完成产品流通功能。相应地，如果农产品流通市场中间环节被缩减之后，反而会影响到市场中间商组织的成长，进而影响到农产品流通市场组织化程度的提高。

我国在 20 世纪 80 年代推进流通产业改革之后，一些工业企业自建了许多销售和流通组织，将产品的流通功能纳入到企业内部，以此来减少流通环节，增强对产品流通环节的控制力度。这种看起来一体化的模式之下，产品流通中间环节虽然有所减少了，但是生产企业也需要耗费大量的资金用于维护整个环节畅通，也导致了大量资源和资金被占用，流通效率反而不高，甚至影响到了企业自身发展积累[2]，而且也破坏了已有的市场流通组织，制约流通产业发展。

十、社会关系维度

交易性质也影响到市场微观结构和中间环节的设置。从市场交易性质维度看，可以从市场交易不确定性、交易的频率以及资产专用性程度三个

---

① 司马迁：《史记·货殖列传》。
② 王晓东：《中国流通产业组织化问题研究》，中国人民大学出版社 2013 年版。

角度来认识一个市场交易性质，从治理机制来看，则涉及关系型治理机制和市场型治理机制（威廉姆森，2002）①。但无论是哪一个市场机制，都依赖于一个居间化市场主体行动。我们以往关注的往往是这些市场型治理机制，强调的是交易关系经济维度，但是交易本身既是一个经济关系，其背后也都隐藏有一个社会关系在里面。不仅经济治理维度会影响到市场微观结构，交易社会维度因素也会影响市场微观结构，一些非经济性因素如社会关系、权力关系等也是中间环节配置的重要影响因素。

具体来说，一是衡量中间环节好与坏标准的确立，除了过往经济性考虑如交易成本大小之外，也有其他的非经济因素如社会权力结构、政治考虑等因素，一些社会维度因素会影响到流通中间环节设置；二是产品流通过程中不同主体之间的市场权力的配置关系也会影响环节设置，也即在流通中间环节的设置过程，需要考虑到中间商、生产者、消费者之间权力配置，包括对中间商之间权力关系的比较与衡量。

（一）社会维度因素

虽然在前述中讨论了市场流通中间环节和中间商的配置问题，阐释了市场微观结构的演进，但是我们会发现，现实经济中仍然存在有一些流通中间环节，是无法用经济成本的理论来解释，这期间很重要的一个原因就在于，影响市场微观结构的因素还有一些外部社会关系维度因素，而在理论模型分析中，这些因素又是难以被模型化的，但他们的影响力又是确实存在的。

但是关于社会关系维度的因素，又必然会引申出市场交易中的关系型治理问题的讨论。奇怪的事情是，我们用了 100 年时间的发展，从传统社会走向了现代社会，从身份的时代走向了契约的时代，并开始确立契约规制理念和价值。如今，我们又发现，仅仅有契约规制的现代社会，我们依然会面临很多问题，许多新出现的问题，我们无法解释和解决。所以，我们又重新审视这种社会关系和社会资本。因为在产品交易关系和流通过程中，我们需要面对的是不同社会主体，而这些主体都是活生生的个体，都是嵌入在整个社会关系之中。

---

① 威廉姆森：《资本主义经济制度——论企业签约与市场签约》，段毅才、王伟译，商务印书馆 2002 年版。

一方面，经济与社会之间是相互嵌入在一起。如同波兰尼所指出的一样，经济总是嵌入在一定的社会结构之中，社会与市场也是相互嵌入关系，社会与经济是不能够脱嵌，否则整个社会结构体系就要出现问题了，他说"人类的经济是浸没在他的社会关系之中，他的行为动机……在于维护他的社会地位，他的社会权利，他的社会资产"①，而且他从历史上交易分配关系出发，认为"古代巨大再分配体系中……交易行为通常嵌入在包含信任和信赖的长期关系中的，这种关系往往能够消除交易的对立性"②。在他看来，市场与社会是一对相互保护的关系，"市场制度被一系列防护措施隔离，以保护社会主要经济组织免受市场活动干扰，市场和平存在以各种仪式和礼节为代价，这些仪式和礼节一方面限制市场规模，另一方面保证市场能在给定狭窄空间中运转"③。

事实上，很早就有学者关注到市场流通结构中各个主体之间的社会互动和关系，对市场交易的认识过程中，单纯地忽略经济交易行为背后所嵌入社会背景和社会关系显然是片面的。④ 斯特恩（Stern，1969）⑤ 所关注的核心就是流通主体之间行为互动，强调了他们之间角色、权力、冲突和沟通等社会行为，之后在1980年的一篇文章中他提出了有关市场交易的政治经济分析框架，指出交易关系不仅有其经济维度的内容和视角，还包含有一个社会维度，二者共同影响到市场流通结构和绩效⑥。

（二）关系型治理

从内容上看，社会关系维度强调的是非正式关系、信任、社会规范、非市场化互动等因素。这一社会关系维度表现在市场治理结构上则是关系

---

① 卡尔·波兰尼：《大转型：我们时代的政治与经济起源》，冯钢、刘阳译，浙江人民出版社2007年版，第49页。

② 卡尔·波兰尼：《大转型：我们时代的政治与经济起源》，冯钢、刘阳译，浙江人民出版社2007年版，第64页。

③ 卡尔·波兰尼：《大转型：我们时代的政治与经济起源》，冯钢、刘阳译，浙江人民出版社2007年版，第54页。

④ Mark Granovetter. Economic Action and Social Structure：The Problem of Embeddedness [J]. American Journal of Sociology，1985，91（3）：481－510.

⑤ Stern，L（ed）：Distribution Channels：Behavioral Dimensions，Houghton Mifflin，1969.

⑥ Louis W. Stern，Torger Reve. Distribution Channels as Political Economics：A Framework for Comparative Analysis [J]. Journal of Marketing，1980，44（3）：52－64.

型治理。有关关系型治理，最早格里芬（Grief，1994）[①] 对中世纪地中海的马格里布商人和热那亚商人的考察，比较了关系型和契约性治理结构，并认为这种关系型治理会随着交易规模的扩展而走向失败。

具体来说，对于关系型治理，一是交易关系都是在长期互动之中建立起来的，每一次交易除了经济利益要考虑之外，还会考虑到历史交易情况和未来的预期；二是交易双方除了经济交易之外，背后还有各种非经济性社会利益互换；三是在这种关系之下，会产生出一些特殊机制来保证整个交易关系稳定，双方大多是一个重复多次交易，有着一个共同遵守的社会道德和惩罚机制，这更有助于降低市场机会主义行为；四是因为双方之间"熟悉"和"信任"关系的存在，双方之间信息不对称的问题可以得到很好的降低，而且双方有了更好地交易监督机制，能够保障交易关系稳定；五是关系交易也能够降低市场未来交易不确定性，带来更稳定预期，这有助于交易关系和交易行为的稳定。

至于选择什么样的治理结构，这受到一些外部因素的影响。一是市场规模大小。如果市场规模小，覆盖面不大，市场可能会倾向于关系型治理。如李（Li，2003）[②] 指出因为不同的治理结构带来的固定成本和边际成本是不一样的，关系型治理结构中的固定成本较低但是边际成本较高，在契约型治理的结构下，其边际成本会相对更低但是其固定成本会相对更高。二是市场主体之间互动和关联程度。如果市场主体之间互动性强，关联度大，那么市场偏向于这种关系型治理。三是交易性质会影响到是否需要选择这种关系型机制，市场越是不确定，越是需要这种关系的维护和建立，市场交易频率越大，互动性越强，越是能够形成这种关系治理结构，资产专用性越强也是需要相互之间的非正式关系来消除风险。

中国传统社会一直是一个熟人社会，是一个关系型社会，关系取向是基本行为逻辑，社会关系也都是建立在亲缘、地缘、业缘、学缘等基础之上，特别是家庭、家族更是基本行为起点。如费正清所说的"家庭结构是尊卑等级制，不是由契约关系决定的个人独立制"[③]。在我们的生活中，

---

① Avner Grief. Cultural briefs and the organization of society: a historical and theoretical reflection on collectivist and individualist societies [J]. Journal of political economy，1994，102（5）：912–950.

② Li. J. S. Relation-based versus Rule-based Governance：An Explanation of the East Asian Miracle and Asian Crisis [J]. Review of International Economics，2003，11（4）：651–673.

③ 费正清：《美国与中国》，商务印书馆1987年版，第17页。

做任何事情都有一个关系主次和亲疏，这种关系取向也被带入到市场交易中来。特别是在农村地区，社会流动性较低，整个市场交易也都是在本地进行，由此，能够发展出一个强化机制。

反映到农产品流通过程中来，在这种关系型社会或者是治理结构之中，市场中间商的角色更显得重要，因为需要这种中间商来为各个交易关系提供一个稳定保障，而中间商也可以通过建立信任关系有助于确立稳定的交易关系，也能够降低交易成本。由此，我们可以知道，在现时我国农产品流通关系中，社会关系维度，乃至这些关系型治理机制仍然存在，甚至扮演着重要角色，其即使市场在选择中间商时会更多考虑到社会关系的因素，而中间商在交易关系中也会更多地重视对社会关系维度的考虑，在这样相互推进的正反馈互动中，中间商日益介入到农产品的流通中来，进而反而使得农产品流通各主体之间的交易关系很稳定，甚至极好地克服在其他交易条件或者流通过程中可能出现的问题，获得更为稳定的绩效。

第三节　我国农产品流通中间环节变迁

从历史发展角度看，我国农产品流通环节经历一个从短到长再到短的变迁过程，梳理这一段历史能够让我们更进一步认识到农产品流通中间环节设置是一个不断竞争的选择过程。

从宏观发展阶段看，新中国成立后，中国流通体制经历了计划经济阶段和市场经济改革阶段。在计划经济阶段，产品流通是以行政调拨、计划分配为主分配型模式，商品流通都是由国营商业部门和物资部门掌握，国营商业部门从事消费品收购和销售，物资部门从事投资品调拨和配给，整个流通体系是一个层层分级行政化程度极高的线性交换体系。改革开放之后，社会进入到市场经济阶段之后，产品流通向市场化改革，市场贸易开始建立并发展起来，随之涌现出多元的流通中间环节结构。

一、新中国成立初期

新中国成立初期1949～1952年，整个国家处于经济恢复时期，农产品流通经历过一个短暂自由流通购销时期，一段时间内农产品流通由市场定价决定，流通环节呈现多样化特征，流通过程中的中间商既有国营商业、半社会主义性质的合作社商业，也有个体商业、国家资本主义商业、私营商业等，农产品流通是国营商业和供销社经营、购销商经营、自产自销的多种流通渠道结构模式。

这个阶段农产品流通中间环节大致包括三类：第一类是：生产—消费，也即一些生产者直接将农产品运至集贸市场销售；第二类是：生产—购销—消费，购销商从农产品生产者手中收购产品然后在集市中销售给消费者；第三类是：生产—国营商业/供销合作社—消费。

二、单一计划经济时期

自 1953 年，国家开始对粮食实行统购统销政策，油料、棉花、棉布、蔬菜等农产品先后都被纳入到国家统购统销政策之内，自由购销农产品流通也相应被取缔，农产品流通演变成国家统一掌控，形成国家收购、统一调拨农产品的流通模式。除了国营商业和供销合作社等国家流通主体之外，其他的商业主体均被取消，城乡农贸市场也被取消，国营商业和供销合作社成为了这一时期我国农产品流通的唯一渠道和环节。

这个阶段，单一的农产品流通中间环节实质是一个行政分配型体系而不是市场流通体系，农产品是由国营商业机构负责收购，并由这些机构负责销售，主要流通中间环节包括有一级批发站、二级批发站、三级批发站，之后到达各个零售商店，也即生产者——级批发站—二级批发站—三级批发站—零售端—消费者。

而且，农产品流通都是按照固定供应区域、供应对象、倒扣作价率的"三固定"来进行流通。这一阶段农产品流通主体单一，中间环节层级众多（大多是行政层级而不是市场的中间商层级），行政分配色彩重，反映在市场流通效率方面，则是流通效率较低，货物损耗也大，伴随有较高的流通成本。

三、向市场经济过渡阶段

1978 年，国家市场化改革之后，农产品流通体制改革也逐渐向市场经济改革，统购统销的农产品流通体制逐步转为统购派销、合同收购，到

1985 年国家最终取消了派购制度。

在这之下，农产品流通市场也进一步放开，市场价格进一步下放，全国各地的集市贸易市场开始得到恢复，"三级批发站"和"三固定"的格局相继被打破，不再是由国营商业单一主体来组织农产品流通了，特别是在之后"三多一少"的流通改革思路之下，私营商业、个体经营日益兴起，出现了多种经营体制的流通格局，流通中间环节得到很大程度的缩减，农产品流通范围不断扩大。

特别是 20 世纪 80 年代中后期，国家开始鼓励农产品批发市场建设（1983 年国务院《大中城市逐步建设农产品批发市场》等文件后先后出台），农产品批发市场建设迅速发展，逐渐形成以批发市场为主导的农产品流通格局。这个时期，我国农产品流通环节的主导形式变为：生产—批发—零售—消费，批发市场成为农产品流通的核心主体。

四、渠道多元化阶段

进入 21 世纪之后，农产品流通市场改革日益推进，市场规模日益壮大，除了以往农产品批发市场流通环节之外，其他形式的一些流通形式也不断兴起，甚至越来越多的市场主体开始尝试跳出中间商流通环节，寻找一些产销对接流通渠道，以提高流通效率。

当前，我国农产品流通市场中有着多种多样的流通中间环节，大致上形成了以批发市场为核心，超市、农贸市场、社区零售店等为辅助的多元流通体系，从产销直接对接的短环节，到包含有收购商、批发商、零售商等多个中间商的长环节，具体来说包括以下几类：

一是：生产者—消费者（个体），也即农产品生产者直接销售给消费者，实现产销直接对接，这是一种传统的自产自销模式。比如，在农村乡镇集贸市场上一些农户自产自销，但这种流通方式销售规模小，流通成本相对较高。

二是：生产者—物流配送商—消费者（个体、团队），也即一些农产品配送企业将产品配送至消费者，这一模式下核心是物流配送企业，其是专门负责农产品流通配送主体。这种模式包括两种类型：第一类是在线电子商务模式，消费者在电子商务平台比如京东、顺丰、淘宝等平台上下单之后，由专业的物流配送商将产品配送至消费者。第二类则是产地直销的模式，生产者直接联系学校、政府机关、企事业单位，然后由生产者直接或者是委托一些物流配送商，将农产品配送至一些企事业单位食堂等团体消费者。甚至一些农产品生产者在社区直接建立销售点。这也就是我们常讲到的农校对接、农餐对接、农场对接、农社（区）对接、农企（业）对接的产销对接模式。这种产销直接对接使得生产者能够获得相对更高的销售价格。

三是：生产者—零售商（超市、农贸市场、社区菜市店）—消费者（个体、团队），也即产品的流通是通过一个零售商来实现，这里包括两种情况，第一种是零售商为大型超市，也即我们常讲到的"农超对接"，这些零售商建立有自己采购部和配送中心，从生产者处自行采购之后通过配送中心将产品分销至零售门店。第二种是零售商为农贸市场中一些经销商贩，这些商贩从生产者处采购商品，然后在农贸市场中销售。

四是：生产者—运销商—零售商（超市、农贸市场、社区零售店）—消费者（个体、团队）。这一流通环节与上述一种不同之处在于，在生产者与零售商之间有一个独立运销商，其负责从生产者处采购产品，并将产品贩卖给零售市场的零售商，而不是零售商自行采购运输，其他方面则是与第三种模式类似。在这种流通环节之中，借助于运销商等商贩联系，农户能够大批量地将产品销售出去，这相对于分散农户销售能够降低交易成本。

五是：生产者—批发商（产地批发市场、中转地批发市场、销地批发市场）—零售商—消费者（个体、团队）。这种模式也是当前我国农产品流通的主要环节，批发商从生产者收购产品，然后运至批发市场中，之后将产品分销给零售商，最后由零售商将产品销售给终端消费者。这种模式，在批发商这一环节之上还可以细分几个中转环节，比如产地批发商、中转地批发商、销地批发商，经过这些中间环节的流转，最后分销至零售商处。这一类流通环节相对来说是当前农产品流通中最长的流通环节。

六是：生产者—运销商—批发商（产地批发市场、中转地批发市场、销地批发市场）—运销商—零售商—消费者（个体、团队）。这种流通环节与上述流通环节区别在于，农产品运输环节，包括生产者到批发商以及批发商到零售商之间，均是由独立运销商完成，也即这个环节中增加了一个独立运销商主体，其他方面则是与第五种类似。

此外，在生产者这个主体之中，除了单独农户，有时候会加入一些专业性组织，如农村专业合作组织、龙头企业、家庭农场、农产品生产基地等主体，对一些农产品流通来说，这些主体也会加入到整个流通环节之中，但大都是在生产环节之间。而物流配送商则是专门负责农产品流通配送主体。

总体上看，目前我国农产品流通市场中有着多种多样流通中间环节，不同地区、不同产品流通环节呈现出不一样的结构，大致上形成了以批发市场为核心环节，超市、农贸市场、社区零售店等为辅助的多元流通体系，各类长短的流通环节都存在于市场中，在各自不同的产品类型、不同的时间和空间内共同完成农产品的流通和交易过程，而且无论是如何变化，中间环节、中间商依然是不可缺少的元素。

第四节　中间环节设置的基本认识

一、认识流通环节的多样性

从我国农产品流通体制发展历程以及现实观察来看，流通中间环节呈现出多样性特征，既有产销对接的短环节，也有包含有运销商、批发商、零售商等多个层级环节的长渠道。而且，无论是从历史发展，还是现实情况来看，这些不同流通中间环节的形态都是同时并存，即使是在同一时间也可能在不同产品不同地区同时存在，因此，流通中间环节的多样性是其配置和演进的基本规律所在。

二、流通环节总体趋势在缩减

从我国农产品流通体制发展历程我们能够看到，农产品流通中间环节从新中国成立初期多层级多环节，到计划经济时期单一环节类型，到市场化阶段多环节阶段。总体上看，流通中间环节呈现缩减态势，越来越多的主体在尝试一些产销对接模式，以此来最大化降低流通成本。不可否认的是，随着流通中间环节的增加，会使得农产品的流通主体日益增多，也不可避免带来成本增加，因此减少一些不必要的流通环节有助于降低产品流通成本，提高流通效率。

更重要的是，随着市场流通主体的增加，如何分配流通产业的利益成为了一个新问题，一些市场主体为了能够获得更多分配利益，也希望能够减少其他流通环节的主体，所以，事实上，流通环节缩减除了有降低整个渠道的成本的考虑之外，还有如何分配利益的考虑。特别是，现代市场发展后，一些流通主体日益成长起来，其也具备一定环节整合能力，进而能够缩减一些环节承担更多的流通服务功能，所以，流通中间环节减少在一定程度上也反映了我们流通产业和市场的进步。此外，随着互联网技术的发展，更是直接便利了农产品产销之间的对接，使得较短的流通环节成为可能。

三、流通环节并非越短越好

尽管我们能够看到，流通中间环节总体上呈现缩短趋势，但是，这并非意味着流通中间环节越短越好，因为事实上，现实中这些短环节尝试也仅仅是一小部分，也有很多农产品的流通渠道仍然是依赖于多个中间商，依赖于一个相对合理的中间环节来支撑，所以对于流通中间环节来说，并不完全在于长短而是在于合理化。

现时中间环节对于产品流通依然是不可取代。以日本为例，尽管在20世纪中期，渠道扁平化冲击明显，但是日本兼具内销与外销于一体的大型综合商社却依然蓬勃发展，展现出新活力（纪宝成，1991；拉克和戴维斯（Larke & Davies，2007））。对于日本来说，其商品流通环节就是一个相对较长环节，其商品流通基本是沿着"生产—批发—零售—消费"路径，在这个渠道中包含了生产环节，批发环节，零售环节等多个中间过程。罗森布洛姆（Rosenbloom，2007）也指出，尽管美国流通渠道曾经历了"去中间化"的冲击，近年来又重新出现了"再中间化"现象，中间渠道依然不可替代。

从历史发展来看，没有任何中间环节的直接销售渠道不是一个新近出现的事物。在人类历史上出现了物物交换之后，也便是这种直接的流通结构。现实中，这种直接销售则包括了生产者自销、消费者直采、网上直接销售等方式。不仅如此，为了减少中间环节，政府和一些企业也尝试推出农超对接、农社对接、农基对接、农餐对接、农校对接等直接渠道，以期改善现有流通成本过高，流通效率较低的状况。

2007年以来中国一些大型超市通过农超对接的形式直接从水果或者蔬菜生产者那里采购生鲜农产品，在全国建立广泛的采购供应网络。关于农超对接，虽然有助于缩减了中间环节，利于破解现有流通问题。但也有学者认为虽然农超对接缩减了环节但并没有带来预期收益。宋则（2013）认为农超对接需要具备大规模集中供给与超市大规模集中采购条件，当前农民组织化程度还较低，农超对接尚难得到推广[①]。耿献辉、周应恒（2012）则调查发现农超对接渠道中的超市利用市场势力压低价格，加大了流通成本，农户并未获得利益增加[②]。

不仅如此，一些地方尝试去除中间环节，实现蔬菜直销，也面临困境。如四川成都聚友农业科技公司尝试推广蔬菜直销店，由于盈利能力问题，2012年成都肖家河和成都九里堤天瑞园蔬菜直销店关门，而其他一些蔬菜直销店，绵阳佳昊农业开发有限公司、绵阳万亩田生态农业开发公司等大部分也处于亏损状态[③]，缩减环节之后新模式面临着生存困境。

因此，即使从交易成本降低方面来看，短环节能够带来成本降低但未必中间环节越短其带来成本越低收益就越高。一方面，从现实观察我们能够看到，一些短环节的尝试，比如农超对接，绕开了批发商或者批发市场这个环节，但是并没有带来中间环节或者流通功能消除，而只是将这些环节和功能在流通环节中重新分配，这并不能说明流通中间环节是无用。另一方面，短环节也未必会带来成本降低，可能也只是一种成本互换或者重置，农超对接成本优势并不在于环节多少，而是来源于大规模采购，是规模批量优势使其带来了成本节约，电子商务在线模式带来的优势也不是环节减少，相反，网络在线销售反而会增加其他的一些成本，总体流通成本也未见降低。

此外，从利润分配来看，直接销售带来中间环节减少，但并不一定能

---

① 宋则：《稳定农产品价格须"反周期"调控》，载于《中国联合商报》2013年3月4日，第F01版。

② 耿献辉、周应恒：《现代销售渠道增加农民收益了吗？——来自我国梨主产区的调查》，载于《农业经济问题》2012年第8期，第90~98页。

③ 段玉清：《少了中间环节，蔬菜直销为何仍难生存？》，载于《四川日报》2012年11月20日，第009版。

够给整个流通过程中各个主体之间的利润再分配带来一个更公正的方案，也存在着诸多利益在不同环节之间分配不均的问题，从现实中农超对接的实践来看，超市依然存有市场势力，所以，环节减少并不能解决所有问题，甚至都不是问题本身。因此，尽管渠道扁平化冲击明显，但中间环节压缩，形成直接流通渠道也会带来新成本，流通渠道的创新并不完全是直接渠道取代间接渠道。

所以，在实际中，完全的短环节的流通渠道并没有得到市场认可。企业流通渠道更多是一种混合渠道结构，而不是完全的直接渠道，大部分企业也都保有必要间接渠道。万典武（1987）也指出中国不同地区不同部门的差异很大，发展的水平也不同，由此现实中的环节也是各不一样需要不同的环节来完成产品流通。李宝库（2007）也通过模型分析了渠道运行过程中制造商、中间商与消费者经济利益关系，认为流通环节的设计不能够进入到简单地"渠道扁平化"的误区①。

改革开放之初，我国流通体制改革内容之一是改变过去"一、二、三、零"多环节大流转的单一流通环节格局。但是在这轮改革过程中，消除了传统流通环节，"少流通环节"的改革之下使得商品的流通渠道日益扁平化，国内生产领域以"生产加工为主、兼顾上游开发和下游营销"的企业日渐增多，工业自销比率曾经高达70%②。宋则（2009）也以工业批品批发为例，认为中国早期"少环节"的改革，使得中国现代批发业的发展受到三次制约，造成当前我国"市场大、商人小"的畸形格局。而且，这一压缩环节改革，也带了许多新的矛盾，现实中我们发现，生产商的利润日渐下降，生产商也在失去以往的一体化的渠道所带来的优势（谢莉娟，2013）。因此，尽管20世纪80年代以来我们一直在鼓励流通"少环节"（"三多一少"的部分），但是也要明确，"'一少'并不是必须，一切必要流通环节节省都不可少，所要减少的是不必要的中间环节"。

所以，孤立地讲"少环节"容易造成误会③。中间环节对于商品流通过程有着特殊意义，中间环节并非越短越好，渠道并非越短就越有效率，短环节未必带来成本降低。中间环节是受其他客观因素所决定的客观事

---

① 李宝库：《消费者信息、中间商行为与制造商渠道的管理效率》，载于《管理世界》2007年第6期，第94~103页。

② 任兴洲、王薇：《商品分销网络》，中国商业出版社1998年版。

③ 林文益：《流通问题的几点看法》，载于《安徽财贸学院学报》1987年第2期。

物，环节多少，渠道长短，应该从产品和渠道的实际出发，分析其所处的环节，具体分析哪些环节是多余，哪些环节是必不可少。对中间环节，不仅仅需要看其数量的多少，还需要看其是否能够发挥作用，是否能够提高效率，是否能够创造价值，而不是简单地取消中间环节。

四、必要的流通环节也是稀缺资源

更重要还在于，我们需要重新摆正对于中间商和中间环节的认识。长期以来，我们在"重生产、轻流通"观念之下，一直将中间商和中间环节当作是一个并不创造价值的事物，并没有认识到其对于整个市场的交易功能、价值和作用，总以为这些中间环节都是经济社会外部运行强加的，而不是经济交易本身内生的产物，因此，对于中间商和中间环节，我们总是抱着怀疑的眼光，戴着有色眼镜来看待他们，甚至中间商和中间环节一度成为了农产品市场价格波动市场流通成本高企的"替罪羊"，矛头和问题的根源都指向了中间商和中间环节。

事实上，根据本文前面的分析，我们能够知道，从市场微观结构理论来看，中间商是市场微观结构核心主体，也是市场交易本身内生主体，其存在对于市场交易的运行，对整个产品流通活动的完成，乃至市场产业活动的再循环都有着极为关键的作用。因此，中间商和中间环节绝非是外部强加的多余产物，而是市场微观结构核心主体，正是其存在显著地促进了市场交易的实现，提升了市场交易效率，甚至也能降低市场交易成本。

所以，中间商和中间环节是同样是市场稀缺资源，其功能、作用和价值理应得到我们重新尊重。从中国流通体制改革发展经验来看，我们一直忽视了对中间商和中间环节的资源培育，也给经济的发展带来不小问题。改革开放之后，面对计划经济时期的流通体制带来的诸多弊端，我们沿着"三多一少"的思路对流通体制进行了新的改革，而其中的"少"则是强调尽可能地减少流通中间环节，但是，结果我们却发现，流通中间环节的减少未必带来了效率的提升。在这个过程中，我们仅仅是完成了流通的基本的功能，这相比于改革开放之前的计划经济来说是一个巨大进步，但也忽略了中间商和中间环节对于整个市场微观运行的作用。

在改革过程中，在"少环节"引导下，我们取消了计划经济时期所有的流通环节和渠道（如之前的三级的批发站和零售网点），使得国内产品流通环节被彻底破坏了，而在这同时，我们许多企业也都设立了诸多流通营销组织，将流通功能纳入到企业中，纷纷投入到产销一体化的改革过程中，"众多生产企业，建立自己的销售公司，专卖店，销售专柜，20世纪90年代我国工业品自销比例达到70%以上"[1]，最终，我们看到流通中间环节不仅变少了，传统中间商也消失了，原有的中间环节资源被废弃了。许多企业追求"大而全"发展流通产业，流通环节也变得更加扁平化了，在这个过程中，我们没有发展新的中间商，市场流通实际上处于一种中间商缺位状态，专业中间环节资源也被破坏了[2]。

不仅如此，在这些挤压之下，原有中间商也开始失去生存空间，现实中我们看到很多零售商都从商业自营转为联营，甚至是仅仅出租商业空间的"二房东"了，这与我们对中间环节资源的不重视也是极相关的。所有这些都提醒我们，必须重视中间环节资源，而不能因为之前的问题而一概地废弃，如同在"泼洗澡水时将孩子也泼出去了"。

第五节　本章小结

中间商和中间环节是市场微观结构的核心内容。中间商位于每一个交易环节节点上，一个中间环节对应有与之相关的一个或一组中间商，不同的中间商组合链条形成了不同的中间环节类型，不同的中间环节之下也有不同的中间商结构。

流通中间环节是商品流通过程自然形成的商品流通路径，商品流通过程是由一系列流通环节上下连接而组成。中间环节的生成方式多样，不同地区、不同产品流通环节呈现出不一样的结构，呈现多样性特征。商品流通过程会随着市场变化、需求演变、职能演进要求有新的环节与之匹配，进而演进出不同中间环节结构。流通中间环节的长与短、多与少是相对的、动态的，是由产品自然属性、自然特点和市场配置资源等多种客观需要决定，流通中间环节配置需要考虑多个方面因素来选择。

流通中间环节配置关涉到商品流通过程中形成多少个节点，选择多少

①　王晓东：《中国流通产业组织化问题研究》，中国人民大学出版社2013年版，第140页。
②　王晓东：《中国流通产业组织化问题研究》，中国人民大学出版社2013年版。

个中间商层次、数量。在回答流通中间环节配置多少的问题，需要考虑以下这些因素：产品分工程度和专业化水平、交易成本、流通服务功能、产品自然特征和生产特征、产品流通市场性质和运行状态、外部环境和经济发展阶段、流通技术、流通的距离、组织化程度、社会关系状况等因素。

特别地，流通中间环节配置是与中间商服务功能配置问题相关。中间商和中间环节的演进代表的是流通服务功能的替代和转移，市场中间商或者是中间环节的结构会随着市场流通服务功能不同成本曲线而自我演进。

不同的中间商承担流通服务功能也不一样，市场上中间商类型也由市场中这些流通服务功能所决定，中间商承担的流通服务功能进一步细化也会促进中间商内部不同层次结构形成。一个给定市场的流通服务功能可能会出现新的细化和重构，会分解成为几个次一级的功能，其中一些可能由现有中间商将之分包给其他更小的专业化市场中间商。由此，这些不同层次和不同类型的中间商就会加入这个市场结构的重新安排，中间环节结构也会发生新的变化。

而且，对于流通中间环节来说，每一个中间环节都代表了一定的流通服务功能，增加或者减少一个环节，并不是在增加或减少这些必要功能，也仅仅是在这些不同的主体成员之间重新排列组合这些功能而已，这些功能是必需的。当这些功能通过重新排列组合之后能够得到更有效的实现，这些环节的增加或减少才会出现。

而从历史发展角度来看，我国农产品流通环节经历一个从短到长再到短的变迁过程，也可以看出农产品流通中间环节的设置是一个自然的竞争选择过程。现时我国农产品流通市场中有着多种多样的流通中间环节，不同地区、不同产品流通环节呈现出不一样的结构，大致上形成了以批发市场为核心的环节，超市、农贸市场、社区零售店等为辅助的多元流通体系，各类长短的流通环节都存在于市场中，在各自不同的产品类型、不同的时间和空间内共同完成农产品的流通和交易过程，而且无论是如何变化，中间环节、中间商仍然是不可缺少的元素。

从我国农产品流通体制发展历程以及现实观察来看，我们也看出中间环节呈现出以下几个基本特征：一是中间环节生成方式是多样的，不同地区、不同产品流通环节呈现出不一样的结构，呈现出多样性特征，现实中既有产销对接的短环节，也有包含有运销商、批发商、零售商等多个层级环节的长渠道，流通中间环节的多样性是其配置和演进的基本规律所在；

二是流通中间环节呈现出缩减态势，越来越多的主体都在尝试一些产销对接的模式，以此来最大化的降低流通成本；三是流通中间环节并非越短越好，短环节的尝试也仅仅是一小部分，短环节不一定能够带来成本的绝对降低，也不一定能够带来一个更公正的利润分配格局，产品流通仍然依赖于一个相对合理的中间环节来支撑；四是我们需要重新摆正对于中间商和中间环节的认识，必要的中间商和中间环节在市场同样是稀缺资源，其作用和价值理应得到我们的重新尊重。

总体上看，中间环节对于农产品流通过程有着特殊意义，中间环节配置需要讲求相对性、动态化环节条件下的适度、合理，而不是简单片面的越多越好或越少越好。中间环节有多样性、相对性、动态性等特点，不同约束条件变化之后，其环节的多少是不一样的。在市场运行中，市场会自动采取流通成本最低的流通方式，进而形成最优的流通环节。中间环节的多少，流通渠道的长短，应该从产品和渠道的实际出发，具体分析哪些环节是多余的，哪些环节是必不可少的。对中间环节，不仅仅需要看其数量的多少，还需要看其是否能够发挥作用，是否能够提高效率，是否能够创造价值。

第六章 结论与政策建议

第一节 主要结论

本书围绕中间商和中间环节的配置问题来展开对农产品市场微观结构的认识。从市场微观结构视角来看，中间商是市场微观结构的核心主体，是市场交易的组织者，市场交易是围绕中间商来展开，市场经济也可以看作是由中间商来配置的经济体系。无论是从历史维度还是现实维度，中间商在市场交易中都是不可或缺的重要角色，有其生存空间和存在合理性，有其自身内生机制和演进机理。中间环节也是经济学意义上的稀缺资源，中间环节资源配置需要讲求相对性、动态化环节条件下的适度、合理，市场的演进也在于寻找到一个合适的市场微观结构以实现市场效率最大化。具体来说，本书的主要结论包括以下几个方面。

一、市场微观结构是市场分析的新视角

从社会分工角度看，经济发展、组织演进的核心在于能够找到有效率的市场交易层级结构。关注市场，不仅要关注市场资源配置，不仅要研究组织含义和形态，更重要的还在于要认识到组织背后的市场微观结构，认识其背后分工结构和交易层级结构。从市场理论研究来看，过往市场研究理论，或是早期市场理论或是之后宏观市场理论，乃至组织层面的研究，都缺乏对市场背后和组织背后的微观个体研究，缺乏对市场本身微观运行的关照。宏观上的市场是一个多元主体参与的组织系统，但微观层面看市场是一个中间商参与其间的博弈关系。因此，市场既有宏观结构，也有微

观结构，我们需要了解现实市场多样交易组织背后的市场结构。

市场微观结构不同于一般市场结构，是一个比市场形态、市场组织更为微观的概念，其核心在于认识市场的交易环节，认识市场是如何被创造的，市场结构是如何运行。而其核心在于对中间商和中间环节的认识。不同的中间商结构，不同的市场微观结构，对市场效率产生不同影响。如何寻找到最优中间商的结构和中间环节并尽可能地使其充分发挥其应用功效，是改善流通市场运行的重要路径，也是未来市场分析的新视角。

二、分工和交易深化带来市场微观结构演进

社会分工深化和演进使市场交易日渐复杂，日益呈现出"中间化"特征，交易的完成越来越需要更多信息，需要经历更多的中间环节，才能到达商品需求者手中，这也导致市场交易环节增多，不可避免地带来这些环节节点上中间商的增加，而不同中间商组合形成不同的中间环节，也导源出不同的市场微观结构。中间环节的产生、市场微观结构的演进本质上也是市场交易职能分工的问题，是社会分工和市场交易演进的产物。

三、市场微观结构演进是中间商不断产生和演进的过程

市场微观结构的生成过程是中间商不断产生、演进的过程，这是一个持续的动态过程，在不断竞争合作过程实现中间商资源的合理配置和中间环节的合理结构，找到一个稳定合理有序的市场微观结构。市场交易中间商数量增多，中间环节的复杂化，会改变市场交易结构，促使市场从直接交易走向间接交易，甚至是更复杂的交易关系结构。流通中间环节内部本身也包含有中间商结构演进和中间商自身链条解构和重构的过程。

市场微观结构的本质内容是市场交易关系。市场交易复杂化推动了交易关系的中间化，使市场需要一个新的中间主体来协调市场交易，产生出新的交易结构。市场交易性质、交易主体和交易结构也都会影响市场微观结构和流通中间环节的数量，乃至市场治理机制的选择。市场交易结构分为直接交易市场结构、中间商存在的间接交易市场结构、拍卖市场结构，不同的市场有不同的市场交易结构，不同的市场交易结构的市场价格形成

机制也是不同的。无论是何种交易结构，都越来越离不开中间商的参与。

中间商不断演进也带来了市场交易环节的不断变革，随着中间商数量和种类的变化，相应地市场交易中间环节结构也不一样，中间环节的长度会随着中间商的增加而变长，但中间环节的长度也并非会无限演进和扩展，一个有限度的中间环节，有限数量中间商结构是市场的最优选择。中间商则处于一个"中间商链条"中，中间商数量受到交易信息成本多个因素影响，最优中间商数量是能够使间接市场交易成本不大于直接交易成本时的均衡数量，这一最优中间商数量会随着市场结构，随着参与市场交易买者与卖者的数量结构而变化。

四、中间商是市场经济的重要主体

中间商随着交易专业化和"中间化"发展而产生，伴随着市场的兴起而演进，是从生产性活动分离出来连接生产和消费的经济主体。从历史上看，无论是在国内贸易中还是国际贸易，无论是古代还是现代社会中，中间商一直都是经济社会的重要主体，这些中间商分布在商品流通环节的不同节点，承担商品流通功能，共同为商品流通和市场交易服务，在市场交易体系中发挥着不可忽视的作用。中间商的角色也处于不断演变之中，从传统贸易商，到产品分销商，乃至现代的市场综合服务提供者，即便现代生产技术、信息技术、消费者需求都在变化，中间商依然在演进并获得新的市场角色和地位，其在市场经济中的作用不可或缺。

五、中间商是市场微观结构的基础

中间商是市场微观结构的核心主体，市场交易是围绕着中间商来展开，市场经济在一定程度上是由中间商配置资源的经济。中间商的介入建立了一种新的交易方式，形成了新的市场交易结构，有助于提高市场效率，其在市场中具有极强的内生机制和演进机理。

中间商是市场交易机制的核心主体。中间商承担了市场交易、价格发现、创造交易，创造市场的功能，是市场交易的微观基础，市场效率也依赖于中间商以及中间商所串联形成的中间环节，这些构成了市场交易体系。

中间商具有自我内生机制，中间商是市场内生出来的。中间商的出现是社会分工演进的产物，是市场交易成本降低和交易效率提升的产物，是随着市场交易复杂化后从市场内生出来的，与整个市场交易的演进和发展嵌合在一起。

市场交易价格是由中间商来制定。中间商在市场交易中的居间化功能和角色，不断调整产品交易买价和卖价，确定市场交易价格，为市场交易产品提供了一个内生定价机制，促使市场交易活动的完成。中间商作为市场价格机制的核心，也无形中推动市场交易制度形成。为我们重新认识市场价格形成以及市场运行提供了一个新的视角和理论依据。

中间商扮演着"交易专家"的角色，在市场中承担了重要功能，这包括减少市场交易次数和成本，减少市场搜寻和匹配成本，增加交易概率，集中和分散市场风险，平抑市场波动，抑制市场逆向选择减轻道德风险和机会主义，解决资产专用性的投资问题。

市场可以通过改变交易方式和交易组织，建立更高效率的中间商结构和中间环节，形成不同市场微观结构，进而降低市场交易成本。市场交易演进在于通过改变市场交易方式，建立更高效率中间商结构和中间环节，形成不同的市场微观结构。降低市场交易成本，除了传统上我们理解的企业和市场机制划分方法外，还可以从市场运行微观结构出发，建立不同的市场交易机制，寻找到不同中间商结构，以不同方式来组织市场交易或是采用不同市场交易技术来降低市场交易成本，提升市场效率。

六、中间环节和中间商并非当前流通困局的本源

现实中我们往往仅注意到流通成本高企现实问题，而低估了流通产业的市场功能和产出价值，低估了中间商给产品流通和经济体系带来的价值创造。中间环节并非当前我国流通成本高企等流通困局的本源，流通环节并没有引起流通成本上升，中间环节也并非"越少越好"，相反，中间环节对商品流通实现极为重要，现有中间环节也是市场理性选择。从长远看，流通中间环节的缩减会带来流通成本降低，但流通中间环节并不是越少越好，良好有效的市场微观运行，要求有一定数量的中间环节和中间商。

流通成本是市场交易成本的表现，是市场运行客观存在，是产品价格

的必要组成部分。中间商等交易组织的出现是被当作为降低市场交易成本的重要手段，中间商参与的间接交易是对直接交易的一个效率改进，能够降低交易成本，增进社会福利。从交易成本属性来看，流通成本是客观存在的，其本质上是一定消耗的补偿，是市场运行的固有成本，是利用市场机制的成本，是现实市场运行的摩擦成本，其根植于人的有限理性和市场本身的不确定性之中，也是产品流通的复杂化和多元化的结果。

农产品流通成本与生产成本结构比例关系已经发生了变化，流通成本在产品价格中的比重高于生产成本已成为流通发展的"新常态"，产品价值创造过程正日益从生产环节向流通领域转移，市场主体乃至政府机构需要适应这个流通发展的"新常态"。

近年来我国农产品价格总体上波动频繁，农产品价格不同环节之间价差确实存在且无论是批发生产价差还是零售批发价差都呈现出不规则的线性震荡趋势，相比于批发生产价格指数价差，我国农产品零售批发价格指数价差的波动更为频繁，振幅更大；我国农产品流通的批发生产价差与零售批发价差呈现反向变动特征，但并不是流通中间环节使价差存在并持续扩大，而是由其他外部因素所致，我们不能因为中间环节价差而去消减中间环节，消除流通中间环节反而会带来相应成本增加。

流通中间环节价差是农产品流通的普遍问题，无论是在美国还是中国农产品流通市场中都存在，这是农产品流通的共有特征。美国农产品流通中的生产价格指数与零售价格指数之间的价差也是在持续扩大，美国农民在农产品流通中所获得的价格份额占零售价格的比例也在逐年下降，美国农产品流通成本占农产品消费者支出的比例逐年上升，而农民在农产品消费支出中所获得的份额比例则逐年下降。

不同中间环节上价差也存在细微差异，中间环节价差与农产品流通零售终端环节显著相关，零售环节价差波动幅度则远远大于批发环节，价差主要发生于零售环节。零售环节对于价格有更强控制能力，表现出更强的价格波动性，也更直接影响到整体农产品价格波动。而且不同零售终端类型也会影响中间环节价差大小，以超市为零售终端环节之间的价差要高于以农贸市场为零售终端的环节之间的价差。

产品零售价格高低、中间环节价差大小与流通环节本身多少关系不大。现实中农贸市场采购实际上比超市流通环节更多一个中间环节和中间商主体，但从结果来看，超市零售批零差价依然会大于农贸市场加价幅度，流通中间环节加价幅度虽然与流通中间环节有相关关系，但可能很大程度上是与中间环节关系不大，更多是与最后零售端相关，零售端加价幅度提高了最终零售价格，而零售端加价幅度高企又不在于零售环节本身，而在于外部对于零售环节强加成本所致。

农产品流通过程所产生的环节之间的价差本质上反映的是农产品流通服务的投入价格，生产价格和零售价格之间价差增加，部分是流通服务内容不断增加所致。因此，并不能将现实中观察到的流通成本增加都归结于农产品市场流通的无效率，至少这些流通成本增加的背后是市场流通服务种类和数量的增加，消费者也确实在商品流通过程中获得了更多实在的流通服务。从美国发展经验来看，不同农产品所需要的流通服务也不同，其流通成本也不一样，生产环节获得的价值或者农产品流通中农民获得的份额也是不一样，这些也都是与产品自然特征和体量相关。流通成本的多少一定程度上也是反映社会商业活动和经济活跃程度指标，这些流通环节代表了流通服务密集度，也反映了市场活跃程度。

农产品流通环节的价差还来自其他因素，这包括：一是农产品流通服务成本增加造成了价差增加，即使是对于同样的流通服务，现时成本也在日益增加进而推高市场流通成本，这些成本包括物流成本、劳动力成本、城市生活成本、经营成本以及其他基础设施成本；二是农产品"区域性生产、全国性消费"和农产品商品率的提高，令到农产品区域流通扩大，带来了跨区域的产品长途流通，这增加了流通成本也放大了价格波动；三是产品流通价差是商业的本质所在，商品不同环节之间价差的获得，本身就是商业经济理论的一个基本规律，消除环节并不能够带来成本的降低。

从利润角度看，流通中间环节实际上并没有获取超额利润。一方面，相对于流通成本来说，在流通过程中间商利润并不高，部分中间商反而生存困难，特别是对于那些城市批发市场中的小规模经营的中间商本身是社会弱势群体，面临诸多经营困难。另一方面，中间商的利润大多是正常劳动和资本回报，其只是充当了市场流通成本高企的"替罪羊"而已。现实中我们观察到的中间商获得较高份额的利润情况往往这类产品也有着更多流通服务，产品越是高端越是在生产环节之后越需要更多流通服务，其中间环节所获得比例相应较高。中间商的利润在某种程度上是其流通服务的价格，反映中间商流通服务增值活动，这种回报并非如人们所认为的是道德上不公平的剥削性的回报，而是来自中间商的专业技能、专业服务，来源于其对市场的判断，成本的节约，所承担的风险溢价及自身营运模式创新等。

七、中间环节的配置受多种外部因素影响

流通中间环节是商品流通过程自然形成的商品流通路径，商品流通过程是由一系列流通环节上下连接而组成。商品流通过程会随着市场的变化、需求的演变、职能的演进要求有新的环节与之匹配，进而演进出不同中间环节结构。流通中间环节呈现多样性特征，其长与短、多与少是相对的、动态的，是由产品自然属性、自然特点和市场配置资源等多种客观需要决定，流通中间环节配置需要考虑多个方面因素来选择。

流通中间环节配置关涉到商品流通过程中形成多少个节点，选择多少个中间商层次、数量。回答流通中间环节配置的问题，需要考虑以下这些因素：产品分工程度和专业化水平、交易成本、流通服务功能、产品自然特征和生产特征、产品流通市场性质和运行状态、外部环境和经济发展阶段、流通技术、流通的距离、组织化程度、社会关系状况等因素。

八、中间环节发展的基本特征

从历史发展角度来看，我国农产品流通环节经历一个从短到长再到短的变迁过程，农产品流通中间环节的设置是一个不断竞争的选择过程。现时我国农产品流通市场中有着多种多样流通中间环节，不同地区、不同产品流通环节呈现出不一样的结构，大致上形成了以批发市场为核心环节，超市、农贸市场、社区零售店等为辅助的多元流通体系，各类长短的流通环节都存在于市场中，在各自不同的产品类型、不同的时间和空间内共同完成农产品的流通和交易过程，而且无论是如何变化，中间环节、中间商仍然是不可缺少的元素。

从我国农产品流通体制发展历程以及现实观察来看，中间环节呈现出以下几个基本特征：一是中间环节生成方式是多样的，不同地区、不同产品流通环节呈现出不一样的结构，现实中既有产销对接的短环节，也有包含有运销商、批发商、零售商等多个层级环节的长渠道，流通中间环节的多样性是其配置和演进的基本规律所在；二是流通中间环节呈现出缩减态

势，越来越多的主体都在尝试一些产销对接的模式，以此来最大化降低流通成本；三是流通中间环节并非越短越好，短环节尝试也仅是一小部分，短环节不一定能够带来成本绝对降低，也不一定能够带来一个更公正的利润分配格局，产品流通仍依赖一个相对合理的中间环节支撑，对流通中间环节来说，并不完全在于长短而是在于合理化；四是我们需要重新摆正对于中间商和中间环节的认识，必要的中间商和中间环节在市场同样是稀缺资源，其作用和价值理应得到我们的重新尊重。

九、中间环节的配置代表了流通服务功能的替代与重组

流通中间环节配置是与中间商服务功能配置问题相关。中间商和中间环节的演进代表的是流通服务功能的替代和转移，市场中间商或者是中间环节的结构会随着市场流通服务功能不同的成本曲线而自我演进。

不同的中间商承担流通服务功能也不一样，市场上中间商类型也由市场中这些流通服务功能所决定，中间商承担的流通服务功能进一步细化也会促进中间商内部不同层次结构形成。一个给定的市场流通服务功能可能会出现新的细化和重构，会分解成为几个次一级的功能，其中一些可能由现有中间商将之分包给其他更小的专业化市场中间商。由此，这些不同层次和不同类型的中间商就会加入市场结构的重新安排，中间环节结构也会发生新的变化。

而且，对流通中间环节来说，每一个中间环节都代表了一定流通服务功能，增加或者减少一个环节，并不是在增加或减少这些必要功能，也仅是在这些不同主体成员间重新排列组合这些功能而已，当这些功能通过重新的排列组合之后能够得到更有效地实现，这些环节增加或减少才会出现。

十、中间环节是稀缺资源，其配置要讲求相对性、动态化下的适度、合理

中间环节对于农产品流通过程有着特殊意义，中间环节配置需要讲求相对性、动态化环境条件下的适度、合理，而不是简单片面的越多越好或越少越好。中间环节有多样性、相对性、动态性等特点，不同约束条件变

化之后，其环节多少是不一样的。市场运行中，市场会自动选择流通成本最低的流通方式，进而形成最优的流通环节。中间环节的多少，流通渠道的长短，应该从产品和渠道的实际出发。中间环节的配置不仅需要看其数量的多少，还需要看其是否能够发挥作用，是否能够提高效率，是否能够创造价值。

十一、中间商和中间环节会不断自生自发演进

市场微观结构的演进是一个不断演化的过程。面对外部环境的变化和挑战，中间商总是能够不断地自我调整，自我适应，适应外部社会环境的变化，在中间商链条上会发演进出新的中间商。信息技术发展、互联网、电子商务的发展，改善了生产者和消费者之间直接的交易环境和条件，极大简化了现有中间环节，但并不会完全消除中间商，也不可能改变和取消流通环节的市场化本质，仅仅是在流通过程中实现了中间商的结构重组，不同中间环节的比重重组，流通成本在不同环节上的重新分配，在一定程度上反映出中间商链条上的自我解构和重构，整个商品流通过程仍依赖各类中间商承担的功能，中间商依然能够不断演进。

而且在新时代下，中间环节和中间商仍然不可缺少，所改变的只是传统中间商的变革，未来也会演进出新的中间商，给市场带来新的价值创造和功能，呈现"再中间化"的趋势，新的中间商将不断涌现，并在市场中承担其应有的职能和角色。正是在这样的动力机制下，我们看到中间商生成方式也是多样的。现实中，农产品流通通过多种方式来进行，多种多样的市场微观结构同时存在，呈现出多样性特征。这些各种类型的中间商都在农产品流通市场中发挥了重要的作用，既有现代形式也有传统形式，都是完成产品流通的关键力量。

十二、中间商结构和信息会影响市场主体利润和分配状况

信息和中间商结构会影响到市场主体利润获得和利润分配状况。充分的市场信息，更充分竞争的中间商结构，更多具有公平理念的好的中间商类型，能够显著地改善生产者农民在市场中的利润获得水平，流通的利润

分配状况会趋于改善。我们既需要提高农民对于市场的信息化水平，也需培育更多的中间商，培育和改善中间商的结构和竞争程度。

十三、现实农产品流通问题反映政府城市偏向政策

农产品流通涉及城市居民以及农村居民之间关系和利益平衡，流通中间环节关系到如何平衡城市居民和农村居民利益。对流通成本权衡是对不同利益群体考量，取决于天平放在哪边，关键在于两者谁的利益更需要保障。现时流通环节和中间商问题反映出城市偏向政策以及农民、农村和农业弱势地位。农产品价格上涨往往被社会所关注，但农产品价格下跌却往往不被社会所重视，政府，学者、社会公众也都是在关注农产品价格的上涨，关注流通中间环节的加价忽略了农产品价格的下降。城市居民一直享受着这种低价格的隐形福利在利益的分配顺序之中农民总是被后置了，也承担了整个社会最后的风险。因此，如何权衡这个流通成本还有待于整个国家在流通领域内城市偏向政策转向，这可能是破解现有农产品流通困局的一个重要视角和路径。

第二节　政策建议

从对农产品流通市场微观结构的研究看来，新的经济发展阶段下，面对农产品流通的"新常态"，破解农产品流通的困局，需要注意以下几个方面问题：

一、重视中间商，完善农产品市场微观基础

无论是从历史发展，理论研究，还是现实实践来看，中间商都是农产品流通市场的核心主体，构成了农产品流通市场的微观基础。为此，我们应改变以往"轻流通"和忽视"中间商"的观念，消除对中间商的偏见和误解。现实中，农产品流通市场中间商不是太多而是太少，农产品流通市场发展需要有更多竞争性中间商，未来应培育更多中间商，不断改善中间商结构和竞争程度，以通过新市场微观结构形成，推进市场流通效率的

改进。

二、培育新型中间商，提升中间商能力，改善市场微观结构

新的经济发展阶段下，应主动适应现代农产品流通的"新常态"和发展要求，顺应中间商演进趋势，培育更多新型中间商，推动现有农产品流通中间商向综合型服务提供者转变，从单纯买卖活动交易商，向能够连接生产和消费的综合型服务提供者转变，以形成一批具有综合服务能力的零售商、批发商、物流服务商等新型中间商。

与此同时，也应努力改变现有中间商自身实力弱小问题，培育诸如专业大户、农产品经纪人、经销商、家庭农场、专业合作社等现代的流通主体，加大对这些中间商的专业技能的培训，进一步提升这些农产品流通中间商的市场地位和竞争力。

这期间，特别一提的是对于批发商和批发市场支持。在现时背景和传统之下，批发商和批发市场这一类市场组织仍然是当前中国农产品流通市场微观结构核心主体。因此，政府理应强化对于这一承载农产品流通的大部分功能的中间商给予更多关注和支持。

三、中间环节的配置需要讲求动态性、相对性和多样性

流通中间环节并非越短越好，短环节尝试也仅仅是一小部分，也有很多流通渠道仍然是依赖于多个中间商服务，依赖于一个相对合理的中间环节来支撑，对于流通中间环节来说，并不完全在于长短而是在于合理化。

农产品流通中间环节配置需要讲求相对性、动态化环节条件下的适度、合理，而不是简单片面的越多越好或越少越好。中间环节配置需要考虑产品分工程度和专业化水平、交易成本、流通服务功能、产品自然特征和生产特征、产品流通市场的性质和运行状态、外部环境和经济发展阶段、流通技术、流通的距离、组织化程度、社会关系状况等因素，以此来综合确定一个最优的流通中间环节。

四、提升农产品流通环节利润，真正使流通环节能够创造更多市场增加值

　　未来需要重新摆正对于中间商和中间环节的认识，中间商和中间环节是市场稀缺资源，其作用和价值理应得到我们重新尊重。农产品流通环节中包含有许多的市场性的流通中间服务，而且流通中间环节位于整个产品价值的"微笑曲线"的上端。因此，本应有更多的价值创造能力。为此，未来调整农产品的生产结构和流通结构，转变农产品发展方式，应该将注意力更多转向流通中间环节，提升流通环节的价值创造能力，真正使得流通中间环节成为整个价值曲线的上端。

五、转变城市偏向政策，加大对农产品流通体系的支持

　　现时农产品流通环节和中间商的很多问题，背后反映出是农产品流通领域城市偏向政策问题，如何权衡这个流通成本还有待国家在流通领域内城市偏向政策的转向。未来政府应该改变这一城市偏向政策，加大对农产品流通中间商和农产品流通体系支持力度。

　　一方面，现有农产品流通中间商，无论是城市农产品商贩、批发商还是活跃于农村农产品经纪人，本身是社会弱势群体，大多是从农业转型而来，近年来生活和经营日益困难，而这些主体又是支撑整个农产品流通市场的基础。为此，政府应强化对这部分中间商的支持力度。

　　另一方面，政府应看到农产品价格上涨的合理性和必要性，政府不应仅关注城市居民生活成本，也需要关注农民和流通中间商的基本利益。不可否认，在城市居民中也有部分低收入群体，但对这部分人群的补贴不能通过对整个农产品价格控制来实现，而应该要通过有针对性使用一些其他补助措施而不是价格措施，比如发放一些食品券，由此才不会因为对于价格的管控使得农产品价格处于持续低水平之间。

　　更为重要的，流通成本"新常态"背景下，政府也应强化自身在农产品流通领域的责任，推动农产品流通体系公益性建设，以分担农产品流通各类成本，为市场中各类主体提供福利，也有助于政府更好地强化对农

产品流通市场调控，这包括通过财政、税收和金融等多种方式，推动农产品公益性批发市场建设、农产品流通基础设施的建设、农产品物流设施的建设、社区零售市场的建设、农产品流通信息服务体系的建设等，强化农产品流通领域的公益性。

六、完善流通环节利益分配机制，推动零售端改革

现实农产品流通中出现价格波动，价差增大等问题，核心在于农产品流通环节中各个利益主体之间利益分配问题，未来也应强化各个利益主体之间的协商和联系，建立一个更好、更健康的利益分配机制。而从不同环节之间价差原因分析看，零售环节在市场价格的波动下占据了一定主导地位，因此，未来也应强化对于农产品零售端的调整和改革力度。

一方面，产销直接对接减少一些不必要的流通环节是能够降低成本，但现实中产销对接中超市等零售端往往拥有极强的势力，制定了极高标准，这限制了这一模式带来利益共享，因此未来应降低这一标准，允许更多产品进入农超对接，让生产者和其他主体也能够分享利益。另一方面，零售端价格波动频繁也常常导致农产品价格波动，因此，为了强化政府对农产品价格的调控，政府也应该将力量延伸至零售市场。

此外，除了超市这一现代零售方式之外，还应该继续完善和发展农贸市场乃至露天农产品销售市场和流动摊贩的合理存在，在一些城市居民小区，早晚菜市，以及流动商贩的存在反而是现有农产品流通中的一种很好补充和形式，也有助于降低市场流通成本。

与此同时，在信息化时代下，也应该积极推进电子商务这一现代流通方式的发展，促进农产品线下线上的融合，以提升农产品流通效率。

七、推进农产品市场信息化建设

无论是从农产品市场主体利润获得，还是从农产品市场价格波动角度看，充分市场信息对于农产品流通都是至关重要。因此，未来应推进农产品流通领域市场信息化平台建设，建设市场信息采集、分析和发布机制，构建出一套以先导型指标为核心流通市场信息数据平台，涵盖生产、流通、消费等多个领域市场信息，为农产品流通市场主体提供前瞻、便捷、

快速、及时、有效市场信息，实现农产品流通中各类市场信息和价格数据的互联互通，以引导市场交易。一方面，这可以不断提高农民市场信息化水平，给予农民更多及时准确地关于产品价格信息、供求信息以及相关信息未来发展变化，能改善农民生产和经营水平，指导农民生产经营。另一方面，通过这些先导性信息来引导农产品流通，指导农产品生产，也进一步能够强化政府对于农产品价格调控能力。

参 考 文 献

一、著作

1. 奥菲克:《第二天性:人类进化的经济起源》,张敦敏译,中国社会科学出版社 2004 年版。

2. 巴里·劳伦斯、布赖恩·雷诺兹、丹尼尔·詹宁斯:《电子分销——电子商务环境下的分销模式与工具》,胡勇译,电子工业出版社 2005 年版。

3. 柏拉图:《柏拉图全集》第 4 卷,人民出版社 2003 年版,第 326 页。

4. 伯纳德·曼德维尔:《蜜蜂的寓言:私人的恶德,公众的利益》,肖聿译,中国社会科学出版社 2002 年版,第 462 页。

5. 布劳:《社会生活中的交换与权力》,李国武译,商务印书馆 2008 年版。

6. 布罗代尔:《15～18 世纪的物质文明、经济和资本主义》(第 2 卷),顾良、施康强译,生活·读书·新知三联书店 1992 年版。

7. 布罗代尔:《15～18 世纪的物质文明、经济和资本主义》(第 3 卷),顾良、施康强译,生活·读书·新知三联书店 1992 年版。

8. 董烨然:《高级商业经济理论》,经济科学出版社 2011 年版。

9. 费正清:《美国与中国》,商务印书馆 1987 年版,第 17 页。

10. 费正清:《伟大的中国革命》,世界知识出版社 2000 年版。

11. 菲利普·科特勒:《营销管理——分析、计划、执行和控制》,梅汝和译,上海人民出版社 1999 年版。

12. 菲利普·科特勒:《市场营销原理》,赵平等译,清华大学出版社 2003 年版。

13. 冯中越等:《北京农产品流通体系与协调机制研究》,中国统计出版社 2013 年版。

14. 高涤陈:《流通经济论》,中国商业出版社 1991 年版。

15. 霍奇逊：《现代制度主义经济学宣言》，向以斌等译，北京大学出版社 1993 年版，第 208 页。

16. 哈耶克：《法律、立法与自由》第 1 卷，邓正来等译，中国大百科全书出版社 2000 年版，第 102 页。

17. 哈耶克：《个人主义与经济秩序》，贾湛等译，北京经济学院出版社 1989 年版，第 81~82、98~99 页。

18. 贾敬墩等：《中国农产品流通产业发展报告 2012》，社会科学文献出版社 2012 年版，第 200 页。

19. 纪宝成：《商品流通论：体制与运行》，中国人民大学出版社 1993 年版。

20. 康芒斯：《制度经济学（上册）》，于树生译，商务印书馆 1997 年版。

21. 卡尔·门格尔：《国民经济学原理》，刘絜敖译，上海人民出版社 2005 年版，第 105 页。

22. 卡尔·波兰尼：《大转型：我们时代的政治与经济起源》，冯钢、刘阳译，浙江人民出版社 2007 年版。

23. 科斯：《企业、市场和法律》，盛洪、陈郁译，上海三联书店 1990 年版，第 91 页。

24. 科斯：《财产权利与制度变迁》，刘守英译，上海三联书店、上海人民出版社 1994 年版，第 20 页。

25. 李伟：《农业剩余与工业化资本积累》，云南人民出版社 1993 年版。

26. 梁小民：《现代商品流通论》，中国物资出版社 1998 年版。

27. 林周二：《流通革命：产品、路径及消费者》，史国安等译，华夏出版社 2000 年版。

28. 铃木武：《现代流通政策和课题》，王哲、陈晋译，中国商业出版社 1993 年版，第 12 页。

29. 列宁：《列宁全集》第 13 卷，人民出版社 1959 年版。

30. 罗宾斯：《经济科学的性质和意义》，朱泆译，商务印书馆 2000 年版。

31. 马克思：《资本论》（第 1 卷），人民出版社 1975 年版，第 124 页。

32. 马克思：《资本论》（第 2 卷），人民出版社 1975 年版，第 149 页。

33. 马克思：《资本论》（第3卷），人民出版社1975年版，第30、380页。

34. 马克思、恩格斯：《马克思恩格斯选集》第2卷，人民出版社1972年版，第101页。

35. 马克思、恩格斯：《马克思恩格斯选集》第4卷，人民出版社1972年版，第162页。

36. 马克思、恩格斯：《马克思恩格斯全集》第3卷，人民出版社1972年版，第168页。

37. 马克思、恩格斯：《马克思恩格斯全集》第16卷，人民出版社1972年版，第281页。

38. 马克思、恩格斯：《马克思恩格斯全集》第24卷，人民出版社1972年版，第145页。

39. 马克思、恩格斯：《马克思恩格斯全集》第25卷，人民出版社1972年版，版365页。

40. 马歇尔：《经济学原理（下册)》，陈良璧译，商务印书馆1983年版。

41. 米塞斯：《人类行为的经济学分析》，黄丽丽译，广东经济出版社2010年版。

42. 诺斯和托马斯：《西方世界的兴起》，厉以平、蔡磊译，华夏出版社2009年版。

43. 诺斯：《经济史中的结构与变迁》，陈郁译，上海三联书店1994年版，第230页。

44. 任兴洲、王薇：《商品分销网络》，中国商业出版社1998年版。

45. 盛洪：《分工与交易——一个一般理论及其对中国非专业化问题的应用分析》，上海三联书店，上海人民出版社1994年版。

46. 斯普尔伯：《市场的微观结构——中间层组织与厂商理论》，张军译，中国人民大学出版社2002年版。

47. 斯大林：《斯大林全集》第11卷，人民出版社1955年版。

48. 唐力行：《商人与中国近世社会》，商务印书馆2003年版，第273页。

49. 田村正纪：《流通原理》，吴小丁、王丽译，机械工业出版社2007年版，第4~53页。

50. 田岛义博：《流通的活力》，于淑华译，中国商业出版社2000年版,第9页。

51. 托马斯·孟:《英国来自对外贸易的财富》,袁南宇译,商务印书馆2009年版,第51页。

52. 王晓东:《中国流通产业组织化问题研究》,中国人民大学出版社2013年版,第124页。

53. 威廉姆森:《资本主义经济制度——论企业签约与市场签约》,段毅才、王伟译,商务印书馆2002年版。

54. 韦森:《难得糊涂的经济学家》,天津人民出版社2002年版,第162~184页。

55. 吴承明:《中国资本主义与国内市场》,中国社会科学出版社1985年版,第214页。

56. 吴宪和、陈顺故:《流通经济学教程》,上海财经大学出版社2000年版,第280页。

57. 吴慧:《中国商业通史》第五卷,中国财政经济出版社2008年版。

58. 希克斯:《经济史理论》,厉以平译,商务印书馆1987年版,第9、23~24页。

59. 夏春玉:《现代商品流通:理论与政策》,东北财经大学出版社1998年版。

60. 小艾尔弗雷德·D·钱德勒:《看得见的手——美国企业的管理革命》,重武译,商务印书馆1987年版。

61. 徐振宇:《中国鲜活农产品流通体系演化研究》,经济科学出版社2014年版,第140~144页。

62. 亚当·斯密:《国民财富的性质和原因的研究(上)》,郭大力、王亚南译,商务印书馆1972年版。

63. 亚里士多德:《政治学》,吴寿彭译,商务印书馆1983年版,第366页。

64. 杨小凯、黄有光:《专业化与经济组织——一种新兴古典经济学框架》,经济科学出版社1999年版。

65. 杨小凯:《经济学原理——新古典经济学的分析框架》,张定胜等译,中国社会科学出版社1998年版。

66. 杨小凯、张永生:《新兴古典经济学与超边际分析》,社会科学文献出版社2003年版。

67. 杨小凯、黄有光：《专业化与经济组织》，张玉刚译，经济科学出版社 1999 年版。

68. 姚今观、纪良纲等：《中国农产品流通体制与价格制度》，中国物价出版社 1995 年版。

69. 庄维民：《中间商与中国近代交易制度的变迁：近代行栈与行栈制度研究》，中华书局 2012 年版。

70. 张群群：《论交易组织及其生成和演变》，中国人民大学出版社 1999 年版。

71. 中国社会科学院财贸物资经济研究所：《论商品流通》，中国社会科学出版社 1980 年版。

72. 中共中央文献研究室：《毛泽东年谱》（下），人民出版社 1993 年版，第 281 页。

73. 朱玲：《如何突破贫困陷阱》，经济管理出版社 2010 年版，第 52 ~ 53 页。

74. Anne T. Coughlan，Erin Anderson，Louis W. Stern，Adel I. El – Ansary：《市场营销渠道》，赵平等译，清华大学出版社 2001 年版。

二、期刊论文

1. 杜文中，陈耀刚：《网络经济的中介存在性及其变动趋势》，载于《石油大学学报》（自然科学版）2000 年第 5 期，第 53 ~ 58 页。

2. 高涤陈、陶琲：《商品流通渠道浅析》，载于《中国社会科学》1991 年第 6 期，第 1 ~ 6 页。

3. 耿献辉、周应恒：《现代销售渠道增加农民收益了吗？——来自我国梨主产区的调查》，载于《农业经济问题》2012 年第 8 期，第 90 ~ 98 页。

4. 耿莉萍：《城市菜价中的高流通成本分析及解决途径》，载于《北京工商大学学报》（社会科学版）2011 年第 4 期，第 28 ~ 32 页。

5. 郭娜：《以超市为零售终端的生鲜蔬菜流通渠道效率》，载于《中国流通经济》2013 年第 1 期，第 17 ~ 21 页。

6. 郭冬乐、申恩威：《农产品市场亟需解决：信息不灵流通不畅》，载于《中国商贸》1998 年第 22 期，第 11 页。

7. 黄祖辉、张静、Kevin Chen：《交易费用与农户契约选择——来自浙冀两省 15 县 30 个村梨农调查的经验证据》，载于《管理世界》2008 年第 9 期，第 76 ~ 81 页。

8. 何衡柯：《流通零环节是个伪命题》，载于《农产品市场周刊》2011 年第 28 期。

9. 胡冰川：《消费价格指数、农产品价格与货币政策——基于 2001～2009 年的经验数据》，载于《中国农村经济》2010 年第 12 期，第 37～45 页。

10. 贾悦：《农超对接与传统中间商流通模式比较研究》，载于《商场现代化》2013 年第 16 期，第 67 页。

11. 纪宝成：《商品流通渠道分析》，载于《中国社会科学》1991 年第 6 期，第 105～124 页。

12. 眭纪刚：《市场的微观结构和交易机制：关于中间商理论的研究评述》，载于《财经科学》2008 年第 10 期，第 72～80 页。

13. 眭纪刚、李健：《社会分工、技术进步与中间商的内生出现》，载于《商业时代》2007 年第 8 期，第 10～11 页。

14. 李耀东：《经济转型发展下山西省农产品流通渠道发展探讨》，载于《第五届中国中部商业经济论坛论文集》，2011 年，第 1～7 页。

15. 李宝库：《消费者信息、中间商行为与制造商渠道的管理效率》，载于《管理世界》2007 年第 6 期，第 94～103 页。

16. 李飞：《西方分销渠道问题研究》，载于《南开管理评论》2003 年第 6 期，第 52～57 页。

17. 李志能、温容祯、周国良：《流通业环节越少越好吗？——试论批发业的功能》，载于《上海经济》1996 年第 5 期，第 32～34 页。

18. 李志强：《现阶段中国市场流通费用及交易成本研究》，载于《科学·经济·社会》2011 年第 4 期。

19. 李志强、冯艳秋、董晓霞、韩胜文：《乳品涨价谁获利多——来自黑龙江省的奶业调查》，载于《中国乳业》2008 年第 5 期，第 18～21 页。

20. 李君甫：《论中国农民在生产经营中的信息弱势地位》，载于《西北农林科技大学学报》（社会科学版）2003 年第 3 期，第 39～44 页。

21. 廖斌：《中间商在商品流通过程中地位与作用的再认识》，载于《商业时代》2014 年第 6 期，第 3～10 页。

22. 廖斌、张昊、宋则：《我国流通产业发展状况新评价》（上、中、下），载于《经贸参考》2014 年第 11、12、14 期，第 2～15 页。

23. 刘希举：《商品流通环节的现状与分析》，载于《商业经济研究》1988 年第 11 期，第 8～11 页。

24. 刘导波：《我国消费品流通成本高的原因及对策分析》，载于《消费经济》2003年第6期。

25. 刘冬梅、绍砾群：《农产品市场信息不对称问题及解决思路》，载于《农村经济》2005年第2期，第112~113页。

26. 刘思宇、张明：《蔬菜流通的成本构成与利润分配》，载于《消费经济》2013年第29期，第61~64页。

27. 林文益：《流通问题的几点看法》，载于《安徽财贸学院学报》1987年第2期。

28. 林文益、贾履让：《关于商品流通渠道概念的商榷》，载于《江汉论坛》1982年第2期。

29. 卢凌霄、谢美婧：《南京蔬菜市场蕹蒿流通渠道分析》，载于《中国蔬菜》2009年第19期，第10~12页。

30. 罗必良、王玉蓉、王京安：《农产品流通组织制度的效率决定：一个分析框架》，载于《农业经济问题》2000年第8期，第26~31页。

31. 马龙龙：《中国流通理论研究与学科建设》，载于《商业经济与管理》2009年第4期，第5~10页。

32. 马翠萍、肖海峰、杨青松：《蔬菜流通主体成本构成与收益分配实证研究》，载于《商业研究》2011年第11期，第23~28页。

33. 马中东：《交易费用、中间性组织与产业集群》，载于《山东财政学院学报》2005年第6期，第20~24页。

34. 聂祖东、王芳、朱述斌：《农产品市场中信息不对称下的消费者剩余及行为选择》，载于《江西农业大学学报》（社会科学版）2008年第7期，第10~18页。

35. 庞春：《专业中间商的出现：基于西方经济史与超边际经济的解释》，载于《制度经济学研究》2008年第4期，第49~63页。

36. 庞春：《为什么交易服务中间商存在？内生分工的一般均衡分析》，载于《经济学（季刊）》2009年第2期，第583~610页。

37. 彭代武等：《湖北农产品流通渠道的调研报告》，载于《中国市场学会2006年年会论文暨第四届全国会员代表大会论文集》，2006年，第1695~1702页。

38. 钱贵霞、张一品、吴迪：《液态奶产业链利润分配研究》，载于《农业经济问题》2013年第7期，第41~49页。

39. 宋则：《论商品流通成本的绝对上升和相对上升》，载于《北京财贸职业学院学报》2013 年第 29 期，第 9～11 页。

40. 宋则：《工业品批发流通体系研究》，载于《"2009 年北京批发论坛"论文集》，2009 年，第 1～8 页。

41. 宋则：《新一轮流通体制改革的新背景、新特点、新思路和新举措》，载于《价格理论与实践》2013 年第 7 期。

42. 宋则等：《中国商贸流通服务业影响力研究》，载于《经济研究参考报》2009 年第 31 期。

43. 宋则：《我国商贸流通服务业战略研究》，载于《商场现代化》2012 年第 12 期，（下旬刊）第 94～117 页。

44. 宋则：《关于生产与流通成本结构变化的研究——商品流通成本绝对上升和相对上升的新趋势》，载于《价格理论与实践》2012 年第 7 期。

45. 孙琛、邢华林：《鲜活农产品流通渠道演变与交易成本关系的研究》，载于《广东农业科学》2013 年第 14 期，第 216～219 页。

46. 孙冶方：《流通概论》，载于《财贸经济》1981 年第 1 期，第 6～14 页。

47. 孙志伟：《流通企业价值观》，载于《中国流通经济》2012 年第 2 期，第 72～76 页。

48. 孙侠、张闯：《我国农产品流通的成本构成与利益分配——基于大连蔬菜流通的案例研究》，载于《农业经济问题》2008 年第 2 期，第 39～48 页。

49. 谭英、张峥、王悠悠、杨小兰、凌莲莲：《农民市场信息获取与发布的不对称性分析与对策》，载于《农业经济问题》2008 年第 6 期，第 68～72 页。

50. 谭秋成：《农民为什么容易受政策歧视》，载于《中国农村观察》2010 年第 1 期，第 2～15 页。

51. 汤石雨、郭庆海等：《吉林省玉米流通成本分析》，载于《吉林农业大学学报》2006 年第 2 期，第 114～118 页。

52. 万典武：《商品流通体制改革的几个问题》，载于《红旗》1987 年第 11 期。

53. 王冬芳：《降低流通成本是微利时代经济增长的重要源泉》，载于《生产力研究》2007 年第 11 期。

54. 王素霞、胡定寰:《以超市为中心的农产品供应链流通成本研究》,载于《经济研究参考》2007年第26期,第2~11页。

55. 王雪峰、宋则:《我国流通领域重点和热点问题的研究进展》,载于《商业时代》2013年第21期,第22~25页。

56. 王学真、刘中会、周涛:《蔬菜从山东寿光生产者到北京最终消费者流通费用的调查与思考》,载于《中国农村经济》2005年第4期,第66~72页。

57. 王晓东、张昊:《论独立批发商职能与流通渠道利益关系的调整》,载于《财贸经济》2011年第8期,第81~89页。

58. 文晓巍:《农产品供应链流通成本与相关主体利益匹配:广州证据》,载于《改革》2011年第8期。

59. 魏秀芬:《我国农村市场信息服务和市场信息需求利用分析》,载于《中国农村经济》2005年第5期,第54~62页。

60. 武立永:《城乡阶层结构、政府的合法性与城市偏向制度》,载于《经济体制改革》2014年第3期,第74~79页。

61. 邬德政、刘鸿渊:《论中间商的市场功能、资格、战略合作关系》,载于《重庆工商大学学报》(社会科学版)2004年第21期,第68~70页。

62. 夏春玉:《流通、流通理论与流通经济学——关于流通经济理论(学)的研究方法与体系框架的构想》,载于《财贸经济》2006年第5期,第32~38页。

63. 夏春玉、丁涛:《非主流经济学的兴起与流通经济学的复兴》,载于《北京工商大学学报》(社会科学版)2013年第28期,第12~19页。

64. 向佐谊、童乙伦、曾明星:《基于社会分工视角的流通产业演进机理与定位研究》,载于《财经论丛》2013年第3期,第98~103页。

65. 熊湘辉、白彦平:《我国农产品流通渠道存在的问题及对策》,载于《河南商业高等专科学校学报》2006年第3期,第23~25页。

66. 谢莉娟:《流通商主导供应链模式及其实现》,载于《经济理论与经济管理》2013年第7期,第103~112页。

67. 许世卫、张峭、李志强、王川、李哲敏、李干琼、王启现、董晓霞:《番茄价格形成及利润分配调查报告》,载于《农业展望》2008年第5期。

68. 许文富:《台湾主要蔬菜运销价差及其成本之研究》,台湾大学农业经济研究所，1984 年。

69. 徐从才：《流通理论研究的比较综合与创新》，载于《财贸经济》2006 年第 4 期，第 27～36 页。

70. 徐丽艳、周林洁：《我国现有农产品流通渠道模式分析》，载于《商业研究》2010 年第 8 期，第 189～191 页。

71. 杨剑英、唐步龙：《我国生鲜农产品的农超对接现状与问题》，载于《江苏农业科学》2012 年第 40 期，第 357～358 页。

72. 杨波：《"社区支持农业（CSA）"的流通渠道分析：基于和主流渠道对比的视角》，载于《消费经济》2012 年第 28 期，第 21～24 页。

73. 杨志宏、翟印礼：《超市农产品供应链流通成本分析》，载于《农业经济问题》2011 年第 2 期，第 73～79 页。

74. 殷延海：《基于"农超对接"模式的农产品流通渠道创新策略》，载于《改革与战略》2012 年第 2 期，第 95～97 页。

75. 游振铭：《台湾蔬菜运销通路之效率研究》，台湾大学硕士论文，1993 年。

76. 张闯：《美国商品流通渠道的结构与变迁——基于美国经济史的研究》，载于《商业经济与管理》2005 年第 8 期，第 19～25 页。

77. 张闯、周洋、田敏：《订单农业中的交易成本与关系稳定性：中间商的作用》，载于《学习与实践》2010 年第 1 期，第 30～37 页。

78. 张峰：《信息不对称与农民在市场博弈中的弱势地位》，载于《理论学刊》2004 年第 5 期，第 62～63 页。

79. 赵彦飞：《苍山县大蒜流通成本控制研究》，中国海洋大学硕士论文，2012 年 5 月。

80. 赵晓飞、李崇光：《农产品流通渠道变革：演进规律、动力机制与发展趋势》，载于《管理世界》2012 年第 3 期，第 81～86 页。

81. 翟雪玲、韩一军：《鸡肉价格形成及利润分配情况的调研报告》，载于《农业展望》2008 年第 5 期。

82. 中国社会科学院流通经济赴日考察团：《日本批发商业考察》，载于《财贸经济》1984 年第 2 期。

83. 钟真、孔祥智：《中间商对生鲜乳供应链的影响研究》，载于《中国软科学》2010 年第 6 期，第 68～80 页。

84. 曾维炯、徐立成：《高端农产品价格的最后一公里与产业链的失衡发展》，载于《中国农村观察》2014 年第 2 期，第 84～91 页。

85. 廖永松：《新发地农产品批发市场商户经营现状调查研究》，2009 年。

86. 阿里研究院：《阿里农产品电子商务白皮书（2013）》，2014 年 3 月。

三、报纸文章

1. 段玉清：《少了中间环节，蔬菜直销为何仍难生存?》，载于《四川日报》2012 年 11 月 20 日，第 009 版。

2. 发改委：《流通成本占我国最终菜价已达 1/2》，载于《北方蔬菜报》2010 年 12 月 19 日。

3. 郭彩萍：《是是非非进场费 我国流通费用率远高于国外水平》，载于《国际商报》2011 年 7 月 28 日。

4. 顾克菲：《菜价：流通费用占近七成》，载于《消费日报》2010 年 12 月 7 日。

5. 赖阳：《流通环节是万恶之源吗?》，载于《北京商报》2011 年 4 月 27 日，第 A02 版。

6. 农业部调研组：《农产品价格形成及利润分配调查》，载于《农民日报》2008 年 4 月 29 日。

7. 宋则：《稳定农产品价格须"反周期"调控》，载于《中国联合商报》2013 年 3 月 4 日，第 F01 版。

8. 王秀强：《30 余种税费绑架煤价 中间环节占电煤成本超 50%》，载于《21 世纪经济报道》2011 年 6 月 17 日。

9. 杨银海、陈星：《流通环节不是引发"卖菜难"和"买菜贵"主因》，光明网，2011 年 9 月 21 日。

10. 叶檀：《稳定物价必须建立全国统一的大市场》，载于《东方早报》2010 年 11 月 22 日。

11. 赵竹青：《蔬菜流通环节层层加价，零售价超供应价 10 倍》，载于《人民日报》2011 年 5 月 8 日。

四、外文期刊

1. Adrian Masters. Middlemen in Search Equilibrium [J]. Journal International Economic Review. Vol (48), Issue 1 (2), 2007, 343 - 362.

2. Ahn, Khandelwal and Wei. Trade Intermediation and the Organization of Exporters [J]. Review of International Economics, 2011, 19 (4).

3. Akerlof, A. George, the market for "lemons": quality uncertainty and

the market mechanism [J]. quarterly journal of economics, 1970 (84). 488 – 500.

4. Alderson, W. Dynamic marketing behaviour. A functionalist theory of marketing. Homewood: Richard D. Irwin. 1965. 211.

5. Alderson, W. Factors Governing the Development of Marketing Channels. In Clewett, R. (ed.) Marketing Channels for Manufactured Products. Homewood: Richard D. Irwin, 1954.

6. Allyn A. Young. Increasing Returns and Economic Progress [J]. The Economic Journal, Vol. 38, No. 152 (1928), 527 –542.

7. Anderson E T, Hansen K, Simester D. The Option Value of Returns: Theory and Empirical Evidence [J]. Marketing Science, 2009, 28 (3): 405 – 423.

8. Anderson, E. and Schmittlein, D. Integration of the sales force: an empirical examination [J]. Rand journal of economics, 1984, 15: 385 – 95.

9. Anne T. Coughlan and Rajiv Lal, Retail Pricing: Does Channel Length Matter, Managerial and Decision Economics, Vol. 13, No. 3, Special Issue: The Economics of Retail Activities (4 – 7, 1992), 201 – 214.

10. Antras, P. and Costinot, A. Intermediated Trade [J]. The Quarterly Journal of Economics, 2010, 126 (3).

11. Arrow, Kenneth. The Organization of Economic Activity in The Analysis and Evaluation of Public Expenditure: The PPB System, Vol. 1, US Joint Economic Committee, 91st Congress, 1st session, Washington, DC: US Government Printing Office, 1969, 59 – 73.

12. Atherton, the frontier merchant in Mid – America [M]. University of Missouri press, 1971, 25.

13. Avner Grief. Cultural briefs and the organization of society: a historical and theoretical reflection on collectivist and individualistsocieties [J]. Journal of political economy, 1994, 102 (5), 912 – 950.

14. Baligh, Helmy H. and Leon E. Richartz, Vertical Market Structures. Boston: Allyn and Bacon, Inc., 1967.

15. Balighh, H., RichartzI. L. E. An Analysis of Vertical Market Structure. Management of Science [J]. 1964. 10, 667 – 689.

16. Balderston. Communications networks in intermediatemarkets [J]. Management Science, January, 1958, 154 – 171.

17. Barrett, C. Food Marketing Liberalization and Trade Entry: Evidence from Madagascar [J]. World Development. 25 (1997): 763 – 777.

18. Belier, David. The Future of Electronic Commerce: A Report of the Fourth Annual As Pen Institute Roundtable on Information Technology. Washington, DC: The Aspen Institute, 1996.

19. Benjamin R, Wigand R. Electronic Markets and Virtual Value Chains on the Information Superhighway [J]. Sloan Management Review, 1995 (36): 62 – 72.

20. Bernard, Andrew B., et al. Intra-firm Trade and Product Contractibility [R]. NBER Working Paper, 2010.

21. Bernard, Andrew B., etal. Intermediaries in International Trade: Direct Versus Indirect Modes of Export [R]. NBER Working Paper, 2011.

22. Biglaiser, G. 1993. Middlemen as Experts [J]. RAND Journal of Economics 24, 212 – 223.

23. Biglaiser G, Friedman J W. Middlemen as Guarantors of Quality [J]. International Journal of Industrial Organization, Vol. 12, Issue 4, December, 1994, 509 – 531.

24. BiglaiserI G, Friedman J W. Adverse Selection with Competitive Inspection [J]. Journal of Economics & Management Strategy, 1999, 8 (1): 1 – 32.

25. Britnell, The Commercialisation of English Society 1000 – 1500, Manchester University Press, 1996, 22.

26. Brown, Stephen, W. Raymond Fisk. Marketing Theory: Distinguished Contributions. NewYork John Wiley Sons, Inc, 1984.

27. Bucklin, Louis P., Venkatram Ramaswamy, and Sumit Majumdar, Analyzing Channel Structures of Business Markets via the Structure – Output Paradigm [J]. International Journal of Research in Marketing, 1996, 13, 1, 73 – 87.

28. Bucklin, L P: A Theory of Distribution Channel Structure, Berkeley: Institute of Business and Economic Research, University of California,

1966, 12 – 14.

29. Bucklin, Louis P. Vertical Marketing Systems. Glenview, IL: Scott, Foresman and Company, 1970.

30. Bucklin, L. . Competition and evolution in the distributive trades. Englewood Cliffs: Prentice Hall, 1972.

31. Butler, R S: Marketing and Merchandising, New York: Alexander Hamilton Institute, 1923, 20 – 21.

32. Casson, Mark. Information and organization: a new perspective on the theory of the firm [M]. Oxford: Clarendon Press, 1997.

33. Cachon G P, Fisher M. Supply Chain Inventory Management and the Value of Shared Information [J]. Management Science, 2000, 46 (8): 1032 – 1048.

34. Carr, G. N. Hypermediation: commerce as clickstream [J]. Harvard Business Review, January – February, 2000, 46 – 47.

35. Chahal S, Singh S, Sandhu J S. Price spreads and marketing efficiency of inland fish in Punjab: a temporal analysis [J]. India Journal of Agricultural Economics, July 2004: 487 – 498.

36. Chu W. Signaling Quality by Selling through a Reputable Retailer [J]. Marketing Science, 1994, 13 (2): 177 – 189.

37. Chircu, A. M. , R. J. Kauffman, Analyzing Firm – Level Strategy for Internet – Focused Reintermediation. Hawaii International Conference on System Sciences, 1999.

38. Dahlman, C. J. The Porblem of Extemality. Jounral of Legal studies. 1979 (22): 141 – 162.

39. Dawson, J. . Wholesale distribution: The chimera in the channel. International Review of Retail [J]. Distribution and Consumer Research, 2007, 7 (4): 313 – 326.

40. Denis Dunham, Food Costs. From Farm to Retail in 1993, Economic Research Service, Agriculture Information Bulletin, Number 698, April 1994.

41. Dennis Tao Yang and Cai Fang, The Political Economy of China's Rural – Urban Divide, Working Paper of center for research on economic development and policy reform, Stanford Univertsity, 2000, No. 62.

42. Developments in Farm to Retail Price Spreads for Food Products in 1982, Agricultural Economic Report Number 500, Economic Research Service, United States Department of Agriculture. May 1983, By Denis Dunham, National Economics Division, Economic Research Service, U. S. Department of Agriculture. Agricultural Economic Report No. 500.

43. Dixon, Donald F. Prejudice v. marketing? An examination of some historicalsources [J]. Akron Business and Economic Review, 1979 (Fall), 37 – 42.

44. Duffie, Darrell, Nicolae Garleanu, and Lasse Heje Pedersen. Valuation in Over-the – Counter Markets [J]. Review of Financial Studies 20, 5 (2007): 1865 – 1900.

45. Ellis P. D. Trade intermediaries and the transfer of marketing knowledge in transition economies [J]. International Business Review, 2010, 19 (1): 16 – 33.

46. Ellis, M. . Wholesale Products And The Middleman – Chain, online article at http: //ezinearticles. com/? Wholesale – Products-and-the – Middleman – Chain&id = 150329.

47. Etgar and P. Zusman. The marketing intermediary as an information seller: a new approach [J]. Journal of Business, 1982, 55, 4, 505 – 15.

48. Fafchamps, Marcel, Ruth Vargas Hill. Price Transmission and Trader Entry in Domestic Commodity Markets [J]. Economic Development and Cultural Change, 2008, 56 (4): 729 – 66.

49. Feenstra R. , G. Hanson. Intermediaries in Entrepot Trade: Hong Kong Re – Exports of Chinese Goods [J]. Journal of Economics &Management Strategy, 2004 (13): 3 – 35.

50. Fryges H. The Change of Sales Mode in International Markets: Empirical Results for German and British High – Tech Firms [J]. Progress in International Business Research, 2007.

51. Garella P G, Petiz M. Intermediation Can ReplaceCertification [J]. Journal of Economics & Management Strategy, 2000, 9 (1): 1 – 24.

52. Garbade, K. Securities Markets. New York: McGraw – Hill, 1982.

53. Gary S. Becker, Kevin M. Murphy. The Division of Labor, Coordina-

tion Costs, and Knowledge [J]. The Quarterly Journal of Economics, Vol. 107, No. 4 (1992), 1137 – 1160.

54. Glosten, L. Insider trading, liquidity, and the role of the monopolistspecialist [J]. Journal of Business, 62 (April), 1989, 211 – 36.

55. Grossman, S. , and Miller, M. Liquidity and market structure [J]. Journal of Finance, 1988, 43 (July): 617 – 33.

56. Harold Demsetz. The Cost of Transacting [J]. Quarterly Journal of Economics, 1968, 2 (1): 33 – 53.

57. Jones D G B, Monieson D D. Early development of the philosophy of marketing thought [J]. Journal of Marketing, 1990, 54 (1): 102 – 113.

58. Hayami, Y. , M. Kikuchi and E. B. Marciano, Middlemen and peasants in rice marketing in the Philippines [J]. Agricultural Economics, 1999, 20 (2): 79 – 93.

59. Heilbroner, R. . The Making of Economic Society [M]. 1962. Englewood Cliffs: Prentice Hall.

60. Henry I. Richards, Middlemen's Margins as a Cause of the Agricultural Depression [J] . Journal of Farm Economics, Vol. 12, No. 4 (Oct. , 1930), pp. 523 – 551.

61. Ikoja – Odongo JR. Insights into the information needs of women in the informal sector of Uganda [J]. South African Journal of Library & Information Science, 2002, 68 (1): 39.

62. Johri, Alok and John Leach. Middlemen and the Allocation of Heterogeneous Goods [J]. International Economic Review, 2002, 43 (2), 347 – 61.

63. KelleyWilliam T. The development of early thought in marketing andpromotion [J]. Journal of Marketing, 21 (July), 1956, 62 – 76.

64. Lars – Erik Gadde. Rethinking the Role of Middlemen, Paper for IMP 2001, BI, Oslo, 9 – 11 September.

65. Larke, R&Davies, K, Recent Changes in the Japanese Wholesale System and the Importance of the Sogo Shosha [J]. International Review of Retail, Distribution and Consumer Research, Vol. 7, No. 4, 2007: 377 – 390.

66. Lalanne, Crozet and Poncet. Wholesalers in International Trade [R].

CEPII Working Paper, 2010.

67. Lee H L, So K C, Tang C S. The Value of Information Sharing in a Two-level Supply Chain [J]. Management Science, 2000, 46 (5): 626 – 643.

68. Lew is, EH, Comeback of the Wholesaler [J]. Harvard Business Review, Vol33, November – December 1955: 115 – 1251.

69. Li, Y. Middlemen and Private Information [J]. Journal of Monetary Economics, 1998 (42): 131 – 159.

70. Li. J. S. Relation-based versus Rule-based Governance: An Explanation of the East Asian Miracle and Asian Crisis [J]. Review of International Economics, 2003, 11 (4): 651 – 673.

71. Lim, Chin. Risk Pooling and Intermediate Trading Agents [J]. the Canadian Journal of Economics, 1981 (14): 261 – 267.

72. Louis P. Bucklin. National income accounting and distributive trade cost [J]. Journal of Marketing. 1970, Vol. 34, No. 2, 14 – 22.

73. Lucking – Reiley D. and Spulber D., business-to-business electronic commerce [J] Journal of Economic Perspectives, 2001, 15 (1): 55 – 68.

74. Madhavan, A., Market Microstructure: Asurvey [J]. Journal of Financial Markets, 2000, 3, 205 – 258.

75. Makoto Watanabe. Middlemen: A Directed Search Equilibrium Approach, September 14, 2010.

76. Marasco, A. Third-party logistics: A literaturereview [J]. International Journal of Production Economics, 2008, 113, 127 – 147.

77. Mallen, Bruce, Functional Spin – Off: A Key to Anticipating Changes in DistributionStructure [J]. Journal of Marketing, 1973, 13 (July), 18 – 25.

78. Mallen. Selecting channels of distribution: a multi-stage process [J]. International Journal of Physical Distribution & Logistics Management, Vol. 26 No. 5, 1996, 5 – 21.

79. Masters, Adrian. Middlemen in Search Equilibrium [J]. International Economic Review, 2007, 48 (1): 343 – 62.

80. Marketing and Transportation Situation, issued in February, May, August, and November by the U. S. Department of Agriculture.

81. Mark Granovetter. Economic Action and Social Structure: The Problem ofEmbeddedness [J]. American Journal of Sociology, 1985, 91 (3): 481 – 510.

82. Merel, Pierre R. , Richard J. Sexton and Aya Suzuki. Optimal Investment in Transportation Infrastructure When Middlemen Have Market Power: A Developing – CountryAnalysis [J]. American Journal of Agricultural Economics, 2009, 91 (2): 462 – 76.

83. Minten, Bart and Steven Kyle, The effect of distance and road quality on food collection, marketing margins, and traders' wages: evidence from the former Zaire [J]. Journal of Development Economics, 1999, 60 (2): 467 – 95.

84. Mitra, Sandip and Abhirup Sarkar, Relative Profitability from Production and Trade: A Study of Selected Potato Markets in West Bengal [J]. Economic and Political Weekly, November 2003, Vol. 38, No. 44, 4694 – 4699.

85. Mitra, Dilip Mookherjee, Maximo Torero and Sujata Visaria. Asymmetric Information and Middleman Margins: An Experiment with West Bengal Potato Farmers, March 7 2013, MIT Working paper.

86. Mudambi, S. and Aggarwal, R. Industrial distributors. Can they survive in the new economy? [J] Industrial Marketing Management, 2003, 32, 317 – 325.

87. Pang, C. , Transaction Services, Trade Patterns, Commission Middlemen and Markup Middlemen: In Framarginal Models and General Equilibrium Analysis of the Division of Labor, PhD Thesis, Department of Economics, Monash University, 2005.

88. Molony, Thomas, Running Out of Credit: The Limitations of Mobile Phone Telephony in a Tanzanian Agricultural Marketing System [J]. Journal of Modern African Studies, 2008, 46 (4): 637 – 658.

89. Pant, Somendra, and Hsu cheng, Business on the web: strategies and economics [J]. Computer Networks and ISDN systems, 1996, 28.

90. Pitt, L. , Berthon, P. and Berthon, J – P. Changing Channels. The Impact of the Internet on DistributionStrategy [J]. Business Horizons, 1999, 42 (2): 19 – 27.

91. Porter, G. and Livesay, H. C. , Merchants and manufacturers: studies in the changing structure of Nineteenth – Centurymarketing [M]. Baltimore: The Johns Hopkins University Press, 1971.

92. Qian G. X, X. C. Guo, J. J. Guo, J. G. Wu. China's dairy crisis: impacts, causes and policy implications for sustainable dairy industry. International Journal of Sustainable Development & World Ecology. 2011 (5), 434 – 441.

93. Rossman M. Export Trading Company Legislation: U. S. Response to Japanese Foreign Market Penetration [J]. Journal of Small Business Management, 1984 (10).

94. Rauch, J. and Watson, J. Network Intermediaries in International-Trade [J]. Journal of Economics & Management Strategy, 2004, 13 (1).

95. Reyerson. The Art of the Deal: Intermediaries of Trade in Medieval Montpellier [M]. leiden: brill. 2002.

96. Robert Olsson, Lars – Erik Gadde, Kajsa Hulthén. The Changing Role of Middlemen-strategic Responses to Distribution Dynamics [J]. Industrial Marketing Management, Vol. 42, Issue 47, 2013, 1131 – 1140.

97. Rosenbloom, B. and Larsen – Andras, T. . Wholesalers as global marketers [J]. Journal of Marketing Channels, 2008, 15 (4): 235 – 252.

98. Rubinstein, A. Wolinsky, Middlemen, [J] Quarterly Journal of Economic. 102, 1987, 581 – 593.

99. Rust, J. and R. Hall. Middlemen versus market makers: A theory of competitive exchange [J]. Journal of Political Economy, 2003, 111, 353 – 403.

100. Sahlins, Marshall David, stone age economics, Aldine Transaction (December 31, 1974). 1.

101. Sarkar M. Butler B. Steinfield C. Cybermediaries in electronic marketspace: toward theory building [J]. Journal of Business Research, 41 (1998), 215 – 21.

102. Sandika AL. Impact of Middlemen on Vegetable Marketing Channels in Sri Lanka [J]. Tropical Agricultural Research & Extension, 2011, Vol. 14, No. 3: 58 – 62.

103. Scott E. Sampson, Stanley E. Fawcett. The Impact of Disintermedia-

tion in Retail Supply Chains. Proceedings of the Twelfth Annual Conference of the Production and Operations Management Society, POM – 2001, March 30 – April 2, 2001, Orlando Fl.

104. Sharma A, Dominguez L V. Channel Evolution: A Framework for Analysis [J]. Journal of the Academy of Marketing Science, 1992, 20 (1): 1 – 15.

105. Shapiro C. Premiums for High Quality Products as Returns to Reputations [J]. The Quarterly Journal of Economics, 1983, 98 (4): 659 – 679.

106. Shaw, A. W. , Some Problems in Market Distribution [J]. Quarterly Journal of Economics, 1912, Vol. 26, No. 4, 703 – 765.

107. Sheth, J N, D M Gardner and D E Garrett: Marketing Theory: Evolution and Evaluation, New York: John Wiley & Sons, 1988, 53.

108. Shevichenko, A. . Middlemen [J]. International Economic Review, 2004, 45, 1 – 24.

109. Shimaguchi and W. Lazer. Japanese distribution channels: invisible barriers to market entry. MSU Business Topics, Winter, 1979, 49 – 62.

110. Spullber, Daniel F. Risk Sharing and Inventories [J]. Journal of Economic Behavior and Organization, 1985 (6): 55 – 68.

111. Spulber, D. Market microstructure and intermediation [J]. The journal of economic perspectives. 1996, 10 (3): 135 – 152.

112. Spulber, D. Market Microstructure and Incentives to Invest [J]. *Journal of Political Economy.* 2002, 110 (2): 352 – 381.

113. Stern, Louis W. , Distribution Channels: Behavioral Dimensions. Boston: Houghton Mifflin Co, 1969.

114. Stern, Louis W and Torger Reve, Distribution Channels as PoliticalEconomies [J]. Journal of Marketing, 44 (Summer), 1980, 52 – 64.

115. Stern, L. and Weitz, B. . The revolution in distribution: challenges and opportunities [J]. Long Range Planning, 1997, 30 (6): 823 – 829.

116. Stern, L. and Weitz, B. . The revolution in distribution: challenges and opportunities. Long Range Planning, 1997, 30 (6): 823 – 829.

117. Stern, L and A EI Ansary: Marketing Channels, Englewood Cliffs, Prentice – Hall, 1992, 11.

118. Stigler. The division of labor is limited by the extent of the market [J]. Journal of Political Economy 1951, 59, 3, June, 185 –93.

119. Stuart D Frank, Dennis R Henderson. Transaction Costs as Determinants of Vertical Coordination in the U. S. Food Industries [J]. American Journal of Agricultural Economics, 1992, 74 (1): 941 –95.

120. Svensson, Jakob and David Yanagizawa, Getting Prices Right: the impact of the market information service in Uganda [J]. Journal of the European Economic Association, 2009, 7 (2 –3), 435 –45.

121. Tamilia, R. , Senecal, S. and Corrivecu, G.. Conventional channels of distribution and electronic intermediaries: A functional analysis [J]. Journal of Marketing Channels, 2002, 9 (3/4), 27 –48.

122. Tara Mitchell, Middlemen, Bargaining and Price Information: Is Knowledge Power?, November 25, 2011, LSE, Working paper.

123. Taylor, J. E. , and I. Adelman. Agricultural Household Models: Genesis, Evolution and Extensions [J]. Review of Economics of the Household. 1 (2003): 33 –58.

124. Townsend, Robert M. Intermediation with Costly Bilateral Exchange [J]. Review of Economic Studies, Wiley Blackwell, 1978, Vol. 45 (3), 417 –425.

125. Van Raalte, Chris and Harry Webers. Spatial Competition with Intermediated Matching [J]. Journal of Economic Behavior & Organization, 34, 1998, 477 –488.

126. Ven Kataramanan, Middlemen's Margin, Economic and Political Weekly, Vol. 6, No. 39 (Sep. 25, 1971), 2050 –2051.

127. Wallis and North, 1986, Measuring the transaction sector in the American economy, 1870 – 1970, In Long – Term Factors in American Economic Growth, edited by Stanley L. Engerman and Robert E. Gallman. University of Chicago Press.

128. Williamson. O. E. Transaction cost economics: the governance of contractualrelations [J]. Journal of Law and Economics, 1975 (22): 233 –261.

129. Warren and F. A. Pearson, Interrelationships of Supply and Price (Bul. 466, Cornell Univ. Agric. Exp. Sta. , Mar. , 1928).

130. Wesrterfield, R. B. , Middlemen in English Business: Particular between 1660 and 1760 [M]. New Haven: Yale University Press, 1915.

131. Wroe Alderson and Miles W. Martin, Toward a Formal Theory of Transactions and Transvections [J]. Journal of Marketing Research, Vol. 2 (1965), 117 – 127.

132. Yavas A. Search and Trading in Intermediated Markets [J]. Journal of Economics & Management Strategy, 1996, 5 (2): 195 – 216.

133. Yavas, A. , Market makers versus Match makers [J]. Journal of Financial Intermediation, 1992, Vol. 2, Issue 1: 33 – 58.

134. Young A. Increasing Returns and Economic Progress [J]. The Economic Journal, 1928, 152 (38): 527 – 542.

135. Yuet – Yee Wong and Randall Wright, Buyers, Sellers and Middlemen: Variations on Search – Theoretic Themes, NBER Working Paper No. 17511, April 4, 20.